U0925348

《21世纪交通文化建设研究与实践》系列丛书

长江航运文化

黄　强　主编

胡利民　张艳国　副主编

图书在版编目（CIP）数据

长江航运文化／黄强主编．—北京：人民交通出版社，2009.1

ISBN 978-7-114-07581-0

Ⅰ．航… Ⅱ．航… Ⅲ．长江－航运－文化－研究 Ⅳ．F552.75

中国版本图书馆 CIP 数据核字（2009）第 012387 号

《21 世纪交通文化建设研究与实践》系列丛书

书　　名：**长江航运文化**

著 作 者：黄　强

责任编辑：张征宇　乔文平

出版发行：人民交通出版社

地　　址：（100011）北京市朝阳区安定门外外馆斜街 3 号

网　　址：http://www.ccpress.com.cn

销售电话：（010）59757969，59757973

总 经 销：北京中交盛世书刊有限公司

经　　销：各地新华书店

印　　刷：北京市密东印刷有限公司

开　　本：787×980　1/16

印　　张：18.25

字　　数：286 千

版　　次：2009 年 1 月第 1 版

印　　次：2009 年 1 月第 1 次印刷

书　　号：ISBN 978-7-114-07581-0

印　　数：0001—4000 册

定　　价：46.00 元

《长江航运文化》编写人员

主　　审　王先进

主　　编　黄　强

副 主 编　胡利民　张艳国

编写人员　张永泰　胡利民　张艳国　黄家顺　徐龙福　蒋　谦　鄢元超　周家华　陈新川　魏宏伟

总 序

国民之魂，文以化之；国家之神，文以铸之。“加强文化建设，明显提高全民族文明素质”，是党的十七大提出的实现全面建设小康社会奋斗目标的新要求。胡锦涛总书记在党的十七大报告中明确指出：“当今时代，文化越来越成为民族凝聚力和创造力的重要源泉、越来越成为综合国力竞争的重要因素，丰富精神文化生活越来越成为我国人民的热切愿望。要坚持社会主义先进文化前进方向，兴起社会主义文化建设新高潮，激发全民族文化创造活力，提高国家文化软实力，使人民基本文化权益得到更好保障，使社会文化生活更加丰富多彩，使人民精神风貌更加昂扬向上。”这不仅深刻阐明了兴起社会主义文化建设新高潮的重大现实意义和深远历史意义，更为新时期加强文化建设指明了方向和路径。

交通文化是社会主义先进文化的重要组成部分，是交通行业的灵魂，是实现交通又好又快发展的重要精神支柱。交通运输是支撑经济良性发展、促进社会全面进步的基础性、先导性产业和服务性行业，服务是其本质属性。基于这一认识，我们提出了“交通发展要服务国民经济和社会发展全局、服务社会主义新农村建设、服务人民群众安全便捷出行”，提出了“发展现代交通业，建设一个更安全、更通畅、更便捷、更经济、更可靠、更和谐的现代公路水路交通系统”。从文化的角度看，这也正是我们基于交通运输的本质属性和交通行业的神圣使命所作出的价值选择，是交通文化的核心内涵，是引导交通事业科学发展的价值导向，也是贯彻落实党的十七大关于加强社会主义文化建设的具体体现。

交通部党组高度重视文化建设工作。2006年全国交通工作会议明确提出：“努力建设具有鲜明行业特点和时代特征的交通文化，用文化和精神的力量凝聚全行业，使交通行业更加充满活力，不断开创交通事业发展的新局面。”2006年6月26日召开的全国交通行业精神文明建设工作会议更加明确地提出：“加强交通文化建设，努力增强行业软实力”，力争文化建设在今后五年内取得明显进展。随后，部印发了《交通文化建设实施纲要》，对交通文化建设的指导思想、目标任务、工作原则和工作措施作出了具体安排和部署。这是交通部颁布的第一个有关交通文化建设的重要文件，它强调新时期交通文化建设要深入贯彻科学发展观和构建社会主义和谐社会的要求，建设具有鲜明时代特点和交通行业特色的精神文化、制度文化和物质文化；要以实践社会主义荣辱观为主线，以弘扬爱国主义为核心的民族精神和以改革创新为核心的时代精神为重点，大力加强精神文化建设；要在实践中加强探索和研究，系统总结交通文化建设的丰硕成果，确立符合先进文化前进方向和交通事业发展要求的交通行业的核心价值体系；要实施“五个一工程”，即形成一批交通文化研究成果，提炼一种交通精神，征集确定一个交通行业徽标，创作一批交通文艺作品，完善一批交通博物馆，将全行业文化建设提高到一个新水平，全面增强交通文化的吸引力和感召力，不断增强交通行业的凝聚力，提升交通行业的影响力，提高交通发展的软实力，为交通事业又好又快发展营造良好的文化环境。

为全面深入推进交通文化建设工作，2006年11月部务会议研究决定成立了交通文化建设研究工作指导委员会，按照行业文化、系统文化、专业文化、组织文化四个层次，分别成立了交通行业文化建设研究总课题组和公路文化、道路运输文化、交通规费征稽文化、港口文化、海事文化、救捞文化、船检文化、航海文化、廉政文化、公路执法文化、长江航运文化、交通公安文化、路文化、桥文化、车文化、站文化、船文化、航标文化、航道文化、交通行政机关文化、交通企业文化和交通事业单位文化等22个子课题组，由行业内有一定研究基础、有积极性、有较好的支撑条件、具有代表性的部门或单位牵头，并邀请文化学、管理学、社会学等方面的专家学者共同参与,按照力求出精品的要求，系统地开展了交通文化研究工作。经过广大研究人员一年多的辛勤劳动和艰苦努力，研究工作进展顺利，取得了一批可喜的研究成果。出版这套多卷本的《21世纪交通文化建设研究与实践》系列丛书，是交通文化建设研究成果的重要组成部分。丛书从多个层面、多个领域系统地总结了交通文化源远流长的发展历史、积淀丰厚的特色文化、形式多样的实践活动、绚丽多彩的建设成果。“系统文化”侧重于交通行业不同系统的特色文化研究，重点提炼和阐述了各系统具有系统特色的价值理念；“专业文化”侧重于不同专业领域的特色文化研究，重点是收集、挖掘和整理了交通行业物质文化成果；“组织文化”侧重于交通行业不同组织的特色文化研究，重点梳理、凝炼和展示了各类交通组织的特色价值理念、行为规范和形象标识。整个研究工作坚持以社会主义核心价值体系为指导，将“铺路石”、“航标灯”等交通行业传统精神与包起帆、许振超、陈刚毅等先进典型所展现的时代精神有机结合，在建设交通行业核心价值理念体系方面做了积极探索。

交通文化建设是一项长期性、系统性、复杂性的工作，既要整体部署，又要稳步推进。近年来，尤其是实施《交通文化建设实施纲要》以来，全行业日益重视交通文化建设，注重丰富交通发展的文化内涵，取得了一些有行业特点和时代特征的文化成果，涌现了青岛港、天津港等一批优秀企业文化建设单位和青岛交运集团“情满旅途”、南京长途汽车站“爱心始发站”等一批知名服务品牌，形成了南京交通局“交通文化通论”等一批理论研究成果。《21世纪交通文化建设研究与实践》系列丛书的出版发行，对于全国交通行业深入贯彻落实党的十七大精神，兴起交通文化建设新高潮，进一步提高交通行业凝聚力和战斗力，推动交通事业又好又快发展，切实做好“三个服务”，必将起到重要的推动作用。

交通部部长 李盛霖

二〇〇七年十二月十三日

导论

交通为人员流动和物资流通提供基础条件，为人和物的空间位移提供运输服务，是支撑经济良性发展、促进社会全面进步的基础性产业和服务性行业。交通是一个古老而年轻的行业，自农业社会到工业社会以至信息社会，交通就一直伴随着人类文明的发展而演进，并构成人类文明的重要组成部分。中国是一个具有悠久历史的文明古国，在延绵数千年的文明进程中，曾造就了其他文明古国概莫能及的相对发达的交通体系；新中国成立后，中国交通事业进入一个崭新的发展阶段，经过近60年的建设尤其改革开放近30年的建设，交通发展在数量规模、质量水平和结构层次等方面都发生了翻天覆地的变化，取得了举世瞩目的成就，已跻身世界交通大国之列，正朝着世界交通强国迈进。中国交通发展的历史伟绩和现代成就为中华文明和世界文明做出了重大贡献，与此同时，在这个历经风雨的漫长岁月中，勤劳智慧的中华民族创造了与历史俱进、与时代同步的丰富多样、绚丽多彩的交通文化，为中华文化和世界文化的不断发展增添了更加丰富的内涵和更为亮丽的色彩。

一、交通文化的概念

理解交通文化的概念需先考查文化的概念。关于“文化”一词，长期以来，国内外一直没有形成统一的定义。但是，人们对文化内涵的解释还是存在共识，一般认为：文化是人类在社会历史发展过程中不断创造的各种精神财富、制度体系和物质财富的总和，其核心内容是人类创造各种精神财富、制度体系和物质财富所秉持的或反映出的价值理念。这是人们对社会主文化内涵所作的解释。基于这一认识，人们于是对隶属于社会主文化的各种亚文化的概念也做出了界定，如组织文化、系统文化和行业文化等。

交通文化也是隶属于社会主文化的一种亚文化，交通文化建设的理论渊源是文化人类学。对于交通文化的概念，可以根据社会主文化概念的核心内容和基本要素作出界定：交通文化是交通行业在长期的交通建设、运输和管理实践中逐步形成并不断发展的为广大交通员工所普遍认同并付诸实践的具有鲜明行业特点和时代特征的价值理念，是交通行业各种精神文化、制度文化和物质文化的总和，是交通发展的重要成果，是交通文明的重要结晶。其中，精神文化是交通行业的核心文化，是交通行业纲领性的核心思想，是指导交通发展的核心价值；制度文化是交通行业的浅层文化，是交通行业制定并执行办事规程、道德规范和行为准则所秉承的价值理念；物质文化是交通行业的表层文化，是交通行业生产物质实体、展现外在形象所秉承的价值理念。对于这一概念，可从以下角度进一步理解其内涵：

交通文化的核心内容是价值理念。价值理念属于意识形态或思想认识范畴，体现为交通行业对交通发展所秉持的态度、所采取的方式和所表现的行为，为交通发展所倡导的精神、所制定的规范和所树立的形象，这些态度、方式和行为都自觉或不自觉地反映了交通行业所秉承的价值理念，从而形成了交通文化。

交通文化的本质要求是强调实践。交通文化是交通行业普遍认同并付诸实践的价值理念，其突出强调价值理念的实践性，强调所倡导的价值理念要得到普遍认同和真正落实，要使之内化于心、固化于制、外化于形，从而在交通建设、运输和管理实践中发挥出实际的作用，为交通发展提供精神动力、制度保障和物质基础。

交通文化的层次定位是行业文化。从价值理念的从属主体来看，有国家的、民族的、组织的和个人的价值理念等，交通文化则属于整个交通行业的价值理念。因此，交通文化是对整个交通行业各部门、各单位价值理念的提炼与整合，代表了交通行业从业人员的主流思想，代表了整个行业广泛认同和普遍接受的价值理念。

交通文化的鲜明个性是交通特色。交通文化是交通行业的特色文化。各个行业的特色文化在其形成和发展过程中，虽然受到整个国家、民族的价值理念的影响，但各个行业生产特征、服务要求和管理模式存在很大差异，其价值取向也必然存在较大差异。交通作为经济社会发展的基础性产业和服务性行业，其所秉承的价值理念自然也有别于其他行业，从而有其自身鲜明的个性特色。

二、交通文化的特点

不同行业有其各自的结构形态和嬗变沿革，以及不同的静态表征和动态特征，因而体现出与之相对应的文化体系特点。从这方面考察，交通文化具有多样性、层次性、传承性、时代性等突出特点。

交通文化的多样性。交通行业由多个系统、多种专业、多种组织构成。从职能范围看，交通行业主要有公路建设与管理、道路运输、规费征稽、港口、航运、海事、救捞、船检、公安等系统；从专业性质看，交通行业主要有公路、桥梁、车辆、站场、船舶、航标、航道等专业领域；从组织性质看，交通行业主要有行政机关、执法单位、交通企业和事业单位等组织。不同的系统、专业、组织都有其自身的生产特征、服务要求和管理模式，因而具有不尽相同的价值理念，从而形成了文化的多样性。交通文化的多样性，要求交通文化建设要充分考虑不同文化价值理念的个性与共性，整个行业的文化建设在价值理念的提炼和价值体系的整合上要兼收并蓄、博采众长，从而形成能为整个行业广泛认同并普遍接受的价值理念。

交通文化的层次性。按照交通行业的职能、专业和组织等分类，可将交通文化细分为交通系统文化、交通专业文化和交通组织文化，各组成部分按照某种秩序有机结合，呈现出一定的层次性。其中，行业文化是一个面，系统文化是一条线，组织文化是一个点，专业文化则可看作对系统文化的细分，因为公路、桥梁、车辆、站场、船舶、航标和航道等是隶属于各交通系统的物质实体。整个交通文化体系因此呈现出一种“点-线-面”式的层次特征。各层次文化所秉承的价值理念具有内在的联系，一般来说，上层文化价值理念是对下层文化价值理念的归纳，上层文化更为抽象，下层文化更为具体。交通文化的层次性，要求提炼、整合交通行业的价值理念要自下而上、由点到面，逐层归纳，从而形成具有深厚基础的价值理念。

交通文化的传承性。交通文化形成于交通发展的实践，并随着交通的发展而发展。交通发展过程就是交通文化形成的过程，交通发展的历史沿革就是交通文化的传承沿革。交通发展在不同时期面临着不同的发展任务和发展条件，因而有着不同的价值理念和文化内涵。传承是发展的基础。交通文化的传承性，要求用历史唯物主义和辩证唯物主义的观点和方法去认识交通文化，从源远流长、积淀丰厚的发展历史中发掘、提炼交通文化的价值理念元素，充分吸收传统文化的合理成分，进而将交通行业优良的传统文化发扬光大。

交通文化的时代性。中国乃至世界交通发展都已进入新的阶段，快速推进中的中国交通现代化要求坚持科学的价值理念，发展先进的交通文化，以此促进交通事业又好又快发展。因此，建设交通文化，必须坚持先进文化前进方向，在传承交通传统文化的基础上，充分融入现代意识，不断丰富和发展其科学内涵，确立具有时代特征的价值理念，发展具有现代意识的物质文化、制度文化和精神文化体系。

三、交通文化的功能

交通文化的作用集中体现在“内聚人心、外塑形象”两个方面，具有凝聚、导向、激励、约束、外塑和辐射等基本功能。认识这些基本功能，是认识交通文化的建设目的与建设意义的基础。

交通文化的凝聚功能。交通文化所倡导的价值理念一旦为整体行业认同并接受，就成了千百万从业人员共同的理想与追求，进而以其强大的粘合力，从各个方面将整个行业及其成员聚合起来，形成巨大的向心力和凝聚力，形成强烈的集体意识团队精神，为实现共同的理想与追求而齐心协力、共同奋斗。

交通文化的导向功能。交通文化所倡导的价值理念是整个行业的共同理想和共同追求的集中反映，代表了千百万交通人的主流思想和主流意识。这种共同的理想和追求，通过教育和灌输，会引导行业的个体与群体在思想、观念上做出调整，使其与整个行业所确立的价值取向保持一致，从而起到一种导向作用。

交通文化的激励功能。交通文化建设的核心要旨是以人为本、以文化人，强调确立共同的理想、营造和谐的氛围。这些都有利于增强各部门、各单位干部职工的使命感和责任感，激发干部职工的积极性和创造性，使广大干部职工乐于参与交通建设，乐于发挥聪明才智，为实现共同理想、实现自身价值而做出努力。

交通文化的约束功能。交通文化一旦形成，就建立了自身系统的价值理念，就为行业整体及其成员明确了价值取向，同时也确立了道德规范和行为准则，从而对行业整体及其成员起到一种约束作用。但是，这种约束具有自觉性，是一种软约束，这种软约束产生于整个行业的文化氛围，使各个成员产生共鸣，继而达到自我控制。

交通文化的外塑功能。交通行业特色文化所倡导并实践的价值理念是交通行业的旗帜，旗帜就是形象，这种形象包括理念形象、行为形象和视觉形象。这些形象是社会公众了解和评价交通行业的标志和表征。因此，交通文化具有外塑形象的重要功能。

交通文化的辐射功能。交通文化的辐射功能主要体现在所倡导并实践的价值理念通过外化而为广大社会公众所了解、所感受，会影响整个社会价值理念的形成与发展，从而使交通文化成为社会主文化的生长点和贡献源，为社会主义文化大发展、大繁荣做出贡献。

四、交通文化的载体

凡文化均有其价值理念的承载体或附着体。人类通过劳动创造文化。人类的劳动作用于自然形成物质文化，作用于社会形成制度文化，作用于人类自身形成精神文化。交通文化的载体主要包括主体载体、组织载体、制度载体和物质载体等。从根本上说，建设交通文化就是建设和优化这些载体。

主体载体。交通行业从业人员是交通行业的主体，自然也是交通文化的主体。交通行业从业人员既是交通行业价值理念的倡导者和实践者，也是交通行业价值理念的承载者和传播者。交通文化说到底是交通人的文化，是交通人的思想意识和价值取向。建设交通文化，要注重人的决定性因素，突出人的主体性地位，一是注重发掘广大从业人员的价值理念元素，确立具有深厚群众基础的价值理念体系；二是注重依靠广大从业人员建设交通文化，践行价值理念；三是注重通过文化建设来提升广大从业人员的综合素养，运用文化的力量来增强从业人员的凝聚力和向心力，激发交通从业人员的积极性和创造性。

组织载体。交通行业的行政机关、事业单位和交通企业等各种组织，既是交通行业的基本单元，也是交通文化建设的基本单元。这些组织作为交通文化的载体，与文化的内在联系主要体现在以下几个方面：一是组织内涵反映组织文化的性质。组织内部共同的目标追求、一致的价值取向、和谐的分工合作都是文化使然，其既是文化作用的结果，也是文化自身的表征。二是组织结构体现组织文化的个性。组织结构决定了组织内部的职责关系，其选择和形成受到组织文化的影响，并反作用于组织文化，从而使得不同的组织结构体现出不同的文化个性。三是组织功能体现组织文化的要求。组织的功能主要体现在整合人力资源、规范人的行为、满足人的需要，从而履行组织使命，实现组织目标，这些功能和作用与组织文化的功能和作用是一致的，正好体现了组织文化建设的目的和要求。建设交通文化，要求将组织建设作为重点内容，着力提升组织管理理念，改进组织管理方式，按照科学管理、规范管理的要求，优化组织的内部结构与协作关系。

制度载体。制度是要求组织成员共同遵守的办事规程、道德规范和行为准则。组织制度和组织文化之间关系十分密切。一方面，组织文化是组织制度制定与执行的重要决定因素，影响着组织制度的形成及其功效的发挥。组织制度是组织文化的产物，组织制度所具有的规范约束和激励作用等本身就体现了组织文化建设的直接目的和内在要求。这样，组织制度就成为了组织文化的重要载体，组织制定并执行各种办事规程、道德规范和行为准则都反映了组织文化所倡导的价值理念。另一方面，组织制度对组织文化的形成和发展也具有重要影响，有什么样的组织制度也必然会使组织成员表现出相应的处事态度和行为方式，从而营造相应的组织氛围、孕育相应的组织文化。建设交通文化，要求将制度建设作为重点内容，按照以人为本、科学管理的要求，以实现员工价值、规范员工行为为价值取向，着力健全组织内部的管理制度，推进制度创新与制度变革。

物质载体。物质载体是反映交通文化特色内容的重要载体和交通文化先进程度的重要标志。交通文化的物质载体主要包括以下几类：一是交通行业的生产资料，包括基础设施、运输装备及其支持保障系统，如公路、桥梁、车站、港口、航道、航标、车辆和船舶，办公场所、生产车间和服务场所等，这是交通生产力的物质基础，其外形特征、结构特点、技术价值、美学价值、历史价值、民族特色、地域特征、人文内涵及其社会经济意义等，是交通文明的重要标志，也是交通文化的重要特色所在。二是交通行业的形象标识，如各系统、部门和组织的徽标、着装和歌曲等，这也是交通文化的可感知性象征物，充分体现了交通文化的个性和风格。三是交通行业各种组织保障员工基本权益、提升员工综合素养的各种实体手段，如保健、卫生和安全等设施，技术培训、职业教育和文化教育等文化设施，这些也都充分体现了交通文化的个性和风格。建设交通文化，要求将物质载体建设作为重点内容，既要着力保证物质实体的经济社会意义，也要着意丰富物质实体的技术价值、美学价值、历史价值、民族特色、地域特征和人文内涵，着力提升交通行业的外在形象。

五、交通行业的价值体系

交通文化建设坚持社会主义先进文化前进方向，用马克思主义中国化最新成果武装和教育广大干部职工，用中国特色社会主义共同理想凝聚力量，用以爱国主义为核心的民族精神和以改革创新为核心的时代精神鼓舞斗志，用社会主义荣辱观引领风尚。经过长期的探索与实践，交通行业逐步形成了具有鲜明行业特色和时代特征的交通精神文化、制度文化和物质文化，形成了实践证明对于引导交通事业快速发展、科学发展、和谐发展具有重要指导作用的价值体系。

（一）行业使命：发展现代交通，做好“三个服务”

发展现代交通，促进民富国强，是国家和人民赋予交通行业的神圣使命。交通是支撑经济良性发展、促进社会全面进步的基础性产业和服务性行业，是促进经济增长、优化产业布局、改善人民生活、保障国家安全、维护社会稳定的基础条件和重要依托。交通发展的主要任务是发展现代交通业、实现交通现代化，根本目的是促进人民富裕、实现国家强盛。在目前及今后相当长时期内，交通行业围绕履行这一使命，必须把握世界交通发展的总体趋势和我国交通发展的阶段特征，着力调整交通结构、转变发展方式、推进自主创新、完善行业管理，加快推进交通由传统产业向现代服务业转型，努力提高做好“三个服务”（服务国民经济和社会发展全局，服务社会主义新农村建设，服务人民群众安全便捷出行）的能力和水平。

（二）共同愿景：建设一个更安全、更通畅、更便捷、更经济、更可靠、更和谐的现代化公路水路交通运输系统，实现人便于行、货畅其流，让人们享受高品质的运输服务，让经济社会发展更加充满活力，让交通与自然、交通与社会更加和谐。

交通行业致力于建设一个更安全、更通畅、更便捷、更经济、更可靠、更和谐的现代化公路水路交通运输系统，体现了交通行业基于自身使命而对未来交通发展愿望与发展前景的美好憧憬，对未来交通发展目标与发展效果的理想追求，是交通行业重要的价值取向。为实现这一愿景，一代代交通人前赴后继，作出了艰苦卓绝的不懈努力，取得了举世瞩目的巨大成就，交通事业各个方面不断地实现了历史性突破和跨越式发展。目前，公路主骨架、水运主通道、港站主枢纽和支持保障系统建设全面推进，高速公路、特大桥梁、长大隧道和专业码头建设快速发展，万车竞发、百舸争流的繁荣景象已经初步形成，货畅其流、人便于行的良好效果已经日益显现，现代化公路水路交通运输系统已经初具规模，更加宏伟的发展目标正在又好又快地大力推进之中，交通发展的美好愿景必将成为现实。

（三）交通精神：艰苦奋斗、勇于创新，不畏风险、默默奉献

交通精神是民族精神和时代精神在交通实践中的生动体现，是对交通行业先进典型精神内核的高度概括，是交通行业广大从业人员共同创造的精神财富，是交通行业履行自身使命、实现共同愿景的强大动力，代表了交通行业广大从业人员的思想意志和精神风貌。交通精神的核心要素是“艰苦奋斗、勇于创新，不畏风险、默默奉献”。

艰苦奋斗是交通行业的优良传统。立足我国建设任务繁重、经济基础薄弱的基本国情，交通行业各条战线广大员工，本着高度的使命感和责任感，始终保持勤俭节约、艰苦朴素、拼搏进取、努力奋斗的优良传统，大力推进我国的现代化交通建设，确保交通发展的质量、效益和效率，创造了无数可圈可点的光辉业绩，涌现了以“一代人要有一代人的作为、一代人要有一代人的贡献、一代人要有一代人的牺牲”的“青岛港精神”，“胸怀祖国、热爱边疆的爱国精神，刻苦钻研、勤奋好学的进取精神，不懈探索、敢于突破的创新精神，恪尽职守、忘我工作的敬业精神，淡泊名利、清正廉洁的自律精神，生命不息、奋斗不止的拼搏精神”这一“刚毅精神”，以及“勇闯新路、改革进取的精神，干字当头、艰苦奋斗的精神，遵纪守法、诚实劳动的精神，领导干部以身作则、吃苦在前、享受在后的精神”这一“华铜海精神”等为代表的彰显艰苦奋斗精神的先进典型。

勇于创新是交通行业的时代追求。锐意进取、勇于创新，是交通行业在长期的改革与发展实践中不断适应新的形势变化和发展要求，有效解决突出矛盾和问题，不断取得重大进展与突破的成功经验。长期以来，交通行业抓住机遇、与时俱进，

注重理念创新、科技创新、体制机制创新和政策创新，为实现交通事业又好又快发展提供不竭动力，涌现了以“报效祖国，服务人民的主人翁精神，立足本职、追求卓越的敬业精神，求真务实、勇攀高峰的科学精神，锲而不舍、勇于拼搏的进取精神，团结协作、淡泊名利的团队精神”这一“起帆精神”，“爱岗敬业、无私奉献的主人翁精神，艰苦奋斗、努力开拓的拼搏精神，与时俱进、争创一流的创新精神，团结协作、互相关爱的团队精神”这一“振超精神”，“恪尽职守、忘我工作的敬业精神，立足岗位、刻苦自励的拼搏精神，敢为人先、勇攀高峰的创新精神，凝心聚力、团结协作的团队精神”这一“孔祥瑞精神”，以及“凝心聚力的和谐意识，拼搏奉献的创业精神，敢为人先的创新精神，追求卓越的创优精神”这一“润阳大桥精神”等为代表的凸显勇于创新精神的先进典型。

不畏风险是交通行业的突出意志。交通建设逢山开路、遇水架桥，车辆行驶于陡峭险峻的群山之间，船舶航行于风急浪高的水面之上，无不存在一定风险，正所谓“行船走马三分险”。长期以来，中国航海者面对风浪惊涛的海洋环境和突如其来的各种困难，总是勇往直前、镇静应对、精诚协作，圆满完成国家和人民交付的各项运输任务，彰显了“乘风破浪、不畏艰险、同舟共济”的“航海精神”。尤其，在发生海上安全事故的情形下，我国海上搜救队伍更是凭藉精湛的技能和过人的胆略，不顾个人安危，及时赶赴现场，全力施行搜救，确保人民生命与财产安全，凸显了“把生的希望送给别人、把死的危险留给自己”的“救捞精神”，是交通行业坚强意志力和大无畏精神的突出体现。

默默奉献是交通行业的真情付出。我国公路水路交通建设、运输和管理大多是在气候恶劣、地形复杂、人烟稀少的特殊条件下展开的，广大交通建设、运输和管理人员，无数的铺路工、养路工和航标工，寒来暑往、经年累月，不顾风吹雨打、不计名利得失，在平凡的岗位上、在艰苦的条件下，恪尽职守、真诚奉献，用宝贵的青春和人生，铺就了无数大道、送去了万家温暖、确保了万家平安，留下了无数可歌可泣的感人事迹，涌现了以“为人民服务到白头”的“小扁担精神”，“爱岗敬业、默默奉献”的“铺路石精神”，“燃烧自己、照亮别人、奉献社会”的“航标灯精神”，“尚法弘德，为民负责，执法为民，服务社会”的“海事精神”，以及“尽职在岗、奉献在船”的“孙彪精神”等为代表的凸显默默奉献精神的先进典型。

（四）职业道德：爱岗敬业、诚实守信、服务群众、奉献社会

交通行业开展职业道德建设，坚持用社会主义荣辱观引领风尚，按照《公民道德建设实施纲要》的要求，大力倡导并努力践行以“爱岗敬业、诚实守信、服务群

众、奉献社会”为主要内容的职业道德，为交通事业又好又快发展提供有力的制度保障。

爱岗敬业是职业道德的基础。爱岗敬业要求从业人员干一行、爱一行、精一行。交通行业为全社会提供交通基础设施和客货运输服务，交通工程建设关乎百年发展大计，客货运输服务涉及广大公众利益，从业人员首先要热爱本职工作、履行岗位职责，要结合岗位需要、立足岗位工作，加强业务学习、注重实践锻炼，不断提高个人综合素质，在工作中恪尽职守、精益求精，为保证工程建设和运输服务质量作出自己应有的贡献。

诚实守信是职业道德的精髓。诚实守信要求从业人员做到诚实、诚恳、讲信义、守信用。交通行业倡导并实践诚实守信的职业道德，要着眼于切实解决交通、运输和管理中群众反映强烈、社会危害严重的突出问题，健全诚信机制，开展诚信教育，强化诚信意识，进一步推进“共铸诚信交通”实践活动，做负责任的行业、负责任的部门、负责任的岗位，努力提高整个行业的公信力和信誉度。

服务群众是职业道德的更高要求。交通行业本身是服务性行业，服务是交通的本质属性，做好服务是交通发展的突出主题。交通行业各部门、各单位广大员工要着力增强服务意识，努力提高做好服务的能力和水平。要继续开展文明行业、文明单位、示范窗口建设活动，大力推行热情服务、周到服务、规范服务，为人民群众提供更加安全、便捷、高效的优质服务。

奉献社会是职业道德的最高境界。交通作为经济社会发展的基础性产业和服务性行业，与社会生产和社会生活的各个方面息息相关，广大从业人员要将奉献社会作为职业道德建设的出发点和归宿，立足各自的本职工作，以宽广的胸襟和坦荡的胸怀，以自己的才华和汗水真情地反哺于人民、回馈于社会，在奉献中实现自我、发展自我。

六、交通文化建设的现实意义

大力推进交通文化建设，是交通行业深入贯彻落实科学发展观，促进交通事业全面发展的重要方面。党的十七大报告指出：深入贯彻落实科学发展观，要按照中国特色社会主义事业总体布局，全面推进经济建设、政治建设、文化建设、社会建设，促进现代化建设各个环节、各个方面相协调；推动社会主义文化大发展大繁荣，要坚持社会主义先进文化前进方向，兴起社会主义文化建设新高潮，提高国家文化软实力。大力推进交通文化建设，就是要确立符合先进文化前进方向和交通事业发展要求，具有鲜明行业特点和时代特征的价值体系，并付诸交通发展实践，提升交通文化软实力，为实现交通又好又快发展提供精神动力、制度保障和物质基础。

建设交通文化有利于确立共同理想，树立共同目标，进一步增强发展现代交通的使命感和责任感。理想就是信念，理想就是旗帜。交通文化建设大力倡导并努力践行建设一个更安全、更通畅、更便捷、更经济、更可靠、更和谐的现代化公路水路交通运输系统，致力促进人民富裕、实现国家强盛，这些核心价值一旦为交通行业各部门、各单位干部职工所接受，就成了广大交通员工共同的理想和信念，成了统一干部职工思想认识的旗帜和标杆，进而增强广大交通员工的使命感和责任感，引领广大交通员工为发展现代交通、促进民富国强而自强不息、奋斗不止。

建设交通文化有利于继承优良传统，弘扬时代精神，进一步提高做好“三个服务”的能力和水平。交通精神是交通行业的灵魂。交通文化建设大力倡导并努力践行以“艰苦奋斗、默默奉献、不畏风险、勇于创新”为核心要素的交通精神，是交通行业继承优良传统、体现时代要求，努力做好“三个服务”的精神追求和强大动力。建设交通文化，弘扬交通精神，就是要宣传先进典型，弘扬浩然正气，以此激发广大交通员工的积极性和创造性，使之成为不断提高做好“三个服务”的能力和水平的强大动力。

建设交通文化有利于凝聚行业力量，提升行业形象，进一步增强构建和谐交通的凝聚力和影响力。交通文化建设按照以人为本的核心要旨，在精神文化、制度文化和物质文化等各个层面，大力倡导并努力践行交通发展的事业追求和社会责任，努力实现好、维护好、发展好用户利益、公众利益、员工利益。这些价值取向，既是一种宣示，更是一种承诺，其所体现的人本主义和人文关怀，有利于改善交通行业的内在氛围、提升交通行业的外在形象，改善行业内外的关系，提高交通行业的凝聚力和影响力，从而提升交通发展的软实力，促进交通事业又好又快发展。

（执笔人：王先进　李春　樊东方　邱曼丽　刘利　张榕榕）

前言

早在半个世纪前，毛泽东同志就充满激情地预言，随着一个经济建设高潮的来临，必将迎来一个文化建设的高潮。改革开放，标志着中国现代化发展进入了快车道。经过改革开放三十年的发展，长江航运在中国现代化建设中的地位越来越重要。长江航运文化在新时期不仅得到新的提炼和升华，而且成为时代精神的重要内容。由交通部组织领导的重大科研项目“交通文化建设研究”，为我们进一步认识长江航运在重要战略机遇期中的地位和作用，加强长江航运文化建设，弘扬长江航运文化精神，促进长江航运事业又好又快地发展，提供了重要契机和有利条件。

研究长江航运文化，只是交通文化建设研究有机整体中的一个重要内容，是总课题中的一个子课题。在课题研究之初，交通部制订了《交通文化建设研究指导大纲》，阐述了课题研究的指导意见，包括研究的指导思想、理论方法、展开途径、主要内容等，为深化研究提供了科学的路线图，是我们研究中国长江航运文化的可靠依据。根据《大纲》要求，结合长江航运文化实际，我们以长江航运文化发展为线索，系统研究了长江航运物质文化、精神文化、制度文化、行为文化和形象文化。从行为组织文化看，一般地，人们把形象文化列入行为文化中研究。但我们从长江航运文化的特点和表述的方便出发，专门论述了长江航运形象文化。这是要特别加以说明的。

一、研究的进展

长航局党委对此项科研任务十分重视，交通部下达课题后，长航局即组成课题组，迅速制定科研方案，设立组织机构，加强研究保障。课题组由交通部长江航务管理局、湖北省社会科学院的专家组成。课题组长由长航局党委书记黄强同志担任。课题参与者明确责任，制定进度，态度积极热情。

本课题的调研以及专著的写作、修改和定稿，从2007年5月开始，到2008

年5月6日在武汉召开评审会，历时一年整，主要分为三个阶段。

第一阶段，从2007年4月到当年7月。主要是熟悉和收集文献资料。一是比较系统地掌握长江航运文化的文献资料，进入研究角色。二是制定研究计划，统一思想，形成学术共识，为下一步深入研究做准备。三是参与准备芜湖会议文件，如进入会议交流的《长江航运文化的特色》、《长江航运文化的基石》、《长江航运文化建设之道》，受到会议代表好评。这3篇论文的核心观点在以后的研究中不断得到深化，成为课题结项成果的灵魂。

第二阶段，从2007年7月7日到2007年8月31日。主要是深入长航系统各基层单位调研，收集并掌握大量第一手资料。一是在芜湖会议结束后，课题组沿长江到芜湖海事局、南京通信局、浦口派出所、长江引航中心、南京港、镇江港、江阴港、泰州港、长江三峡通航局、宜昌港、长航万州公安分局和重庆港务集团等实地考察、召开座谈会、收集原始资料。二是在调研基本结束后，课题组集中一周的时间，集中研讨专著写作提纲，并进行了研究、写作分工，明确任务和进度。三是调研和实地收集资料取得了四个收获：第一，对于长江航运文化的感性认识更加具体、生动和准确，为由感性认识升华到理性认识打下了扎实基础；第二，获得了大量的系统的工作经验性资料，为理论研究的系统化和科学化准备了丰富的养料；第三，边调研，边思考，在一系列研究的关节点上形成了理性认识片段，加快了由感性认识向理性认识的转化进程；第四，一路调研，受到长江航运文化建设火热实践的感染和鼓舞，进一步明确了社会科学研究工作者的责任感和使命感，增强了研究的信心。

第三阶段，时间从2007年9月初到2008年4月初。主要是将调研资料和文献资料有机整合，按照写作提纲系统地进行理性思考，并有计划地进行写作。成书后，进行了4次大的修改和完善，最终定稿。一是在2007年9月初经过3次研讨，最终形成详细的写作提纲，即现在成书的“八论”结构，并对资料进行了分类排列，明确了写作重点和难点。二是到2007年11月底拿出初稿，并由课题组副组长统稿一遍，形成了专著雏形。三是贯彻了北京11月14日会议精神，主要是保证质量，加快进度，按照丛书的格式统一体例，做到行业特色与文化底蕴的有机统一。四是召开若干次专家座谈、研讨会，提出修改、完善意见。比如，在2007年11月27日在梁子湖召开了长江航运文化建设课题研究座谈会，请行业系统内部的同志针对初稿提意见，会议开得很成功，课题组随后做了比较大的修改。2008年1月8日在长航局召开了课题汇报会，请行业内的专家提意见，收获很大，课题组认真地吸收了很多很好的意见。2008年3月1日在滠口召开行业内审会，集中3天时间，逐篇逐段审查，边审边改，务求科学准确。2008年3月19日在长航局召开课题组定稿会议，为召开课题结题评审做准备。经过几次会诊和大的修改后，本书在3月底定稿，5月6日提交评审会。据不完全统计，在审改过程中，课题组副组长统稿4次，全书经过了4200处改动，较大的修改达800多处。课题组在课题总结时自评认为，课题研究按照交通文化建设研究指导委员会制定的研究路线图和确定的质量标准进行写作，定稿后的专著可以提交交通部进行评审验收。

在研究和写作中，我们按照交通文化建设指导委员会的部署和要求，经过消化，联系课题研究实际，把握了以下几个关节点，突出了本书的研究特点：

一是，紧紧围绕长江航运文化形成和发展的线索来展开，进行规律性揭示，增强了科学知识的启示性含量。课题研究把文献资料与实践经验和理论研究结合起来，运用多学科的研究方法，做到既不脱离原形，但又抽象了原形，高于原形，即我们通常讲的“既是它，又不是它”。

二是，紧紧围绕长江航运文化的核心理念、文化精神展开论述，使长江航运文化有灵魂，有主心骨，有文化亮色。长江航运文化的研究和总结既来自于实践，但又不局限于实际工作，不局限于工作经验，做到与长江航运历史合拍，与发展现状贴近，与未来走势契合。

三是，紧紧围绕长江航运文化的主体长航人展开论述，大力弘扬长江航运的人文精神、人文价值、人文追求，重视长江航运的人文环境，力求避免“见物不见人”、“见事不见人”、“见理论不见人”的弊端，力求做到人与物、人与环境、人与文化、人与事业、人与精神的协调统一。

四是，密切联系长江航运文化建设的实际，努力做到“三新”。第一是体系比较新颖，全书的逻辑结构既能够整合长江航运文化的实际知识内涵，又避免了教科书式的呆板。第二是表述比较新鲜生动，本书的写作立足于学术研究，但是在行文表述上定位于大众化的文化读物，便于吸引行业内外的更多读者。第三是观点比较新颖。在对长江航运文化的概念把握、内涵描述上，对长江航运文化精神传承的提炼上，对长江航运文化发展规律的总结上，对长江航运文化服务品牌的展示上，对长江航运文化一系列精神元素的厘定上，对长江航运制度文化构成的分类上，对长江航运行为文化要素、作用和功能的论述上，对长江航运形象标识系统的认识上，对长江航运文化发展的展望上，都力求有新发现、新认识和新说明。

当然，世界上的万事万物都不可能尽善尽美，都有相互对应的两个方面。尽管课题组本着高度负责的精神、高度敬业的精神、高度严谨的精神，但是，由于时间紧、任务重、要求高和课题组自身认识的局限，缺点和不足还是不可避免的。比如，由于长江航运系统的内涵丰富，战线庞大，因此，在研究资料的选择运用上，还不是十分均匀；还来不及进行国际同类的比较分析；等等。这都是将来要继续研究深化的问题，有的甚至是研究课题。俗话说得好，“木匠打家具，边打边相”。只要不畏难，不松劲，就一定能够探寻真知启迪后人。

二、研究的重点

1. 长江航运文化生成的历史反思

古人说：“观今宜鉴古，无古不成今。”[①]长江航运文化深深地蕴涵在中国历史和中国文化的演进轨迹之中，是中国历史、文化中有活力的精神要素。从古代吴越人“以船为车，以楫为马，往若飘风，去则难从”[②]，到现代长江航运交通的船舶往返，航运如织，客流、物流、资金流、信息流交汇成一条世界闻名的黄金水道，从而形成它特有的文化发展史。马克思主义认为，最深邃的经验和最根本的规律，深蕴于事物发展的过程之中。因此，要揭示长江航运文化发展的完整过程、文化变迁的整体面貌、文化流变的深刻规律和历史经验，必须按照它自身的发展经历，按照自有的发展轨迹，分古代、近代和现代进行认识和历史反思，在廓清其发展线索的基础上，准确勾画其显著的文化特征和深厚的文化内涵，描绘其在历史过程中创造的流水争先的竞争精神、勇立潮头的创新精神、风雨同舟的团结精神、水滴石穿的不懈精神、水宿风餐的吃苦精神、水涨船高的进取精神、水抱山环的和谐精神、水到渠成的踏实精神，在历史和现实、传统和现代的结合部上，站在历史和文化的高度，对长江航运文化的精神和创新规律，进行阐述。

2. 长江航运文化的支撑理念

作为一种文化理念，它从属于文化类型和文化形态，又在其中发挥着支配文化发展和未来走向的作用。对于长江航运文化来说，文化理念的重要性，也是如此。因此，我们在研究中要下大力气揭示并阐述长江航运文化的支撑理念。在长江航运文化的精神层面，具有丰富的文化理念系统。比如，长江航运宗旨：面向全长江，服务全社会；长江航运愿景：中国黄金水道，世界内河一流；长江航运使命：合力建设黄金水道，促进长江经济社会发展；长江航运精神：同舟共济，百折不挠，乘风破浪，扬帆奋进；长江航运基本理念：乘势而上，好中求快，统筹协调，联动发展的发展理念；需求是源，质量是锚，管理是舵，创新是帆的经营理念；关爱生命，责重于山的安全理念；长江一家人，行业一盘棋的协作理念；人人皆可成材，有用就是人才。鼓励冒尖，宽容失败的人才理念；把务虚的事做实，把务实的事做好的工作理念；水上执法一盘棋，政务联合一体化的联合执法理念；热爱长江、勤勉敬业，遵纪守法、廉洁奉公，团结协作、诚信务实、爱护设备、善待环境，文明服务、奉献社会的长江航运基本道德规范。这个理念体系的各个要素，既各自独立，又相互关联，共同在长江航运事业发展中起着重要的作用。

3. 长江航运文化的体系构建

长江航运文化是一个具有完整体系的文化结构，从系统构建的角度来看，它由物质文化系统、精神文化系统、制度文化系统和行为文化系统等有机地组合起来，产生系统的整体力量。

长江航运物质文化系统是长江航运行业产品和服务的品质表现，是行业工作环境和形象展示等方面的外在形象，是树立行业品质和形象所遵循的价值理念。它包括：知名度高的行业品牌，如“长航”、“长江黄金水道”等就是享誉中外的知名品牌；科技含量高的航运技术，如“分节驳顶推船队运输成套技术”、“发光二极管一体化航标灯光源”等高新技术越来越多地运用于长江航运业，加快了长江航运由传统产业向现代产业转变的步伐；公信度高的行业形象，如长江航运业成为国民经济建设的“先行官”，长江航运人是抗洪抢险的“排头兵”，长江海事搜救是人民生命财产安全的“保护神”，长江水上110是人民生命财产安全的“水上卫士”；满意度高的工作生活环境；以船舶、船闸、码头、铁锚、风帆、航标灯和信号灯等为标志的具有人文精神意义的物质载体；等等。

长江航运精神文化系统是行业文化的支撑力量，具有激励心志、统一思想、振奋精神、启迪智慧和聚合力量的重要作用，是促进行业可持续发展、和谐发展的力量源泉。长江航运精神文化聚集着长江航运人在行业发展中特有的共同理想、价值取向、道德规范、行为方式、思维方式和精神风貌。“以人为本，尊重个性”是精神文化的核心，“鼓励创造，创新超越”是精神文化的目标。

长江航运制度文化系统是长江航运人在长期的生产、经营和服务中探索并提炼的一整套相对固化的规则总和，它具有稳定性、公众性和权威性等特点，具有鲜明的严格性、准确性、科学性和可操作性的实践品格，是体现长江航运行业理念、规范行业行为的规章制度，是物质文化建设和精神文化建设的制度保障。它包括：长江航运行政管理制度、长江航运经营管理制度、长江航运安全管理制度、长江航运廉政制度等。

长江航运行为文化系统是长江航运在运作实践中产生的以人的行为为形态的行动文化的总称，它是长江航运理念系统的主体行为展现，对塑造长江航运行业形象具有不可或缺的重要作用。

4. 文化发展模式走势分析

长江航运文化在长江航运人的精心培育下，已经成为具有丰富文化内涵、独立文化精神、固定文化范畴和鲜明文化特征的一种实践性强、影响力大、品牌味足的行业文化模式。在全面建设中国特色社会主义的大好形势下，长江航运文化的发展进入了黄金时代。为此，按照“坚持社会主义先进文化前进方向，兴起社会主义文化建设新高潮，激发全民族文化创造活力，提高国家文化软实力，使人民基本文化权益得到更好保障，使社会主义文化生活更加丰富多彩，使人民精神风貌更加昂扬向上”的总要求[3]，对长江航运文化的发展进行前瞻性分析，提出必要的对策和建议，为实践发展出谋划策。

围绕“面向新长江，构建新文化”的发展主题，在已有的基础上，敢于“跳高”。要进一步增强文化自觉意识，夯实文化建设基础，丰富文化发展内涵，营造浓厚文化氛围，全面展示文化力量，打造航运文化品牌。

围绕“适应新形势，明确新任务”的目标，科学分析发展的挑战，准确判断并把握发展的机遇，制定新规划，承担新任务，完成新目标。要进一步培育精神文化，规范制度文化，推行行为文化，提升物质文化。站在新时代的高度，围绕“创造新辉煌”的使命，采取新的应对措施。

要根据文化创新的客观规律和文化建设的经验启示，坚持以人为本、全员参与的原则，围绕中心、服务大局的原则，继承创新、促进发展的原则，重在建设、促进发展的原则，领导推进、率先垂范的原则。

要进一步落实工作重点，切实抓好基层文化建设、文化项目建设、文化体系建设、文化创新能力建设、文化队伍建设和文化环境建设；要加快文化创新步伐，经常性地开展文化提炼工作，切实开展文化推进工作，大力开展文化造势工作，全面开展文化维护工作，高度重视文化保障工作，严格开展文化考评工作，持久开展文化交流工作，深入开展文化研究工作。

组织保证，全面动员，长抓不懈，努力铸就长江航运文化的新辉煌。

三、研究的方法

对于任何问题的研究，总是要借助多种方法进行解构，以求研究的科学、客观，研究结论的准确可靠、深刻细致。因为事物的发展总不是单线条的，常常是一因一果的发展与一因多果、多因一果、多因多果的进程相伴随，因此，长江航运文化研究中，需要多种方法综合运用，形成一个科学的方法论体系。

1. 组织文化研究方法

组织文化理论认为，任何一种组织文化或者企业文化都是一个组织由其价值观、信念、仪式、符号和处世方式等组织成的一种特有的文化符号。组织文化是社会文化影响、渗透的产物，它以社会文化发展为其基础。不同社会、民族的组织文化，都具有各自鲜明的特色。一个国家的组织文化是建立在传统的民族文化基础上，并与其经济发展、科技进步程度密切关联的。总之，组织文化是指全体组织成员在长期的创业和发展过程中培育形成并遵守的共同目标、价值标准、基本信念以及行为规范，它是组织理念形态文化、物质形态文化和制度形态文化的复合本。现代管理实践表明，组织文化是一种利用文化手段建立的全新管理模式，是一种非经济因素。它可以发挥经济手段、技术性措施无法比拟的作用，可以协调人际关系，增强组织凝聚力，培养团队精神，引导成员走向一个共同的目标。

组织文化的研究方法是，经常按照物质层、制度层和精神层这三个层次来进行分、合相结合的研究。根据组织文化研究方法，我们把长江航运文化相应地划分为精神层、制度层和物质层，并认为，长江航运精神文化是长江航运的核心和灵魂，长江航运制度文化是长江航运人所应共同遵守的行为准则和社会规范，长江航运物质文化是长江航运精神文化和长江航运制度文化的客观条件。还认为，这三个层次紧密相连，不可分割，它们为对方的存在和发展提供依据和支撑条件。物质层是长江航运文化的外在表现，是制度层和精神层的物质基础。制度层则约束和规范着物质层及精神层的建设，没有严格的规章制度体系，长江航运文化建设就无从谈起。精神层是形成物质层和制度层的思想基础，也是长江航运文化的内核。

2. 系统分析方法

系统分析方法作为现代的科学思维方法，是伴随着现代科学技术的发展、社会生产规模的日益扩大和高度集约化而产生的，它与第二次世界大战后的系统科学与理论相伴生，体现了现代辩证思维特点。

系统分析方法认为，任何事物的发展都不是一个孤立的东西，而是一个有机的整体，这一整体的本质和规律存在于各个部分的相互关系之中，整体功能大于它的各个孤立部分的总和。依据这个观点，我们把长江航运文化作为一个由各文化要素有机组成的文化系统来看待。

系统分析方法认为，系统的概念就是相互联系、相互作用的整体概念，系统方法就是认识客观事物相互联系、相互作用的方法。这正如列宁所指出的："要真正地认识事物，就必须把握、研究它的一切方面、一切联系和'中介'"[④]。依照这个观点，我们把长江航运文化作为一个内在各要素相互联系、相互作用的与客观环境发生关系的各组成部分的总体，按照相互联系和子系统与大系统相联系的观点来看待。

系统分析方法认为，认识任何一个事物，都要把认识对象看成一个要素组成的综合体，然后从综合入手，在系统的形式中，对事物的结构成分、功能、相互联系的方式以及发展趋势，进行综合地考察，从而把握事物多样性的统一。根据这个观点，我们在全面认识长江航运文化的基础上，注意分析长江航运文化的多样性特色。

系统分析方法还认为，系统论把一切事物都看成是具有一定发展规律和趋势的系统，系统的反馈作用可以使系统克服种种干扰而始终处在动态平衡状态当中。依据这个观点，我们把长江航运文化看成是一个具有反馈和平衡功能的社会系统，并从解构文化模式着眼，分析它未来的走向。

3. 文化社会学方法

文化社会学的理论与方法为德国社会学家巴尔特在《社会学的历史哲学》（1897年）所首倡。经过一百多年的发展，文化社会学的理论与方法已经成为人文学科和社会科学研究领域研究文化与社会关系特有的理论和方法。文化社会学关注文化的起源、积累与突变过程；文化的产生、发展、分布与自然生态环境的关系；文化在时间、空间发展上的不同层面；文化发展的社会系统的不同属性，如民族性、阶级性等；文化的生产、分配、储存、传递及其应用、文化传播、增殖、控制的方式及手段；文化的冲突、分化、调适、整合过程；文化变迁的动因、规律和周期；文化与社会化、文化与文明、、文化与生活方式等的关系；文化在现代化进程中的地位和作用等。

借助文化社会学的方法研究长江航运文化，有助于对长江航运文化开展整体性和综合性研究，以多视角的文化研究把握长江航运文化的产生、发展规律以及进步趋势，为文化辐射做出科学预测和判断，为文化政策的制定提供有价值的参考。有助于加强长江航运文化与相关人群的社会心理、生活习惯和行为方式的研究，促进长江航运文化同整个社会文化主流方向的同构和整合。为长江航运文化的深度解读提供一种应用性的、新的认识论和方法论视野。

4. 个案分析方法

个案分析方法，就是立足于整体背景，对重要的、影响全局的事项进行单个的案例分析。也就是毛泽东在《实践论》中所说的“解剖麻雀的方法”。有时候，对事物的研究和认识难以深化，就需要从个别或个案开始，进行典型分析，以便开始从个别到一般的认识过程，在对个别的认识中，积累对一般认识的方法和经验。属于微观研究范畴的个案研究，可以突出研究事物整体中的个别对象的特点、特征、特性，有利于从点的深度展开对事物全体的研究[5]。

根据个案研究方法对长江航运文化展开全方位、多角度的深入研究，一定要深入到车间、班组、科室、轮船、派出所、寻呼站等文化的基层单位进行研究，丰富长江航运文化的个性和多样性。

四、研究的意义

在激烈的国际竞争中，一个国家所具备的文化国力，也就是软实力，在国际格局中占据重要位置。美国推行全球霸权政策，包括文化霸权。美国著名学者汉斯·摩根索曾指出："文化帝国主义的东西是最巧妙的，并且如果它能够单独取得成功，也是最成功的帝国主义政策。它的目的，不是征服国土，也不是控制经济生活，而是从根本上制服和控制人心，以此为手段而改变两国的强权关系……文化帝国主义在现代所起的典型作用，是辅助其他方法。它软化敌人，为军事征服或经济渗透做准备[6]。"增强国际竞争力，必须抓紧文化建设。建设中国特色的社会主义，必须重视文化建设，尤其是各具特色的行业文化和区域文化，它们既是社会主义新文化的局部，也是其重要的基础。俗话说，"基础不牢，地动山摇。"因此，抓紧抓好长江航运文化建设，具有重要的战略意义。

1. 深化实践经验的理论意义

实践经验，只有上升到理论的层面，才算是科学；而只有科学的东西，才具有永恒的价值和普遍的意义。大力开展长江航运文化研究，有利于把千百年来长江航运人在极其艰苦的条件下，尤其是在当代改革开放的火热生活里创造的文化成果、文化经验和文化典型经过科学的研究，上升到文化模式、文化理论和文化方法的高度，使之成为社会主义新文化体系中的重要内容，使之具有应有的理论形态、理论价值和理论地位，这对于丰富和壮大中国特色的社会主义文化理论有积极的作用。

2. 指导长江航运事业发展的实践意义

理论是灰色的，实践之树长青。理论来自于实践，还要回到实践中去，指导实践，并接受实践的检验，不断拓宽理论创新的道路。同时，实践的发展十分需要理论的科学指导。毛泽东有句名言："没有理论指导的实践，必定是盲目的实践。"而盲目的实践，一定是要走弯路，一定是要付出代价的。因此，研究长江航运文化的目的，并不在于理论研究本身，而在于通过理论研究成果，去指导和促进长江航运文化建设，使新的文化实践、文化创造、文化创新在长江航运系统蓬勃开展起来，按照党的十七大报告的要求，营造出"社会主义文化大发展大繁荣[7]"的局面，让长江航运人真正享受到长江航运文化哺育的幸福。衡量长江航运文化研究成果的价值，要回到文化实践中去，以促进文化发展繁荣的效果来检验文化研究成果的功效。

3. 以文化人的教育意义

高举中国特色社会主义理论伟大旗帜，以邓小平理论和"三个代表"重要思想为指导，深入贯彻科学发展观，关键在人，关键在培养、塑造社会主义合格的建设者和社会公民。人的培育，主要在文化。因此，在长江航运系统，用先进的、充满活力的长江航运文化来教育、塑造长江航运人，具有十分重要的针对性和现实意义。长江航运文化既是长江航运人创造的，也是用来教育人、提升人的。这种创造和教育的同步过程，也是长江航运人对长江航运文化的共建共享过程。这种共建共享过程越深入、越壮大，长江航运文化的建设主体也就越壮大，而长江航运文化的教育功能也就实现得越充分，对于中国特色社会主义文化建设而言，长江航运文化的贡献也就越突出、越伟大。

本书编写组

2008月7月7日 武汉

① 清·无名氏.《增广贤文》。

②《越绝书》卷八。

③《十七大报告辅导读本》：第32~33页.北京：人民出版社，2007年。

④《列宁选集》：第4卷.第453页.北京：人民出版社，1972年。

⑤ 参见邓剑秋、张艳国.《论长江文化的发展线索、文化特征及其研究方法》：《长江文化论集》.湖北教育出版社，1995年。

⑥（美）汉斯·摩根索.《国际纵横策论》：卢明华译.第90页.上海译文出版社，1995年。

⑦《十七大报告辅导读本》：第32页.北京：人民出版社，2007年。

目 录

第一章　独具神韵的长江航运文化

中华文化博大精深，源远流长，在世界文化体系中占有极其重要的地位，对人类文明进步产生了重大影响。中华文化是一个开放的文化体系，中华儿女在改造客观世界和主观世界的实践中，以多样性的文化创造，为中华文化的凝聚、壮大和发展做出了巨大贡献。长江航运文化是中华交通运输文化的一个类别，也是中华文化的重要组成部分。长江航运文化有着丰富的文化内涵、内在的发展规律、独具魅力的文化品格和深远的影响力。在千百年的历史长河中，长江航运文化展现出宽广而醇厚的大江神韵。神，是长江航运文化的精神气象；韵，是长江航运文化的品格精华。大江神韵，既是长江航运文化精、气、神的有机体，又是长江航运人的文化杰作。

一、长江航运文化的涵义及其特征

交通运输是人类生存发展最基本的生活方式和实践活动。由此产生的交通运输文化，如航运文化、航海文化、道路文化、航空文化、车船文化、驿站文化等，都因交通运输的发展而萌发成长、各具特色、异彩纷呈，形成了交通运输文化体系。在交通运输文化体系内，各子文化既有共性相互依存，又有个性相互区别，从而得到社会的认同，获得相应的文化地位和社会角色。长江航运文化是交通运输文化的有机组成部分，是长江航运人智慧与力量的杰作。在历史与时代、行业与社会、文化主体与实践客体的互动中，长江航运人积累起深厚的文化底蕴，凝练出丰富的文化内涵。依水而生、以通为本、立足航运、和谐相处的长江航运文化特质，与紧密联动、依托流域、与时俱进的长江航运文化特征，极大地张扬着长江航运文化的个性。

（一）底蕴深厚的航运文化

1. 长江航运文化概念的界定

长江航运文化从属于文化、中华文化和交通文化范畴。与这些大概念有着内在的密不可分的逻辑关联性。可以说，长江航运文化是一定的社会主体在特定的区域、特定的行业和特定的环境对人类文化的实现形式，具有文化的共性。它既是人的社会实践的产物，是实践主体适应环境、借助环境、改善环境并进行自我改造的过程和结果；又是中华文化的具体表达方式，体现着中华文化的认同性和文化的根性。长江航运文化依据是中华文化，文化本质由母体文化决定，文化的张力来自于母体文化的动能要素；它是对交通文化的表现形式，具有交通文化的个性特征和行业特点。从这个意义上讲，长江航运文化是交通文化的行业化和社会角色化。

如果要在理论上赋予长江航运文化的概念，可以这样说：所谓长江航运文化，是长江航运人在千百年长江航运实践中积累起来的特有文化形式。它既是中华文化孕育的一种特殊形式的文化成果，又是中华文化的一种具体的表现形式，它是文化的创造者与文化活动环境的有机统一，是文化的历史形态与现实形态的有机统一，是文化的子体与母体的有机统一。

2. 长江航运文化概念的内涵

概念是内涵总和的本质性概括，内涵是概念的基本内容和要素集合。没有内涵的概念是一个空洞无物的壳体，它虽好看，但却没有耐人寻味的价值。没有概念的内涵，也只能是一堆随意陈放的珠宝，它虽珍贵，但却没有高品位的整体功能。因此，我们认识事物，需要从概念延伸到内涵，并且在深挖内涵上下功夫。那么，长江航运文化的内涵是什么呢？

第一，从文化成果角度看，长江航运文化是长江航运人在从事生产运输实践活动中创造的物质财富和精神财富的总和，是人类社会物质文明、精神文明和社会发展的成果。

第二，从文化实践主体角度看，长江航运文化的实践者、创造者、弘扬者是特定的人，是按照行业习惯、行为准则和制度安排组织起来，各有分工，而又相互合作的航运生产者。航运生产者具有与众不同的行业价值观念体系。比如说，与行业特点密切相关的思想意识、行业规范、行为方式、价值取向和人际关系等。总之，航运生产者既具有一般意义上的人文性，又具有特定意义上的行业性。

第三，从文化活动的载体来看，长江航运文化的实践对象和文化载体是具有特殊意义的长江。说它具有特殊意义，一是说它的自然属性，它是人类与自然相处的一种客观的自然环境和条件。二是说它的社会属性，长江是中华民族的母亲河，是中华文化成长的摇篮，学术界通常将在这条长河中诞生的文化称之为“长江文化”[①]。因此，长江文化必然地赋予长江航运文化的内在气质和品格，这是由长江航运文化所特有的自然禀赋所决定的。有人形象地说，长江航运文化的姓氏是“长江”，这是非常贴切的。

第四，从文化要素的相关性角度来看，长江航运文化的内在要素是长江航运人（尽管他在社会历史变迁中有多个名号，如泛舟者、渡江人、纤夫、船员，等等）、长江和航运工具的有机统一，在文化层面上的功能整合，因此，文化要素的关联性、协同性和一致性，也就决定了长江航运文化根植长江，情系航运，以通为本，以江为魂的文化特点，也就决定了长江航运文化必然地具有深厚的历史底蕴、时代特征、中华气质、长江品格和航运特色。

（二）别具一格的文化特质

所谓特质，就是指某一事物所特有的性质或品质，它决定事物的差异性，是区分事物类别的依据。长江航运文化作为行业性文化，之所以世代流传、生生不息，具有旺盛的文化活力和强大的文化张力，取决于长江航运文化的特质。

1. 依水而生

水是生命之源，是人类存在和发展的客观条件和重要资源。自古以来，水就与人类生活息息相通，生活离不开水，生产劳动离不开水。在交通领域，人们同样离不开水。在20世纪30年代末，毛泽东曾经自豪地写道：中国“有很多的江河湖泽，给我们以舟楫和灌溉之利”[②]。就是讲大自然以水上交通的便利恩惠于人类。长江航运就是水上交通形式之一，是人类因水兴利的智慧结晶。

长江航运得水之利，通江达海。中国人很早就知道假水交通的便利。西周时期的典籍《尚书·禹贡》就说：“江汉朝宗于海。”意思是说，长江和汉水汇流后，直达东海，人们可以凭借水网交通，出江入海。这在后来还成为诗人们咏情状物的好题材。李白的诗说道：“登高壮观天地间，大江茫茫去不还”[③]。“孤帆远影碧空尽，惟见长江天际流”[④]。张若虚的诗写道：“春江潮水连海平，海上明月共潮生”[⑤]。从很早的时候开始，长江航运人就以水为伴，与水为友，浸润了水的灵性、水的品格。泛舟长江、服务全流域的行业特点，使长江航运文化映透着水的神韵、穿透着水的力量，把长江文化与长江航运文化有机地融合在一起，成为醇香浓郁的“水文化”。老子说：“上善若水。水善利万物而不争，处众人之所恶，故几于道”[⑥]。长江航运人历来崇尚诚信为本，踏实工作，宽容大度，兼善济人。荀子说：“水滴石穿，绳锯木断”[⑦]，功夫使然。长江航运人像江水那样绵长有力，具有自强不息的精神气质，形成一以贯之的作风，秉持坚忍不

长江源头沱沱河

拔的毅力，成就了事业辉煌。孔子说："智者乐，水"[⑧]。孔子打了一个幽默风趣的比方，说智者的快乐，就像流水那样生生不息，绵长不竭。长江航运人与水相处，以水为乐，秉水之性，得水之厚，陶冶情操，净化心灵，观水之动静、涨落、清浊、深浅，领悟出人生哲理，形成了长江航运人特有的精神风貌、人生观、价值观和理想情操，创造出世代相传的文化瑰宝，积累了深厚的文化底蕴。

2. 以通为本

长江航运既是一种历史悠久的传统运输方式，又是一种不断进步的具有巨大潜力的现代运输方式。畅通，是长江航运的责任和使命，也是长江航运人的事业根基。因此，自古以来，长江航运人就以通为本、视通为命。把航运畅通当作神圣使命和天职的文化观念，已经成为长江航运文化的文化因子，流动在长江航运人的文化血脉之中，使长江航运文化具有"通文化"的特色和亮色。

长江航运横贯东西，通联南北，凭借水上交通的便利，使人便其行，货畅其流，物得其用。从古至今，长江航运人长年累月不畏艰难、斗滩战险，疏浚河道，整治航道，畅通水道，肩负着发展民族航运事业的使命。比如，明代南京龙江船厂建造宝船成就郑和七下西洋的壮举；晚清轮船招商局打破外国列强对中国航运的垄断，开启中国近代航运业发展的先河；长江航运后起之秀民生公司更是勇敢地冲出川江，让民生旗帜飘扬在大海和远洋；在改革开放大潮中，现代长江领航人以“把世界引进长江，把长江引向世界”的豪迈气概，使长江航运日益成为融通中外经济文化交流的纽带和通道。千百年来，长江水无意，航运人有情，长江航运文化书写着畅通、安全、便捷的辉煌，为中华文化的发展续写着新的篇章。

3. 以江为魂

“为什么你不改长江航运人的本色？因为我生在长江，长在长江。为什么长江航运人有着长江的豪迈？因为我深情地眷恋着我的母亲河长江。”在长江上下，这是长江航运人重复最多的话语。长江情结、长江元素、长江文化在长江航运人的思想深处打下了深深的烙印，他们对长江有着忠贞不渝的情愫，有着博大宽广的胸怀。因此，离开了长江，离开了长江的山山水水、一草一木、风土人情，长江航运文化也就成为无源之水、无本之木，就没有源头活水流。

“长江不涓细流，故能成其大。”长江襟怀坦荡，浩浩荡荡，奔流到海不复还，这种广纳百川为一流，形成强大合力，勇往直前，势不可挡的“团结奋进”的长江品质，早已内化为长江航运人的气质。长江从雪山走来，一路高歌东下，不畏艰险，百折不挠，这种“奋发开拓”的长江气概，早已内化为长江航运人的精神元素，成为长江航运人拼搏进取、开拓创新的力量源泉。长江从山上来，到海中去，置身山谷河道之间，行走于大地之上，踏踏实实，万里留踪，这种“务实能干”的长江作风，早已内化为长江航运人的行为准则，被长江航运人世代传承，发扬光大。“逝者如斯夫，不舍昼夜。”长江奔流，永不停歇，一泻千里，不知疲倦，这种“快捷高效”的长江风格，早就与长江航运人的风格熔为一炉，成为长江文化的精神要素，滋养着生于斯、长于斯的亿万长江人。

（三）领异标新的文化特征

文化特征，是文化本质的外在表征，是文化内涵的外延化体现。如果说，长江航运文化与中国交通运输文化和长江文化密不可分，那么，长江航运文化的特征就必然地留有交通运输文化和长江文化的影子。但是，决不能把“影子”当做“原身”。有专家研究过长江文化的特征，它具有多样性和统一性，开放性和凝聚性，对抗性和交汇性，延续性和不平衡性等[9]，虽然概括得很精到，但这些特征却并不一定完全适用于长江航运文化。那么，长江航运文化的特征又是什么呢？需要我们从具体的研究对象的实际出发进行认识。

1. 紧密联动的行业特征

长江航运是一种特殊的生产实践活动，这种生产实践活动的成功，取决于多个部门甚至是行业行为的有效配合，舍其一而不能成功。从以船为主要交通工具的生产要素开始，就要有多行业、多部门的生产联动，如造船业、维修业以及服务行业的跟进；还要有航道养护业的协助，引航业的协同，海事监管的配合，港口装卸的支持，陆上交通的衔接，以及安全、公安、医疗、通信等部门的全力保证。长江航运不只是航道、船舶、港口和航运人的简单组合，也不单单只是这几个要素的整合协力，而是体现为紧密联动的行业关联度上。因此，长江航运文化必然地表现出紧密联动的行业特征。

2. 依托流域的区域特征

长江因水系的发达和辐射、收敛功能的强大，而将水流之地赋予特定的区位性和地域性，这就是我们通常所说的长江流域。长江流域在我国的文化板块中占据举足轻重的地位，过去是如此，现在是这样，将来也不会有很大的改变。长江干流跨越我国七省二市，流域面积达到180万平方公里。在长江流域，历史上就孕育了藏文化、巴蜀文化、楚文化、吴越文化等地方特色浓郁的文化品种，这些文化相互作用，共同创造了中华文化的生机与活力，推动了中华文化的延续与进步。在区域性文化交流、比较、竞争和整合的历史进程中，长江航运文化起到了不可替代的重要作用。这种作用具有扎根流域、依托流域、与地方文化相交融共促进的内在规定性。因此，长江航运文化的发展必然地体现出依托流域的区域特征。这一特征并不会因为社会主体的世代交替和新陈代谢而有所改变，只要长江航运文化与长江流域的生死联系得以维系，这一特征就将得到复制甚至随着现代社会的发展而得到放大。在现代社会，长江航运同流域的经济社会文化的联系更加紧密，因此，文化特征的流域性印痕会更加明显和突出。

3. 与时俱进的时代特征

长江航运文化承续历史的形态和文化特征，又与时俱进、自我创新。在现代社会，随着社会生产力的提高和社会化程度的提升，长江航运日益成为一个分工明细、要素众多、环节复杂的开放性系统，这有利于提升长江航运文化的开放性、多样性、兼容性和整合性的文化功能，增强文化的创新、自强、竞争能力。总之，与时代同步发展，与世界潮流息息相通。何况，从文化发展的内在定律来讲，时代的进步总是文化与时俱进、不断创新的根本动力。从长江航运文化的当代发展特征来看，在社会主义建设初期，长江航运文化体现了劳动者争做国家主人，公而忘私，忘我劳动，甘当“无名英雄”的时代特征。在社会主义建设的创业时期，长江航运文化体现了劳动者艰苦奋斗，忠于职守，注重规章建设，倡导“三老四严”的时代特征。在中国特色社会主义现代化建设时期，长江航运文化洋溢着时代气息，紧追时代步伐，体现出改革创新、开发开放、团结进取、文明服务的时代特征。历史地看，时代特征的变化和文化的变迁是一致的。就像历史阶段的连续性一样，长江航运文化的时代特征变化也是合乎历史规律和文化发展规律的。任何时代的社会内容，都必然地在该时代的文化上体现出鲜明的特征。长江航运文化的发展在新的时代没有别的选择。图1-1为乘风破浪的长江船舶。

① 参见费孝通.《中华民族的一体多元格局》：《北京大学学报》哲学社会科学版.1989年第4期。

② 毛泽东.《中国革命和中国共产党》：《毛泽东选集》第2卷.第621页；人民出版社，1991年。

③ 唐·李白.《庐山遥寄卢侍御虚舟》。

④ 唐·李白.《黄鹤楼送孟浩然之广陵》。

⑤ 唐·张若虚.《春江花月夜》。

⑥《道德经》：第八章。

⑦《荀子·劝学篇》。

⑧《论语·雍也篇》。

⑨ 参见徐吉军.《试论长江文化的发展特征》：《长江文化论集》；湖北教育出版社，1995年。

图1-1 乘风破浪的长江船舶

二、长江航运文化的内容与功能

长江航运文化经过长时间的发展，成为一种具有厚实的文化内涵、强劲的文化辐射功能、稳定的文化形态和自我创新能力的行业文化种类。其文化构成由文化体系中的文化要素所决定。长江航运文化以其自身特有的魅力，发挥着润物细无声的引导功能、兼容并蓄的整合功能、团结一心的凝聚功能、形妙神韵的展示功能和自觉自励的激励功能。

（一）博大精深的长江航运文化体系

马克思在研究文化理论和方法时曾经高度概括地说过，不论多么复杂的文化结构和内容，总是具有内在的发展规律。无独有偶，美国文化学家与社会学家克莱德·M·伍兹和露丝·本尼迪克特也告诉人们，任何文化内涵，都从属于一定的文化模式，在文化模式中，多么复杂的文化内容都有规律地、有序地展开着[①]。由此看来，无论是马克思，还是文化学、社会学权威学者，都以科学的态度为人们指引了探究文化奥秘的通道。那么，我们不妨按照文化模式的观点和分析方法，从以下几个角度探讨一下长江航运文化的体系构成。

从文化形态的差异上看，长江航运文化内涵包括物质文化、精神文化、制度文化和行为文化等。长江航运物质文化，是长江航运各港航单位、支持保障系统在提供运输服务和工作环境的基础上所展现的外在形象和形象识别系统。长江航运物质文化是长江航运文化存在、发展和进步的客观条件和坚实基础，是长江航运制度文化、精神文化存在的前提，是长江航运行为文化实现的客观依据。长江航运精神文化，是长江航运各港航单位、支持保障系统具有指导全局、浸润人的灵魂的价值理念系统，是长江航运文化的核心和枢纽，是长江航运文化中最活跃、最有生机和最富于激励性的内容，也是长江航运系统从事文化建设和文化创新的重点。长江航运制度文化，是长江航运的行为规范系统，是各港航单位、支持保障系统规范投资、经营、管理等行为活动的规章制度的系统性体现，是精神文化与物质文化的中介和表达形式。长江航运行为文化，是长江航运人在经营、管理、服务过程中发生的行为意识及其合乎规范的实现过程，是长江航运理念系统的动态性和过程性展示。不管这些文化形态有多大的差异，它们在整个文化系统内有机地聚合在一起，相互支撑。

从表现方式的差异来看，长江航运文化可以划分为显性文化和隐性文化两大部分。长江航运文化的显性部分，是指以精神的物化产品和有目的的行为为表现形式并为人们所直接感受的内容，比如，主体的工作方式、行为方式、劳动评价和各类航运设施以及利益性的人际关系等。长江航运文化的隐性部分，是指蕴藏在长江航运人内心深处，甚至是社会心理文化结构底层的社会信仰、人生目标、价值观念、工作和生活观念、心理素质和精神状态等等。一般说来，文化的隐性部分是显性部分的根基，没有这种深厚的精神层面的支撑，它要外化为显性的东西就不可能。文化的显性部分是对隐性的文化内容的展示和张扬，是将文化的潜质具象化，没有这种具体的形象的物化层面的体现，丰富的精神内涵就永远是虚无缥缈的东西，就不能得到现实的认可并获得社会评价。

从文化的圈层架构来看，长江航运文化可以划分为表层文化、介质文化和核心文化。长江航运表层文化，是指以工作环境、工作要素和工作条件为表现和内容构成的物态文化，它包括运输生产和各种管理设备设施状况、办公场所、劳动过程和成果状态。长江航运介质文化，是指整合团队的人际关系、精神面貌、公众秩序的各项规章制度，它包括各级各类管理组织机构的组织方式、制度体系、管理方式和行为方式，它是将核心文化展现为表层文化的中介和调节器。长江航运核心文化，又可称为长江航运深层文化，是指进入长江航运人社会心理结构的世界观、人生观、价值观、理想、信念、社会态度、生活态度和工作态度等等精神要素。长江航运核心文化的价值、功能要通过介质文化的有效转化，得到表层文化的准确体现。

从文化的构成要素来看，长江航运文化又可进行以下划分：以船舶运输经营为主要内容和特点的长江运输文化；以货物装卸、物流管理为主要内容和特点的长江港口文化；以长江航道维护、整治、管理和保证畅通为主要内容和特点的长江航道文化；以保障水上交通安全、维护水上治安和沟通船岸联络为主要内容和特点的长江行政执法管理文化；以面向市场、从事生产经营并实现企业利益最大化为主要内容和特点的经营文化；以维护长江航运公共秩序、公共安全为主要内容和特点的安全文化；以督促和保证长江航运管理者廉洁自律、勤政亲民、高效务实为主要内容和特点的廉政文化等等。这些文化要素在长江航运文化体系内不是对立排他的关系，而是兼容协同的关系，共同实现着长江航运文化的功能整合。

总之，不论从哪个角度来探讨长江航运文化的内容构成，都可以发现，长江航运文化是一个高度关联、内在协调的文化组织有机体，体现了长江航运文化的内涵丰富、多姿多彩和博大精深。不管从怎样的视角来看，长江航运文化的诸构成内容的相互关系是：物质文化是基础和载体，制度文化是保障和动力，行为文化是体现和张力，精神文化是灵魂和核心。

（二）育人成事的长江航运文化功能

文化究竟是什么？这在国际学术界一直是一个见仁见智的问题。据专家统计，目前对文化的解说约有180多种。尽管专家们对文化的概念有不同的看法，但是，在文化的社会功能和现实作用的认识上，却是惊人的一致。如果形象地说，文化的功能作用就是一把不战而屈人之兵的利器，这一点也并不算夸张和过分之谈。中国古代的先哲很早就发现了文化的妙用。儒家经典《易经》上说："观乎天文，以察时变；观乎人文，以化成天下"[②]。这里的"化"，就是指文化的教育、转化、塑造和提升作用。对此，西汉大儒刘向有一段精辟而准确的解释："圣人之治天下也，先文德而后武力，凡武之兴，为不服也，文化不改，然后加诛"[③]。这里说的"文化"，就是在文化的文治教化功能的意义和作用上讲的。意思是说，圣人治理国家，必先采取德治。如果教化失灵，那就只好采取武力征服的办法了。马克思主义十分重视文化的功能作用。马克思曾经从文化规律的角度对文化的功能作用，作了精辟的概括："野蛮的征服者总是被那些他们所征服的民族的较高文明所征服，这是一条永恒的历史规律"[④]。文化对于人、民族和国家的辐射、影响、教化作用，胜过任何武力。这是从总的文化理论上讲的。不过，落实到文化种类和文化元素上，不同的文化，各有不同的文化功能作用。这一点，在长江航运文化身上，得到了充分体现。

1. 润物无声的引导功能

文化的引导功能讲究的是和煦春风，潜移默化。它不靠轰轰烈烈的运动，更不靠"通不通，三分钟"式的组织强制，而是凭借"随风潜入夜，润物细无声"的过程和功夫，达到"忽如一夜春风来，千树万树梨花开"的效果和景象。长江航运文化的引导功能，就体现在对长江航运人思想、行为和价值取向的导向作用上。长江航运文化集中地反映了长江航运人的共同理想、共同价值观、共同行为规范。长江航运事业是航运人充满活力的社会生活共同体，长江航运文化是航运人的共同精神家园，因此，长江航运文化对每个行为个体都有强大的影响力和感召力，能够激活每个集体成员的创造热情，把每个人的智慧和力量引导到既定的发展目标上来。研究长江航运文化，倡导长江航运文化，宣传长江航运文化，就是要通过长江航运文化建设和创新，牢固树立"长江航运人意识”，牢固确立长江航运人的责任感、荣誉感和使命感，把长江航运人的思想观念、行为方式、价值取向统一到长江航运工作的整体目标上来，统一到长江航运的发展规划上来，引导长江航运人构建内在的良性互动关系和与长江流域、与全社会构建良性互动关系，促进长江航运人的事业感、成功感和幸福感的充分实现，促进长江航运事业又好又快向前发展。

健全和发挥长江航运文化的引导功能，需要畅通文化功能的实现途径：第一，要围绕长江航运的愿景、使命和长江航运精神，塑造长江航运系统的主流文化，通过主流文化的辐射和影响，进一步提升长江航运人的精神状态，进一步培育长江航运人的开拓创新精神。第二，要精心制定并切实组织实施《长江航运文化建设实施纲要》，使长江航运核心价值理念入脑、入耳和入心，创建一整套具有长江特点、时代特征、航运特色和文化创新要求的行业文化体系，在构建积极向上的企业文化体系的同时，健全并完善文化建设机制，使文化创新工作同航运事业发展有机地联系起来，良性地互动起来。第三，文化引导要扎根在长江航运文化活动和文化内容上，使文化活动有吸引力和感召力，使文化引导内容具有时代性、行业性，具有浓郁的人情味和文化品位，使文化成果有大众性和持久性。

2. 兼容并蓄的整合功能

文化的整合功能往往是纵横捭阖、开放吸纳的扬弃和创造的过程，就像毛泽东在20世纪40年代所说的，“排泄其糟粕，吸取其精华”[⑤]。没有文化的整合，就没有文化的进步和创新。长江航运文化的引导功能，体现在对长江航运主流文化的维护上，体现在对消极文化、腐朽文化和有害文化的抵制、化解和批判上，体现在对中华传统优秀文化的继承发扬和对域外文化的借鉴吸收上。长江航运文化建设不是在真空中，不是在绝对封闭的环境中，而是在高度开放的现实社会中，既有积极的、健康向上的社会主流文化的滋养，又有休闲文化、大众文化的培育，还有软化人、危害人、腐化人的迷信守旧、拜金主义、享乐主义、极端个人主义和自私自利、损公肥私、惟利是图、损人利己等等消极文化的毒害。因此，必须借助文化的整合功能和机制，保证长江航运文化建设走在社会主义文化创新的康庄大道上。

要健全和发挥长江航运文化的整合功能，必须畅通文化功能的实现途径：第一，要坚守和维护长江航运的文化核心价值体系，坚持鼓励、表彰等正面教育引导的方法，坚持批评和自我批评、去伪存真、去粗取精和惩恶扬善的文化批判方向，造就一个弘扬真善美，鞭挞假丑恶的局部社会环境。这是长江航运文化发挥文化整合功能的基础条件。第二，要形成争做学习型长江航运人、创新型长江航运人和创建学习型单位、创新型单位的社会氛围，积极学习、继承和弘扬中华优秀文化，特别是传统美德和中华智慧，积极学习、借鉴、吸收和创新世界一切有益的文明成果，特别是与长江航运有关的最新科技知识、管理经验。这是发挥长江航运文化的文化整合功能的社会“孵化器”。第三，要进一步拓宽文化学习、交流和切磋的平台，强化文化整合的现实载体。局域网、广播台、有线电视、图书室、科技论坛、创新讲坛、文明创建活动等等，都是长江航运文化整合的有效载体和畅通渠道，一定要用足、用活、用好。

3. 团结一心的凝聚功能

文化具有先天的亲和力，中华民谚很早就说：“学文化，能知耻，能守礼。”现在，老百姓又说：“学文化，会说话，能懂法，走遍天下都不怕。”人类文明史表明，文化是维系社会各成员、各组织之间互动关系的纽带，是保持社会稳定、团结、和谐相处的润滑剂和稳压器，是牵引人们向善、向上、向前的“一只看不见的手”，具有凝聚力和粘合剂的作用。长江航运文化的凝聚功能，集中地体现在长江航运人的文化自觉上。在长江航运系统，随着各单位从领导干部到职工群众对文化建设重要性认识的深化，文化建设主动性、积极性和创造性的日益高涨，普遍形成了把文化建设与改革发展有机结合起来的良好局面，从领导到普通员工都能自觉自愿地把文化实践融入到管理、服务之中，精心编制和认真实践文化建设规划，建立健全了文化建设、文化创新机制，从而实现了长江文化建设由自发状态向自觉状态、由自然存在状态向自我奋进状态的飞跃和升华。文化自觉性的空前高涨，进一步激活了长江航运文化团结一心的凝聚功能的持续持久的极大发挥。由于长江航运文化凝聚了人心，聚合了思想，产生了合力，整合了行为方式，使长江航运人爱我中华、爱我长江、爱我长江航运事业，心往一处想，劲往一处使，在新长江、新航运的发展中得以满怀豪情地放飞理想、舒展情操、激扬热情、振奋精神、勇于创新。

健全和发挥长江航运文化的凝聚功能，需要畅通文化功能的实现途径：其一，要创新并努力形成理解人、关心人、围绕人的人文环境，形成领导与领导、领导与员工、员工与员工、服务者与服务对象之间平等相待、坦诚沟通、相互帮扶、你为我好、我为你好的新型互助合作友善关系，在温情、和谐的工作、生活环境中整合人的意志，凝聚人的力量。其二，加强制度建设，在制度面前，人人平等，用严格、科学、有人情味和公信力的制度管人，促进制度与人的思想、意志和力量的良性互动。其三，不断满足和实现人的利益需要，充分重视并大力健全人的合理利益实现、协调和保护的机制与渠道，把人的情感诉求、安全要求、利益需求、隐私尊重、财产保护等等放在生产、生活的重要位置，让人们舒心、开心、安心，这样，就能够形成在社会生活共同体和共同精神家园基础上的公众凝聚力和向心力。

4. 积极向上的激励功能

人与动物的最大区别之一是，人具有尊严感、荣誉心和羞耻心。人的尊严感、荣誉心和羞耻心的形成和持续，来自人类创造的文化，来自文化对人本身所生发的积极向上的激励功能。人类首先必须进行衣、食、住、行等物质资料的生产，然后才能从事政治、法律、文学、艺术等等其他一切活动[⑥]，但是，落实到每个行为个体上，仅仅靠人的自觉性，并不是一种长期有效的方法，还需要制度的强制和人性的激励。根据马斯洛心理学，人类的基本需要依次从低到高有五个层次：生理的需要、安全的需要、社交和情感的需要、尊重的需要、自我实现的需要[⑦]。而人的每一需要层次的获得和满足，都离不开文化的激励。长江航运文化的激励功能，集中地体现在对长江航运人的人性提升上。譬如说，支持、提倡、鼓励、赞扬、表彰，或者反对、指责、批评、抨击、阻止、从正面激励或者从相反的方面激励，起到树新风，鼓士气，弘扬正气、抵制歪风邪气的作用，起到矫正人们的价值取向、思维方式和行为方式的作用，使长江航运人的思想、意志和力量集中在长江航运事业的总体目标和整体利益上，积极向上，开拓进取。

① 参见（美）克莱德·M·伍兹.《文化变迁》：何瑞福译.河北人民出版社，1988年。（美）露丝·本尼迪克特.《文化模式》：王炜等译.生活·读书·新知三联书店，1988年。

②《易·贲卦·彖传》。

③ 刘向.《说苑·指武》。

④《马克思恩格斯选集》第2卷.第70页；人民出版社，1972年。

⑤ 毛泽东.《新民主主义论》：《毛泽东选集》第2卷.第707页；人民出版社，1991年。

⑥《马克思恩格斯选集》：第3卷.第41页；人民出版社，1972年。

⑦（美）弗兰克·戈布尔.《第三思潮：马斯洛心理学》：第四章.吕明、陈红雯译；上海译文出版社，1987。

健全和发挥长江航运文化的激励功能，第一，要构建积极向上、拼搏奋进的价值体系，用崇高的理想、情操和目标追求鼓励人、激励人、引导人、塑造人，抵制庸俗市侩的功利主义倾向。要把长江航运核心价值体系细化为教育人、培养人、鼓舞人的价值原则和标准，在制度体系内运转，使之成为经常化的激励方法和激励的主渠道。第二，要用先进的文化培养长江航运人养成科学、敏锐的对是非、善恶、对错、美丑等的分析、鉴别能力和思维习惯，夯实激励的社会基础和心理基础。第三，要坚持激励的辩证法和两点论，既要正面激励，以正面激励为主，又要善于从反面激励，以反面激励为辅；既要运用精神激励的手段，也要借用物质激励的方法，并使两种方法有机配合起来，不要偏废。要清醒地认识到，抓住长江航运文化的激励功能，也是一种科学管理、民主管理的有效途径。

第二章 源远流长的长江航运文化历程

长江是一条蕴涵丰厚历史与文化积淀的母亲河，孕育了伟大的中华文明。各种文化通过长江航运相互激荡交流，使长江航运文化得以广纳古今中外文化之精华，形成了丰富而独具特色的文化资源。长江航运历史悠久，航运文化资源丰富，既有物质文化留存，也有精神文化传承，它们对长江航运的发展曾起到重要的推进作用。探索长江航运的历史传承，挖掘长江航运的文化积淀，展现长江航运人在长江航运发展、服务流域经济社会过程中所积聚和体现的民族精神，充分认识长江航运文化资源，并对此进行梳理、整合、开发和利用，对于深化行业文化建设，促进长江航运发展具有重要意义。长江航运文化发展，经历了古代、近代和现代各历史时期，形成了各具特点的民族精神与文化价值。

一、长江航运文化的形成与发展

长江是我国的第一大河，《尔雅》称“江、河、淮、济为渎”，长江为其首。长江横贯中华大地，源远流长，水量充沛，常年不冻，素有“黄金水道”之称。从一叶扁舟到万吨巨轮，从“川江号子”到“长江之歌”，勤劳勇敢的长江航运人运用超群的智慧和技能创业兴业，将长江建设成为我国内河水上交通运输的大动脉，谱写出辉煌壮丽的篇章。

（一）得天独厚的文化源头

长江航运的萌芽时期，最早可以追溯到新石器时代中期。约在7000年前，先民便驾着独木舟开始了原始航程。

1. 远古时期的神话传说是长江航运文化的启蒙表征

生活在长江干支流及其湖泊滨水台地的原始先民，经常受到洪水的威胁。人们为了保卫劳动成果与生命安全，一方面奋力同洪水搏斗，另一方面将希望寄托在能降妖除魔的神灵身上。在上古先民同水患斗争的过程中，关于“三峡

治水”的神话传说代代相传。最早也是最有韵味的是大禹、瑶姬携手治三峡的故事。新《巫山县志》（四川人民出版社1991年版）保留了其中两则。

其一是《神女峰》。故事说道，西天瑶池王母娘娘的第23位女儿叫瑶姬，她跟三元道君学道后，被封为云华夫人。瑶姬得道后，想有所作为，便邀约11个姐妹来到巫山，正碰见12条孽龙作乱，卷起狂风恶浪，毁害人畜庄稼森林。瑶姬怒不可遏，作法劈死11条孽龙。不料孽龙尸体却变成了坚硬的岩石，形成崇山峻岭，堵住了滔滔东去的长江水，造成水患。治水英雄大禹闻讯，从江州涂山匆匆赶来治水，虽经奋力，却无可奈何。瑶姬遂授以大禹治水良策，并招来天兵天将，协助大禹断石疏流，很快疏通了三峡。为了彻底根治水患，瑶姬和11姐妹毅然放弃天堂瑶池的荣华富贵，驻守在三峡两岸，化做巫山12峰。其中最俏丽的北岸神女峰（即望霞峰），便是瑶姬所化。

其二是《错开峡》。故事讲，瑶姬劈死11条孽龙后，有一条孽龙趁乱逃跑，窜到今巫山县铜鼓乡龙湾村地方，拐弯开出一条峡谷，把长江水倒灌进去，造成洪灾。这时大禹恰巧在三峡，便去擒住孽龙，用铁链将它拴在石柱上。孽龙又想磨断锁链逃跑，大禹便将它拖到一块大石坪上斩了。今天瞿塘峡东的错开峡，便是当年孽龙作乱开的，其附近的"锁龙柱"、"斩龙台"，都是大禹征服孽龙的圣迹。图2-1为大型旅游轮船驶过巫山神女峰。

古代，以龙为图腾的吴越居民，为了强化自己和图腾之间的联系，常

图2-1　大型游轮船驶过巫峡神女峰

在自己的身体上或日常用具上刻画图腾的形象，求得图腾的保护。《说苑·奉使篇》讲道：“诸发曰：‘彼越……处海垂之际，屏外蕃以为居，而蛟龙又与我争焉，是以剪发纹身，烂然成章，以像龙子者，将避水神也！’”这里说明，在水系发达的吴越之地，人们纹身的目的，在于装扮成龙子，以避免水神（龙）伤害。这是基于“同类不相残”的朴素主观意识。而舟楫天天与水神打交道，倾覆之灾随时可能出现，为安全起见，人们采取与纹身相同的办法，在舟身上饰以龙形，以避蛟龙之害。我国最早有关龙舟的记载见于《穆天子传》卷五：“天子乘鸟舟龙舟，浮于大沼。”南朝肖子显《南征曲》：“图蛟怯水伯，照益鸟竦江神”，明确指出画上蛟龙的形象是为了“怯水伯（水神，即龙）”。渐渐地，人们在祭祀龙图腾的节日里，用饰龙的独木舟竞渡，来敬奉欢娱神明（龙）。在这种充满神秘色彩的原始宗教文化活动中，你追我赶的表面热闹景象，掩饰着人们战战兢兢地吁请生命保障的祈求。这既是龙舟文化的最初意义，也是日后演变的激流勇进竞争精神的起源。

2. 航运发展促进了古代长江航运文化的形成

早在远古时期，原始的交通工具就为当时人们的交流担当了媒介。长江流域河网密布，舟楫便利，各氏族之间较早地发生了交往，使古老的长江文化体系日趋形成。

原始社会后期，随着独木舟的广泛运用，流域各地区交往的范围逐渐扩大。传说禹治水时就乘舟顺江而下，最后到达了现今浙江绍兴一带，把长江上游地区的文化传播到了中下游各地。其后荆楚文化通过各氏族间的长期交流，在融合了大溪文化、屈家岭文化及其他原始文化的基础上，在中下游各地形成并发展起来。在川西高原上依水草而生的氏族亦进入现今成都平原，创造了独具风格的蜀文化，并沿着岷江与巴文化互相交流。长江下游的良渚文化、河姆渡文化等原始文化，也在不断的交流与融合中向吴、越文化演变。

春秋战国时期，地区性航运的发展与水上贩运业的兴起，为长江航运文化初期的发展提供了交流平台。这时各国先后在长江干支流沿岸建筑城池，设立国都，因而出现了一些重要的城邑。如巴子国的江州（今重庆市）、楚国的郢都纪南城（今湖北省江陵县）、吴国的都城吴（今江苏省苏州市）、越国的都城会稽（今浙江省绍兴市）、吴王夫差所筑的冶城、越王勾践所筑的越城（今江苏省南京市），都先后成为地区性经济中心与水上舟船集泊地。随着各国舟船不断往返于上述城邑，地区性航运也逐渐形成，经济商业的元素更多地表现在人们的文化交流中，突出表现在舟船贩运业的兴起。史载有名的便是越大夫范蠡。公元前473年，越灭吴后，范蠡便弃官经商。他“乃乘扁舟浮于江湖，变姓易名”，“贩货于各国间，遂至巨万”。春秋时期长江流域各国用于水上攻伐的战船图像，到战国初年被人绘铸在青铜器上保留下来。四川成都百花潭出土的“嵌错图象铜壶”和河南汲县挖掘出的“水陆攻占铜鉴”，以及收藏在故宫博物院的“宴乐射猎铜壶”等，形象逼真地描绘着春秋时期的战船图形，并栩栩如生地再现了当时激烈的水战场面。《说苑·善说篇》记载的《越人歌》中唱到：“……今日何日兮，得与王子同舟？”这说明长江中下游水上运输的发展，促进了越、吴人与楚国人的频繁交往。一部分越国的船工，来到楚国驾船，并由此使越、楚之间的语言得到沟通。那些熟悉越语的楚国文人，已能把越地船人所唱的歌曲翻译成接近楚辞风格的诗歌。可见水上交通的发展为长江中下游各地文化交流提供了沟通的平台。

3. 征服川江险滩中哺育的长江航运精神

长江两岸的人文地理、风土人情、自然风光以及航运中的情景，无论是在民间歌谣中，还是在苏轼、杜甫、李白等文人墨客的诗歌中，都是久用不衰的题材。如：苏轼的“大江东去，浪淘尽，千古风流人物”①。“扁舟转山曲，未至已先惊。白浪横江起，槎牙似雪城”②。杜甫的“星垂平野阔，月涌大江流”③。“无边落木萧萧下，不尽长江滚滚来”④。李白的“孤帆远影碧空尽，惟见长江天际流”⑤。“天门中断楚江开，碧水东流至此回”⑥。白居易所描绘的长江行舟：“潇湘瘴雾加餐饭，滟预惊波稳泊舟”⑦。他赞美三峡的“上有万仞山，下有千丈水。苍苍两崖间，阔狭容一苇”等等⑧。

古代长江文化还表现在川江地区的民俗文化上。川江人素有好歌喜武的娱乐传统。巴渝舞、巴人歌是川江地区民俗民歌的源头。巴渝舞原为军前战舞，“锐气善舞”的巴人，曾经在讨伐纣王及平定三秦、开辟汉室的两次战争中大显身手。据王庆沅先生考证，三峡地区民间歌舞在西汉时的巫山一带流传，郦道元的《水经注》及郭倩的《乐府诗集》均名为《女儿子》。隋唐时这种民间歌舞又演变为竹枝歌，唐宋之时逐渐演变为“踏蹄歌”，明清以后又演变为土家族的摆手歌及汉族的劳动歌等歌舞形式。当时川江船工们拉纤行船时更是“纤夫号子响成一片”。清代龚维翰有诗为证：“凌晨水映月如钩，打桨推桡客途愁。一十六只飞燕子，号声吼破蜀江秋”⑨。川江船工们“饥者歌其食，劳者歌其食”的习惯是与他们能歌善舞的习俗密切相关的。

自两晋以后，官、商船只通航三

峡的情况已较多见于典籍。从《水经注》中可知当时峡江航道的险恶。知名的险滩有奉节境内羊肠虎臂滩、博望滩、东阳滩、落牛滩、滟滪堆，有巫山江段的新崩滩和宜昌以上的流头滩、黄牛滩等。其中最危险的是瞿塘峡口的滟滪堆。《水经注》记，“江水又东经鱼腹县故城南……江中有滟滪石”。这块巨石位于白帝城下，兀立江心，紧锁夔门，高约27米，长近40米，宽15米，约出现于东汉时，它给过往舟船造成极大的威胁。滟滪堆一带水势极乱，漩涡满江，舟船撞石即沉，舟人到此往往犹豫不决。然而滟滪堆在瞿塘峡上口，自然就成了船家闯过夔门的一道难关。《滟滪歌》就是峡江船家根据滟滪堆一带水情变化而创作出的行船歌谣：“滟滪大如马，瞿塘不可下；滟滪大如象，瞿塘不可上；滟滪大如牛，瞿塘不可留。”这首歌词散见于各史籍中，各家所收歌词不一。它在峡江船家中经过了较长期的传唱和洗练，才日臻完善，后被南朝乐府和文人采录。歌谣唱出了水淹滟滪的各种不同情形，用以告诫船家，不要冒险过滩。它既是峡江舟人世代行船瞿塘经验的总结，也是特殊形式的夔门导航文字。它是历代船夫血泪的结晶，也是船夫世代相继，劈波斩浪，同滟滪石斗争、拼搏、呼号并最终取得成功的记录。依靠这些世代相传的经验，峡江船家们以高超的驾船技能，闯滩过峡，征服天险，他们这种勇往直前的大无畏精神深深影响着历代航运人。

“路漫漫其修远兮，吾将上下而求索。”屈原《离骚》里的这两句著名诗句，正是对古代长江航运文化精髓最生动的诠释。三峡地区群山险峻，峡江奔流，背靠高大宽厚的青藏高原而面向广阔纵深的长江中下游平原与茫茫东海，可谓山高水长海阔天空。加之历来文化敦厚，民风淳直，因而就其地域文化整体而言，显出浪漫旷达、热烈奔放的风貌。这种古代长江文化精神，表现在三峡地区的民俗文化上，如夔州《竹枝》、川江号子、秭归龙舟、锄草锣鼓、秀山花灯、重庆火锅……。

（二）千锤百炼的文化形成

“大江东去，浪淘尽，千古风流人物”。古今嬗替，舟楫相通，奔腾不息的万里长江，滋养着中华民族的子孙，承载着东来西往的船只，舒展着长江航运的历史画卷，哺育着绚丽多彩的长江航运文化。而长江航运文化在形成过程中经历了千锤百炼。近代，特别是鸦片战争后，外国列强陆续从海上入侵长江，利用坚船利炮轰开了紧闭的国门。在半殖民地半封建社会里，长江航运进入了既蒙受屈辱，又充满抗争的新的历史时期。近代长江航运正是在各种政治矛盾交织、诸种经济势力竞争、军事活动频繁的历史条件下发生、发展。长江航运人在国家蒙受屈辱的历史条件下，奋起抗争，抵御列强入侵，挽回长江航权，学习航运技术，改进生产方式，发展交通运输，促进经济发展，并在斗争实践中壮大了自身，表现出独特而鲜明的文化特征。

1. 育人报国，兴办航运教育

在列强航运业纷纷侵入长江，中国航运业在内忧外患中力争发展的年代里，长江海员工人虽在数量上不断增多，而在技术、文化上都处于较低水平，特别是由于国家衰弱和外国欺凌，当时中外商轮上的要害部门多为外人所把持。因此，开办航运业教育，培养本国航运业人才成为诸多有志之士的共识，1866年，左宗棠奏设福州船政局附设船政学堂。船政学堂分设制造、绘事、驾驶、管轮各科，是为中国航运业教育之嚆矢。此后大江南北先后设立天津、黄埔、江南水师学堂，烟台、湖北、吴淞海军（或海事）学校，在江阴设中央海军电雷学校等等。其中转业到长江航运部门，年久资深，成绩卓著者为数甚多，如长江造船专家叶在馥，江南造船厂厂长马德骥、三北公司总船长刘勋达、航海专家金月石、以及优秀江轮船长徐斌、优秀领江薛之道等。百年树人，教育为本。近百年来长江航运事业的发展，离不开各个时期各个层次的航运业人才。其中，广大海员工人是基本队伍和主力军，而经过各类学校教育培训成长起来的工程技术人员和企业管理人员，则是这支队伍的有生力量。他们与工人群众风雨同舟，教学相长，并在抗日战争和收回长江航权的斗争中，患难相依，荣辱与共，显示出这支队伍的群体力量。

2. 奋起斗争，联合抗御外敌

长江海员是最早伴随着外资航运业入侵而产生的中国近代产业工人队伍。它自诞生之日起，就为反抗外国侵略者、挽救祖国危亡和改善自身地位，进行着艰苦卓绝的斗争。经过历次斗争的锻炼，海员工人日益显示出强烈的爱国意识、顽强的斗争毅力和团结互助精神。随着中国革命的发展，海员自身力量不断积累壮大，逐渐联合起来，开展有组织的斗争，推动长江海员工人运动进入新阶段。1848年3月，3名英国侵略者窜到上海附近的青浦县城进行窥探活动，被愤怒的船员赶跑，后酿成轰动一时的“青浦事件”。1888年2月，英轮“固陵”号开到宜昌，企图闯进川江，遭到川江万千船工和纤夫的强烈反对，迫使“固陵”轮船不敢上驶。类似上述船工反对外轮入侵事件，汉口、镇江等地都曾发生过。这些此起彼伏的斗争，显示出中国人民不屈不挠的精神，揭开了长江海员工人斗争的序幕。残酷的现实使海员工人体会到，自己的命运和祖国的命运息息相关。经过长期的反侵略、反压迫斗争，又升华了员工们的爱国主义精神，奋不顾身地探寻救国自强之路。1921年中国共产党诞生后，长江海员更加自觉地投入反帝反封建的伟大潮流，相继参加了省港大罢工、1922年长江海员大罢工、1923年五卅运动、1922~1926年川江抵制外轮活动、1927年上海工人武装斗争等一系列斗争，在中国海员运动史上写下了不朽的篇章。

3. 实业救国，创办民族企业

1865年，科学家徐寿等人在长江上试制“黄鹄”号轮船成功，稍后，晚清洋务派在上海开办了江南制造局。这样，中国自己的造船业才逐步发展起来。随着洋务运动的发展，1873年初，轮船招商局作为外国侵华航运业的对立面问世。同年7月，招商局“永宁”号轮从上海开往镇江、九江、汉口，这是中国轮船首次开航长江干流。招商局由于内有官商体制的束缚和官僚买办的侵蚀，外受外国航运业的排挤倾轧，经常处于经营不振的境地。

但是，长江航运的近代化程度是任何力量也无法阻挡的。20世纪20~30年代，以大达、三北、民生等航运公司为代表的民族航运业逐步崛起并迅速发展壮大。其中尤以卢作孚主持兴办的民生实业公司影响最大，堪称民族资本航运业中的巨擘。在实业强国的追求中，卢作孚表现出典型的巴蜀式豪情与创新开拓的精神气概。“天下事都艰难，我们如能战胜艰难，天下便无艰难事”。“天下事无有不可以做的”。“白种人办得到的事情，黄种人亦办得到，日本人办得到的事情，中国人亦办得到！”诸多爱国实业家创办的企业内部都有一个共同的精神因素——“爱国、救国”。

以民生公司为例。民生公司的企业文化内核便是实业救国和爱国主义思想，它在航运实践中形成了“爱国主义、集体主义、艰苦创业、拼搏献身”的民生精神，形成了“服务社会、便利人群、开发产业、富强国家”的民生宗旨。民生精神具有深厚的文化内涵，它包括三个层面的思想：

第一，是实业救国和爱国主义思想。卢作孚把航运业看作是“一切事业之母——立国要素”，指出“在航运业工作，便是救国的企图”。提出要用创建先进的现代化的民族航运业，以与帝国主义的航运势力相抗衡，不仅是把外国轮船赶出长江，收回内河航行权，而且要使中国迎头赶上工业发达国家，甚至跑到他们的前面去。“九·一八”事变后，民生公司职工深受全国反帝爱国运动的鼓舞，公司领导把爱国宣传活动同企业的活动密切联系起来。在公司的船舶舱室和职工宿舍的茶具、卧单上，到处印有“作息均有人群至乐，梦寐毋忘国家大难”之类的口号，号召人们关心国家危亡。并发动职工和家属订出爱国公约，“不为日人服务”，“不与亲日华人为友”。用自身的各项业务工作超过日本轮船，作为爱国抗日的实际行动。

第二，是集团生活思想。卢作孚改良社会试验的主要内容之一是提倡群体合作，互相帮助以成一个“最后不至于失败的集团”。在这个集团中，“个人为事业服务，事业为社会服务。工人的工作是超报酬的，事业的任务是超经济的”。他要求职工把民生公司当做他们的共同事业，而个人只要“忍耐、苦干就能成为出人头地的时势英雄”。

第三，是艰苦创业、勤俭朴素的思想。卢作孚十分重视开源节流，培养公司艰苦奋斗崇勤尚俭的作风，以利于公司的壮大和发展。他用禁令和查禁等办法，要求职工不嫖、不赌、不吸鸦片、不做私生意、不贪污受贿、不拿旅客财物等，以杜绝不良习性，培养职工忠于职守、遵守纪律的精神。同时公司又积极开展各种文娱活动丰富职工文化生活，倡导新风尚。“民生精神”曾在社会上留下深刻印象，也曾激励着职工为民生公司创造了巨大的财富，为抗日民族战争做出了可歌可泣的贡献。在抗日战争中，民生公司16艘船舶被炸沉炸毁，69艘船舶被炸伤，117名员工牺牲，76名员工伤残。民生公司以其先进的管理和优良的服务及以爱国主义为核心的民生精神享誉中国，蜚声海外，至今为中外人士所称颂。以爱国主义为核心的民生精神亦是长江航运文化的宝贵精神遗产。

在近代，无数爱国志士和长江航运人用自己的力量誓死保卫着长江，用血肉之躯捍卫着祖国的尊严和主权。他们顽强反抗帝国主义和封建官僚双重压迫的斗争精神，高尚无私的奉献精神，为国为民敢于抛头颅、洒热血的牺牲精神，一个个感天动地的英雄，一桩桩扣人心弦的事件，书写出中华民族的精神内涵。它既是航运文化品牌，也是航运文化资源，更是中华民族宝贵而恒久的精神财富，直到今天它仍然保持着强烈的震撼力和辐射力，其影响远远超越了航运界。

（三）群芳斗艳的文化发展

共和国的成立，使长江航运人真正进入了当家作主、掌握自己命运的时代。全体员工的积极性、主动性、创造性得以充分发挥，极大地推动了长江航运经济的发展、政治的文明和文化的繁荣。

1. 长江航运文化建设谱写新篇章

共和国的成立，长江航运生产力获得了从未有过的大解放、大发展。建国初期，百废待兴。巩固新生政权、安定人民生活、恢复国民经济的形势和任务，迫切需要长江航运提供可靠的运输保障。

为了发展长江航运，国家先后采取扶持私营轮船公司恢复经营，整顿和改造私营轮船公司，实行公私合营，建立长江航道管理机构，恢复和发展助航标志，治理长江航道等措施，将支离破碎的长江航运逐步引上健康发展的轨道。刚刚从三座大山的压迫下获得解放的长江航运人，满怀对党的感恩之情，焕发出极大的政治热情和生产劳动积极性。在运输生产条件极其艰苦的情况下，广大长江航运人一心跟党走，日以继夜修复船舶、维护航道、肩挑背扛、艰苦创业、保障长江航运大动脉的畅通。

长江航运为解放大西南，为国民经济的恢复，立下了不可磨灭的功勋。长江多次发生特大洪水，在国家和人民生命财产受到严重威胁的时候，长江航运发挥了其他运输方式难以发挥的特殊作用，它在抗御长江特大洪水中的特别贡献，将被永远载入中华民族的防汛史册。以苦为乐、以苦为荣蔚成风尚，为完成任务不讲条件、不怕牺牲是行为准则，“国家利益高于一切”深入人心，甘当“无名英雄”、争做国家主人翁，就是当时长江航运人最显著的精神风貌。

随着国家进入大规模社会主义建设时期，长江航运受到党和国家的高度重视。航道整治炮声隆隆，港口建设热火朝天，船舶建造日新月异，长江航运物质基础不断完善。学习原苏联内河航运管理经验，建立起比较完整的长江航运管理规章制度，大力开展技术革新、技术革命，有力地促进了长江航运的运输组织和技术管理水平不断提高。开展“工业学大庆”活动，使“三老四严”的大庆精神和长江航运的优良传统相结合，培养了长江航运人在任何艰难困苦的条件下，都顾全大局、忠于职守的良好品质，保证长江航运不断不乱，体现出高度的政治责任感。这一时期，不仅航运生产力得到长足进步，涌现了一大批劳动模范和先进典型，也是长江航运文艺活动和文化作品创作比较繁荣的时期。

2. 长江航运文化建设步入快车道

党的十一届三中全会，中国进入改革开放的新时代，长江航运迈进了蓬勃发展的新时期。长江航运文化也紧和时代节拍，洋溢激昂气息，呈现出新的特征。

改革是长江航运发展的动力，创新是长江航运发展的灵魂。在经济体制改革的大潮中，长江航运人以开拓创新精神，率先在交通运输行业实行政企分开、港航分管，一举激活了长江航运发展的源头，使长江航运走上了快速发展的道路。2003年长江南浏段最先成功地实施以“各自靠右、分边航行”为主要内容的内河航路改革，有力地改善了通航条件、优化了航路、规范了航行行为，对于有效地避免船舶碰撞事故，保证船舶航行安全、提高水上运输效率起到了重要作用。目前长江干线$^2/_3$的河段完成了航路改革。2005年按照水上执法一盘棋、政务联合一体化、水上专项联合执法三种模式，加大联合执法管理模式推进力度，至2007年已全面实施。联合执法的积极开展，增强了长江各执法部门工作的协调配合，在保持长江干线畅通、强化水上安全和治安消防监管特别是依法行政、整合资源、便民利民等方面取得了显著成效。改革创新在长江航运史册上留下了浓墨重彩的一页，不断深化和丰富改革创新正是新时期长江航运文化的基本特征。

经济建设是新时期的中心任务。为适应长江经济社会的发展对运输保障日益增长的需要，长江航运人以滴水穿石的坚韧精神，科学论证、统筹规划、合力建设、抓住机遇、大力开发长江航运资源，进行大规模航运基础设施建设，显著地改善了长江航运物质技术条件，极大地提升了长江黄金水道的品牌效应。为贯彻“深下游、畅中游、延上游”的工作指导方针，一批航道整治工程相继建成投入使用，使南京以下长江航道水深达到10.5米，可以常年通航5万吨级海轮；长江中游水道的阻航浅滩逐步减少，航道条件大为改善；长江上游完成了涪陵至铜锣峡炸礁工程，基本建成泸州至重庆三级航道，新增长江干线夜航里程270公里。航路改革航标配套设施工程的实施，促进了长江航标的大型化、智能化建设。长江航标颜色醒目，灯光明亮，成为长江两岸的一道独特风景。长江航运支持保障系统建设日新月异，行业管理的科技含量日益提升。长江干线船型标准化工作稳步推进。川江及三峡库区新建标准船型的研发和推广应用，引领了长江干线船型标准化潮流。

团结是事业兴旺的保证，活力来自于坚韧不拔的进取精神。半个多世纪风风雨雨的磨砺，近30年急流勇进的改革实践，使长江航运人倍加珍惜团结，勇于进取，使团结进取、主动作为在长江航运文化辞典里得到全新的诠释。20世纪80年代，长江航运主管机关先后两次组织发起有国家部委领导和知名专家学者参加的高层次大范围的长江航运考察，建立长江水系航运发展协商机制，密切了长江航运与沿江地方的关系。90年代又积极促成全国政协委员考察长江，向国家建言重视开发利用长江航运。特别是2005年，在北京召开了沿江7省2市和交通部主要领导同志参加的“合力建设黄金水道，促进长江经济发展”座谈会，为长江航运发展指明了方向，增添了活力。改革开放以来，虽然长江航运管理体制和行业内部的构成发生了巨大的变化，但是超越隶属关系、管理方式、经济性质的长江航运情结始终萦绕在长江航运人的心头，成为维系行业团结的纽带。把增强行业凝聚力，扩大社会影响力作为文化建设的重要任务，把激发长江航运人的团结进取精神作为评判文化建设的重要标准，是新时期长江航运文化的重要特征。

3. 长江航运文化建设跨上新台阶

进入21世纪，在“三个代表”重要思想和科学发展观的指引下，长江航运人适应新形势，抓住历史机遇期，加强文化建设，外树形象、内聚人心、增强实力，使长江航运焕发出蓬勃生机。

长江航运集团进一步加强企业文化建设，制定《中国长航企业文化建设纲要》。他们将全面启动长江航运跨越式发展战略。货运以“立足长江，发展海运，走向远洋”为方向。油运确立“国际化、大型化、海洋化”目标，燃油贸易力争形成长江为主，海陆兼顾的贸易格局。造船工业力争成为中国造船工业第二集团的排头兵。长江旅游建成海内外知名的“国宾船队”。他们确立了“诚信忠实、和谐关爱、严谨勤俭、创新一流”的核心价值理念和“求新求进、唯实唯优”的企业精神。

重庆港是我国西南地区重要的水陆交通枢纽和物流中心。三峡大坝的建成为重庆建设长江上游航运中心发展提供了历史性的机遇。水库回水到重庆，重庆境内的680公里长江航道条件得到极大改善，形成深水航道。库区完全蓄水后，单线航宽水域扩大1倍以上，可通行多种万吨级大型船队，水运成本将降低36%左右。2003年，重庆提出了打造长江上游交通枢纽的规划，到2010年要建成长江上游航运中心的目标。建设寸滩港码头，是建设长江上游航运中心的一个重大举措。寸滩港区位于重庆市主城区朝天门下游6公里的长江北岸，所处岸线是重庆市主城区范围内少有的在三峡工程建成后受淤积影响较小的一段岸线，水域条件优越，陆域开阔。目前，寸滩港一期工程两个3000吨级集装箱泊位、一个汽车滚装码头已经投入使用，年吞吐能力为28万标箱。2007年下半年启动的二期工程正加紧建设，2011年建成后寸滩港可吞吐货物约100万标箱，成为西南地区最大的集装箱集疏港。届时开建寸滩三期工程，使寸滩港区年集装箱吞吐能力达到189万标箱。与此同时，港区配套的重庆海关分关、检验检疫、转运衔接和立体交通网络也正在同步建设，建成后将为长江上游航运大通关、大物流提供更加便捷的通道。在发展长江三峡水上运输生产中，重庆港客运总站为43家船公司19条航线的各类班轮和旅游客轮代理客运业务。

“我们郑重承诺：积极贯彻落实国家节能减排工作方针和要求，全员参与，群策群力，形成共同推进长江航运节能减排工作的新格局”[10]。2007年9月25日，19家长江港航企业和管理单位的代表在长江上游第一港——云南水富，共同签署发布了包括8个方面内容的《长江航运节能减排宣言》。《长江航运节能减排宣言》表明，保护母亲河，合理开发利用长江航运资源，充分发挥长江水运运量大、成本低、占地少、能耗小、污染轻的优势，建设资源节约型、环境友好型水运行业，构建和谐长江航运，已成为长江港航企业和管理单位的历史责任和自觉行动。他们将携起手来，共同倡导“清洁长江、绿色航运”理念，共同实施国家节能减排战略，用行动实现“绿色航运”的目标，共建长江黄金水道，共享绿色航运资源，推进长江航运又好又快发展[11]。

南京港坚持以集团承包责任制合同书考核为主线，以节能、降耗、增效为目标，做到能源管理工作重点突出，已经建立了具有本港特色的三级节能指标与成本核算体系。

武汉港重点制定、推行了3个方案：《港口装卸运输生产节能方案》突出抓好装卸生产、水上作业、船舶运输等环节的节能。《港口建设工程节能方案》推行生态设计和使用再生材料，提高原材料利用率。《集团机关节能方案》提高机关办事效率，精简会议、活动和文件。

芜湖港人以“实业兴邦，产业报国”为使命，奉行“正直诚实，信守承诺”的核心价值观，坚持贯彻“创新、诚信、服务、效率”的企业精神，将芜湖港建设成为长江多用途、主枢纽港之一，建设成长江干线最大的煤炭港。芜湖港是国家一类对外开放港口中唯一的民营港口。总资产8.5亿元，年中转能力2000万吨，在全国港口行业第一家通过国际质量、环境、职业安全与健康“三合一”体系认证。芜湖港制定了以“保护长江”为主要内容的环境方针，组织人员开展环境因素的识别与评价，确定9项重要环境因素，先后投资近50万元完善了煤炭堆场喷淋系统、污水排放处理系统以及散货装卸遗撒回收等设施。

九江港利用规划指导今后九江港口与长江及比邻区域环境的和谐发展，规划中处理好节能减排局部和整体、近期和远期、需要和可能的关系，注意协调和互补，增强规划资源的共享性。

总之，长江航运文化的形成饱含着岁月变迁的沧桑，它的诞生和延续得益于千百年来行业先辈为之顽强拼搏和无私奉献。它存在的意义和价值不仅仅是诞生时的希望，更在于后辈们一代代的继承与发扬。只有在不断发展的历史中将宝贵的长江航运文化精髓传承下去，当代长江航运人才能真正无愧于祖辈们的努力与心血。

二、长江航运文化的精神传承

长江航运人在历史发展过程中传承了优秀的文化精神，创造出无穷的社会财富与文化价值。

（一）水滴石穿的坚韧精神

悠悠江水，冲刷千年浮华。留存在中华文化之中永不褪色的珍宝，是由先民开创、后辈传承、扬弃、创新的航运文化精神。

《汉书·枚乘传》说："泰山之溜穿石，单极之绠断干。水非石之钻，索非木之锯，渐靡使之然也。"意思是，水不断地往石头上滴，时间长了能把石头滴穿。比喻只要坚持不懈，轻微之力也能取得很大成效。留意一下峡江两岸的峭壁和江滩的礁石，你就会看到一道道深邃而光滑的石槽，是纤夫们拉纤时的纤索勒刻下来的，是一代代峡江人留下来的生活的痕迹。"可怜牵船人，水湿半头裤，一步千滴汗，双手攀石路"。"三尺粗布四两麻，脚蹬石头手扒沙。一步一滴辛酸泪，恨得要把天地砸。"这是流传在三峡地区的歌谣，是峡江纤夫自己的呐喊。不仅如此，富有同情心的诗人们也把怜悯和悲愤之情倾注在对拉纤的描述中。"峨峨巨舸牵百丈，橹折樯摧不得上"[①]。"百丈"，

① 北宋·苏轼.《念奴娇赤壁怀古》。

② 北宋·苏轼.《新滩》。

③ 唐·杜甫.《旅夜抒怀》。

④ 唐·杜甫.《登高》。

⑤ 唐·李白.《送孟浩然之广陵》。

⑥ 唐·李白.《望天门山》。

⑦ 唐·白居易.《得行简书闻欲下峡先以此寄》。

⑧ 唐·白居易.《出入峡有感》。

⑨ 转引自李良品.《川江号子》：《中国三峡建设》.2005年第4期。

⑩《长江航运节能减排宣言》：http://www.hbhw.hbjt.gov.cn，2007年9月30日。

⑪ 何振红、徐晓然.《共建清洁长江，共创绿色航运》：《经济日报》，2007年10月18日。

是指纤缆。长长的纤绳勒在纤夫赤裸的肩背上，拉动着飘摇在波涛中的木船，江帆拉断了桅杆，船工手中的橹也折断了，船却依旧在险滩急流中徘徊，有时乘客不得不舍舟登岸，踏上纤道，伸出援手去拉一把纤绳……。没有人考究这历史有多长，大概有了长江舟楫，拉纤的劳动就相伴而生了，这劳动的习俗就沿袭下来，成了诗人笔下的素材。见不到这景致，是一种遗憾，但看看峭壁上的纤槽，回味这些歌谣、诗作，不也能感觉到峡江舟人那执着坚韧的抗争精神所产生的永久魅力么！图2-2，图2-3，图2-4为昔日川江上纤夫拉纤的情景。

图2-2　昔日川江古栈道

图2-3　昔日川江上纤夫拉纤的情景

“水滴石穿”，表明了水性柔韧，而这种韧劲，活生生地体现在“川江号子”中。川江号子作为一种民间歌谣形式，起源于川江船工们的劳动生产与生活，产生于船工们的拉纤、摇橹和推桡等劳动生产。在木船航运时代，每当逆江而上或者穿过险滩的时候，船工们就得拉纤。为了协调步伐和鼓舞士气，船工们就在号子声中掌握行进节奏，日复一日，年复一年，逐渐形成了川江号子。由于船工劳动强度有大小之分，水流速度有快慢之别，故川江号子也有“舒缓与激越、轻盈抒情与粗壮沉着的区别”。

图2-4　昔日川江上纤夫拉纤的情景

川江号子歌词一般是劳动者将各地风情、古迹传说、神话故事、船工生活等方面的内容，进行搜集整理、加工提炼而成。其内容主要有：第一，描述峡江两岸的风土民情，古迹物产。这种号子往往是把上述内容编成打油诗或顺口溜来喊唱。如《跑江湖》。“川江号子是长江的魂魄，它饱含了船工、纤夫生活的喜怒哀乐”②。老船工陈邦贵对川江号子充满了复杂的情感。他13岁开始当船工，几十年一直在风浪中“讨生活”。第二，反映船工们战滩斗滩的劳动风貌及凄苦悲惨的命运。“一根纤绳九丈三，父子代代肩上拴；踏穿岩石无人问，谁知纤夫心里寒。”当88岁的陈邦贵唱起川江号子时，双目盯着前方，拳头紧握，用力地挥动着双臂，满头银发微微颤动。又如《船工生活真悲惨》中反映的：“我们船工的生活真悲惨，风里来雨里去牛马一般。拉激流走遍了悬崖陡坎，头脑打头脑骂血汗吸干。衣无领裤无裆难把人见，生了病无人管死在沙滩。船打烂葬鱼腹尸体难见，抛父母弃妻儿眼泪流干。”第三，表达船工夫妻真挚情爱及调侃性的诙谐。如《二四八月天气长》：“二四八月天气长，情妹下河洗衣裳。清水洗来米汤浆，情哥穿衣好赶场”③。

川江号子是川江船工们的民间歌唱形式，还蕴含着诸方面的文化精神。

首先是坚韧不拔精神。如《一年四季滩上爬》：“脚登石头手扒沙，八股索索肩上拉。打霜落雪把雨下，一年四季滩上爬。周身骨头累散架，爬岩跳坎眼睛花，谁要稍稍松口气，头脑船老板”④。三峡船工们在与险恶的自然环境作斗争的过程中，养成这种坚毅不拔的精神。

其次是团结协作精神。这种靠团结协作去战胜自然力的典型体现，莫过于峡江上的船工精神。行进在激流险滩中，或掌舵、或扳桡、或执篙、或拉纤、在船老板的指挥下，和着川江号子的节拍，协力齐心、敢闯敢拼、一往直前、负重前进。

最后是开放精神。川江号子中的《跑江湖》是对三峡地区丰富物产所做的最好广告。同时也将一个开放的三峡地区展现于商贾、流官、过客们的面前。川江段的木船早已被机动铁船所代替，川江上的各种轮船再不“需要用号子声来向狂涛恶浪宣战，鼓舞士气；也不需要用号子声来指挥劳力的均衡和运作的协调一致”。人们需要的是继承和弘扬川江号子中所蕴含的坚韧不拔、团结协作、对外开放的精神，因为它是一笔可贵的精神财富和不朽的文化遗产。巴渝船工千百年来在与川江的险滩恶浪搏击中所展现的，巴渝船工所呼喊、巴渝人熟知并广为传唱的川江号子所蕴含的那种敢于征服大自然、勇闯激流险滩的精神；那种巴渝船工“协力齐心”的划桨精神，“敢闯敢拼”的闯滩精神，“一往直前”的放舟精神，“负重奋进”的拉纤精神，正是激励全体长江航运人振兴长江航运业所需要的支撑。

长江航运人秉承坚韧不拔精神，历尽千辛万苦畅通航道。自古以来，长江被人们视为一条条件优越的自然航道，殊不知，在长江中，曾有着无数的暗礁险滩、波峰浪谷，仅三峡江段就有300余处，将航道构筑成一道道鬼门关。对此，著名文学家叶圣陶的《东归江行日记》和刘白羽的《长江三日游》中都有翔实的记录和生动描述。日复一日、年复一年整治暗礁险滩、打开一道道鬼门关的，正是世世代代坚韧奋战的长江航道人。

古时候，先人们为了航道畅通，手扒棍撬，肩挑背扛，以惊人的毅力排除航行障碍。到了近代之后，长江航道人不间断地炸暗礁，除险滩，测量水文，架设航标，哪里有碍航礁石，他们就到哪里去炸石开道，哪里出现枯水浅滩，他们就到哪里去挖泥疏通，确保“人便于行，物畅其流”。

共和国成立后，沿江数千名航道工在整治航道过程中，以人定胜天的气概和滴水穿石的精神，日以继夜，餐风露宿，战天斗水，克难制胜。20世纪50年代初到70年代末，长江重庆航道工程局职工滩头扎寨，竹棚栖身，穿行于高山峡谷，苦干于激流险滩，硬是驯服了川江航道，同时哺育出“川江精神”、“苦乐文化”。航道职工这种无私奉献的精神，赢得了世人的爱戴和敬重。

长江航运人秉承坚忍不拔精神，一不怕苦，二不怕死，无所畏惧地完成艰巨任务。1937年“八·一三”事变后，为了保存实力继续抗战，中国开始了战略物资大转移，长江航运也实行长江大撤退。在物资迁运过程中，船工们经历了多重磨难，日夜与风浪搏击，不断遭到敌机轰炸，生活条件十分艰难，但是他们凭着坚韧精神胜利完成了任务。1938年5月至10月，各港航企业和航运职工在武汉抢运战略物资8万吨，1938年11月至1939年4月又在宜昌抢运物资20万吨，创造了近代战争史和运输史上的奇迹。许多普通船员在这次战时大抢运中表现出无私无畏的爱国主义精神。江苏船民贺福顺、杜尚荣的故事富有传奇色彩，最能体现这种坚韧不拔的精神。他们在驾船运送物资西撤的过程中，被敌机反复轰炸而大难不死，后又遭遇劫匪打劫、兵痞敲诈等灾难，生活困难到一天只能吃两顿饭，船在长江行走了7个半月，终于到达目的地。这种坚韧顽强的精神正是中华民族抗日战争取得胜利的重要精神支柱。

长江航运人在战争年代英勇顽强，在和平建设时期更能吃大苦耐大劳。

2000年，为适应市场需要，磷矿装载业务战略性地挺进三峡，一座简易新码头在屈原沱建成并投入营运。这里工作条件极差，夏天骄阳似火，没有一棵遮阳树，人们在矿石灰尘中劳作，简直成了一个灰人，汗水流过留下一条条痕迹。夜间工棚如同蒸笼，蚊子又多，实难入睡。冬天，当地有句俗语："香溪两道峡，风不是上刮，就是下刮"。装船作业时，刺骨寒风夹着矿砂直往脖子里钻，风吹得人难以睁眼，而职工们却毫无怨言，斗酷暑，战严寒，使装卸生产量年年翻番。屈原沱职工这股韧劲，正是宜昌港人"做人如锚，做事如帆"精神的真实写照。

长江航运人秉承坚韧不拔精神，坚持孜孜不倦地学习钻研科技文化知识，不断提高自身素质，更好地为长江航运业服务。由于历史的原因，长江航运队伍中的文化人甚少，直到全国解放初期，员工文化素质仍然偏低。进入改革开放新时期，这种状况有了明显改变。

重庆港江津分公司微机通信管理员周文志，就是这样一位韧劲很强，自学成才的年轻共产党员。1994年，他中专毕业被分配到单位后，先后从事电话维修、综合统计等工作，与在校学的港口机械专业对不上口，后来他又开始负责公司微机通信管理。为了提高自己的业务水平，他购回了《电脑报》、《电脑维修基础》等书籍，边看边学边操作，一步一个脚印，专业技术水平提高很快，他跟随微机更新速度，不停地学习钻研，经不懈努力，他掌握了微机的操作及维修技能，保证了公司微机通信的畅通。几年间，公司的微机发展到30多台，办公效率高了，但他的维修任务也加重了，无论哪个部门的微机出了故障，他总是随叫随到，深受大家的欢迎。周文志通过实践、学习、再实践，终于从一个对微机知识知之甚少的员工成长为具有广博知识和熟练技能的高素质人才。

长江航运人秉承坚忍不拔精神，爱岗敬业，忠于职守，出色地完成本职工作任务，涌现出一大批劳模先进人物。被评为首届"长航十大杰出人物"的姚泽炎，是长江引航中心南通引航站的高级引航员。他把引航当事业，把事业当追求，在平凡的岗位上谱写出不平凡的人生篇章。仅在2000年，他出勤天数高达362天，安全引领中外船舶318艘次，里程达33260公里，超额、优质、高效地完成年度任务。尤其难能可贵的是他22年如一日，始终是工作第一、安全第一、他人第一。22年里安全引领来自60多个国家的船舶5000多艘次，引航里程达60万公里，为国家创造引航费4000多万元，被群众誉为新时代长江引航人的杰出代表。他工作中表现的持之以恒的坚韧精神和竭诚卓越的服务精神，不正是过去“无名英雄”精神的发扬光大吗。

（二）流水争先的进取精神

长江航运人在受惠于长江的同时，也在不断地同惊涛巨浪和急流险滩进行斗争。这种流水争先的进取精神，深深地烙刻在长江航运人的头脑和行动中。

我国自古就有驾舟争渡的风俗。据《河姆渡遗址第一期发掘报告》称，早在7000年前，远古先民已用独木刳成木舟，并加上木桨划舟。《淮南子·齐俗训》记载："胡人便于马，越人便于舟。"我国古代南方水网地区人们常以舟代步，以舟为生产工具和交通工具。人们在捕捉鱼虾的劳动中比收获量，休闲时相约划船比速度，这是远古竞渡的雏形。

不论是古代的龙舟竞技、川江号子，近代的民族产业、企业精神还是现代的集团公司、企业文化，都彰显出中华民族生生不息的奋斗意志和进取精神。特别是在近代史中，我国人民经历了从未有过的屈辱和悲惨，长江航运人也在这历史的曲折中，在封闭与开放并存的特殊历史时期，探寻前进的方向，摸索救国救民的道路。在清代，受严厉的闭关锁国政策控制，地处内陆的重庆、武汉、九江等地的航运经济无法参与国际市场。进入近代，这些港口在外力压迫和自身实业救国的氛围中逐渐打破了对外封闭状态。譬如，武汉、九江、镇江等埠19世纪60年代初相继开埠后，开始了近现代历史上沿江港埠第一次较大规模的对外开放。这是被迫的屈辱的开放，但在客观上它也促使长江中下游港口产生出现新的资本主义市场因素，并激发了这些港口为争取民族自立的实业救国行动。爱国的实业家们“师夷长技以制夷”，引进国外先进技术和管理经验，发展实业。19世纪90年代初，重庆开埠通商。随着重庆航运业的发展，重庆直接面向国际市场的进出口贸易逐渐发展起来，商业、工业、金融等近代产业开始发展，扩大了与沿江上海、汉口、宜昌等埠的贸易与金融联系，依托长江上游广大城乡地区，形成了一个以重庆为中心的区域性市场体系。

从1949年2月2日南通解放，至11月30日重庆解放，长江沿线的大中港口城市上海、南京、镇江、芜湖、安庆、九江、武汉、沙市、宜昌、城陵矶、万县、涪陵等回到人民的怀抱。长江航运人立足“一穷二白”的现实，积极向先进国家和地区的航运产业学习，用自己的努力和拼搏书写了令世人震惊的“奇迹”。产生奇迹的动力源就是他们誓与流水争先的进取精神。

吴华方是中国船级社武汉分社工业

产品处处长。他坚持把为客户提供优质服务放在首位，按照高起点、高标准、高质量的要求，提出了争创“一流的队伍、一流的管理、一流的服务、一流的检验收入”的目标，为武汉分社创收增加效益、实现跨越式发展做出了贡献。2001年产品检验业务收入675万元，2005年达到了1900多万元，5年增长了近两倍，2006年又创新高，实现检验业务收入2150万元，成为分社的一面旗帜。他本人也多次荣获中国船级社、长航系统、交通部“十佳验船师”、“优秀共产党员”、“行风建设先进个人”、“先进工作者”等荣誉称号。

勤劳聪慧的长江航运人在改革开放的大好时机中，立足国情、解放思想、积极学习先进、科学的管理理念和管理技术，在短短几十年的发展历程中，攻克了一个个难关，创造了一个个奇迹。

宜昌港口集团的殷启山从一名普通电工，成长为副总工程师、港口工程技术专业的领军人物，在他身上体现了“求新求进、唯实唯优”的企业精神。几十年来，他累计完成技术改造和攻关项目几百项，为企业节约资金600余万元。2003年担负定点接待任务的茅坪客运码头建成投产了。可此时，客运缆车的刹车装置还没有达到国家标准，成为港口和地方领导挠头的难事。怎么办？没有任何可以借鉴的经验，连国内专家都感到困难。殷启山花了整整3个月，研读了大量中外资料，摸清了缆车各个装置的性能，经过精心思考，反复设计方案、修改图纸，一套堪称创举的客运缆车断绳保护装置方案终于出炉，经过空载和重载试验，运行效果安全可靠。在方案论证会上，交通部一位司局领导连声对他说：“没想到这个部级攻关项目在宜昌港完成了，没想到让众多专家头痛的难题让你一个人解决了，没想到操作方法竟是如此简单可靠”⑤。

长江航运人深知，在区域经济日益加强，国际合作互为一体，国外国内两个市场紧密相连的大背景下，在物流、客流和信息流正在成几何倍数增长的形势下，港口作为物流活动的枢纽，将在对内对外的贸易与经济合作中发挥着愈来愈重要作用。要想在“百舸争流千帆进”的现代物流竞争中立于不败之地，就必须确立未来发展模式，实施超前发展战略。只有“敢为人先、积极进取”，才能发展壮大、傲立长江，才能不辱使命发展长江航运。

当今社会竞争十分激烈，“逆水行舟、不进则退”。中国长江航运集团秉承流水争先的进取精神，不断提升管理品质，坚持科学管理，追求卓越管理。放眼世界，瞄准一流，把集团的经济、技术、管理、质量、人才、效率等指标，特别是净资产收益率、销售收入利润率、成本费用利润率、劳动生产率等指标，与竞争对手对比，与国内外同行业先进对比，寻找差距，制订措施，不断创新和超越，力争领先国内一流水平，达到国际先进水平。他们不断增强自身综合素质，强化品牌意识，提升质量理念，优化服务流程，加强技术培训，推进管理标准化，使企业的质量工作与国家标准、国际标准接轨。使产品有竞争力，技术有创新力，资本有增值力，班子有战斗力，集团有凝聚力。以一流的运输服务质量，打造“长江航运”的品牌张力，提高“长江航运"的社会公信力，实现企业跨越式发展”。

（三）水乳交融的团结精神

团结协作是长江航运人在搏风激浪、求生存谋发展的实践中的感悟总结，并世代传承的精神元素，在近代反抗外来侵略的斗争中得到发扬，在共和国成立以后进一步得到升华。

《孙子·九地》说：“夫吴人与越人相恶也，当其同舟共济，遇风，其相救也如左右手。”意思是，在狂风暴雨中同乘一条船，一起与风雨搏斗。比喻共同经历患难。其中蕴涵着命运共同体和团队精神。“水乳交融成一体”，“同船过渡前生修”。长江航运人世世代代同舟劳作，同甘共苦，逐渐形成了命运共同体，“长江一家人，行业一盘棋”已成为长江航运人的共同心声和自觉行动。

抗战时期，长江中下游海员，决心反抗日本法西斯的残暴统治。1944年初夏，上海港一名黄姓的老工人和十几名青年工人被派到三菱码头装卸铜元。他们怀着对日本侵略者的刻骨仇恨，开始进行分工合作，一部分人查看地形，一部分人查探敌情。做好充分准备后，他们在深夜冒着暴雨来到港口，趁着敌人躲雨的机会，潜游到驳船底下，接连凿穿两艘驳船，让铜元和木驳船一起沉入江底。长达8年之久的血与火的斗争，考验了万千长江海员工人，也考验了民族航业广大从业人员。他们团结一心、相互配合，为取得抗日战争胜利做出了应有的贡献。

“抓扬17号”船舶是长江重庆航道工程局于2005年购置的一艘抓斗式挖泥船，船上活跃着一支青年突击队。2007年4月22日，正当他们忙碌工作时，一个电话突然响起，同泊于寸滩港区的“泥驳201”轮上的柴油机坏了，一时无人修理。轮机部的汤启勇、邬小波、罗仁义得知此事后，二话没说，立即带上修理工具，赶到“泥驳201”轮。经过全方位仔细检查，发现该轮柴油机老化，各部件锈蚀严重，多颗螺丝滑丝，给拆卸工作增加了极大的难度。好不容易打开，发现是水泵叶轮严重磨损，水封也已损坏。大家立即分工合作，有的用油清洗，有的做垫子，有的用刮刀刮平断面，然后再仔仔细细地装回。经过3个小时的苦战，机器复原，试车时机器运转正常。这时，虽然饥肠辘辘，疲惫不堪，但他们的脸上都露出了成功的喜悦。

在2006年8月酷暑难耐的天气里，重庆港九集司的干部职工团结一心、为公司的生产忙碌着，风雨同舟的团结精神在这里熠熠生辉。高温炙烤着大地，也锻炼着九公司的干部职工。他们在各条战线上发挥出了特别能战斗和特别能吃苦的精神，共同战胜了一个又一个困难、渡过了一个又一个难关，为重庆市外贸进出口货物运输做出了积极贡献。“设备医生”刘光树，不论是白天还是晚上，只要设备出了故障，就随喊随到。8月3日，集装箱码头前沿5号桥吊发生了故障，他与控制室工作人员一道与工程部抢修小组从早上8点忙到晚上11点，有人劝他休息会儿再干，他说：“现场急等设备用，车没有修好，哪有心思休息。”就这样，他一直坚持到把车修好才拖着疲惫的身体回家[⑥]。

中国长航集团如同一艘由全体员工共同驾驶的航船，员工是企业的合伙人，员工与企业是利益共同体，形成了风雨同舟，患难与共，目标一致的充满活力的团队。全体员工把自身价值的体现与企业目标的实现结合起来，以强烈的责任动力和坚忍不拔的毅力逆流而进。企业精诚团结，紧密协作，令行禁止，步调一致，充分发挥团队战斗力，使中国长航在市场的风雨中驾驭风浪，激流勇进，全体员工在共同的奋斗中共享成功。

强化“同舟共济”的团队意识是提高行业凝聚力和战斗力的重要保障。强化团队意识，不仅要靠外在的制度约束，还要依靠内在的文化约束作为补充。文化是行业的灵魂，“人管人累死人，制度管人束缚人，文化管人管灵魂”。行业文化既是一种内在的约束力，更是一种重要的粘合剂，其物质文化、制度文化和精神文化所体现的人本理念和人文关怀，更有利于构筑行业内部的和谐关系，更有利于孕育航运人的自觉意识，更有利于增强整个航运的团队意识，从而有利于提高航运的凝聚力和战斗力。

水乳交融的团结精神，在芜湖港得到深化与延伸。芜湖港坚持以人为本，以优秀的管理理念来融合企业内外关系，培养利他主义情怀和情商。对内倡导员工学会修心、宽容、仁爱，注重事业之情、同志之情、股东之情、客户之情。注重发掘情感潜能和情感影响力，既尊重员工价值的自我实现，又强调对员工感化和教育，强调人文关怀与执行权力的有机结合，最大限度地调动了员工的积极性和创造性，使员工切实得到事业的归属感和成就感。对外，芜湖港培育“和谐共赢”理念，坚持以客户需求为目标，建立与客户长期稳定的利益共同体和供需双方的战略伙伴关系，实现与客户互利共赢。把市场经济理论中的“竞争”与传统文化中的“和合”有机结合起来，加强与沿海、长江上兄弟港口的合作，携手开发和培育市场，实现与同行共赢。对社会抱有感恩之心，以高度的社会责任感服务于区域发展大局，实现与社会和谐共赢。这既是内外大团结的和谐赞歌，又是科学发展观的生动体现。

（四）勇立潮头的创新精神

长江航运人今天享有的文化，是在世代传承与创新的基础上形成的。随着社会实践的发展，在继承传统航运文化的基础上，在与不同地区航运文化的交流中，经过推陈出新、革故鼎新，长江航运文化在传承中不断创新和发展。

新的时代呼唤新的精神，创新工作更需创新精神。创新，就必须勇立潮头，敢为人先。创新，意味着对陈规的突破，对未知领域的探索。创新需要打破思想禁锢，冲破习惯势力和传统偏见的约束，激发开拓进取的创造力。只有那些奋发进取、勇于开拓的人，不懈地向新的更高的目标追求的人，才会有这种精神。创新精神是竞争力乃至生命力的体现。一个部门、一个单位、一个地区乃至一个民族、一个国家，总是在竞争环境中生存和发展的。因此，创新，是长江航运顺应时代发展的战略选择，它是解决长江航运发展矛盾的根本途径，是增强行业竞争力的核心要素，是长江航运全面可持续发展的战略选择。必须以科学发展观为统领，把创新贯穿到长江航运现代化建设的各个方面，以创新的理念、创新的思维、创新的方法，创新发展模式，努力建设创新型长江航运。

传统的长江航行技术，是从世代相传的老驾长、老艄公的点滴经验积累而来，长年累月，辗转相传，成为后来轮船引航技术的可贵基础。进入近代后，中国海军和沿江海关在注意借鉴、吸收木船航行经验的同时，开始对长江航路进行比较系统的调研考察，从水文记录、航道测量、海图绘制、航标设置等方面一一着手，运用近代科学知识，把以往的航行实践经验，总结提高到适应轮船需要的程度。1878年，湖北水师副将霍缙绅写出《行船必要》和《峡江图考》，开始对长江航行技术进行初步研究。到招商公学航海科和民生公司高级船员养成所开办后，进一步创新航行技术理论，把驾驶科学的研究和教育提到系统化、正规化的高度。

世世代代的长江航运人勇立潮头，敢于创新，不间断地开发长江航运资源，革新长江航运技术，提升长江航运科技含量。20世纪80年代，为了提高航运生产力，长江航运人大胆引进美国6000马力推轮，对长江航运传统的拖带式运输方式进行革新，开展了长江“分节驳顶推船队运输成套技术实验研究”。20世纪90年代初，一举创造了长江也是中国内河航运史上分节驳船队载重4万吨的纪录。作为国家重点科技攻关项目，这一先进的内河航运技术成果，先后获得了交通部、国家科技进步一等奖。这一成果的推广运用，使我国内河运输技术跨入了世界先进行列。

长江航运人在创新航运工具的实践中，培养造就了一支宏大的专业技术人才队伍。长江航道局洪湖航道处维修组郑启湘就是其中的杰出代表。郑启湘虽然只有小学文化功底，但他凭着惊人的毅力，自学完成了初中、高中和部分大学课程，成为航道职工自学成才的典范。他35年如一日刻苦钻研电子技术，带领QC小组，先后研制出了两项国家专利——发光二极管一体化航标灯光源、太阳能一体化智能航标灯，每年为洪湖处节支近10万元，开始在长江航道全线推广应用，远期经济价值十分可观。太阳能一体化智能航标灯被评为湖北省重大科技成果、全国职工优秀技术创新成果。2008年，在“海峡两岸职工创新成果展览会”上又一举赢得金奖。他先后被评为长航局“全国交通技术能手”，破格晋升为工程师。

改革开放新时期，长江航运人以勇立潮头的创新精神，敢为天下先，积极投身经济体制改革，在交通运输领域率先举起改革开放的大旗，开创了新的管理体制和运行机制，形成了国家、集体和个人一起上的多层次、多渠道、多元化的水运格局，激活了长江航运经济。各港航单位有序地开展了企业内部改革，逐步建立健全现代企业经营管理制度和运行机制，为港航企业发展注入了强大的活力。另一方面，积极实施对外开放战略，使对外开放的港口达19个，对外轮开放的航道里程达到1331公里，形成了世界内河对外开放距离最长的港口群。长江港口的对外开放，带动了长江外贸、集装箱运输的急剧增长，为推动沿江外向型经济快速发展作出了巨大贡献。30年的改革开放，带来了长江航运事业蓬勃发展，实现了从落后到先进的历史性跨越。目前，长江已成为世界内河运输最繁忙、运量最大的通航河流。

超前性思维超常规工作的企业家孙新华以他的胸襟韬略和艰辛付出，带领芜湖港人改变了一个企业的命运和前途，唤醒了一个港口的崛起；以他的睿智才能带领全体员工铺就了一条成功之路，铸就了一个强势品牌；以他的品性涵养人格魅力，感召企业职员为企业、为国家、为社会创造更大的价值。1996年前的芜湖港连续8年亏损，孙新华上任后，带着锐意改革的信念，对企业经营理念、分配机制、管理模式等进行了大刀阔斧的革新，并提出了“人无我有、人有我新、人新我奇、人奇我特”的物流经营创新理念，本着“双赢”、“双利”原则，推进大客户战略联盟，实现优势互补，港口生产一年一个新台阶，到2006年完成外贸量100万吨，集装箱10万标箱，实现历史性跨越。在芜湖港的发展史中，创新是一支永恒不变的旋律。孙新华曾说：“芜湖港的发展史就是一部创新史”。他以前瞻性眼光和极大的勇气，致力于战略的研究和创新，主持制订了《芜湖港发展战略研究和规划》，围绕物流战略目标，实施上市发展战略，并通过“品牌战略”、“薪酬战略”、“文化战略”的实施，不断丰富战略创新的内涵。他组织编辑了60万字的《港口管理制度汇编》，制订了220万字的《芜湖港企业标准》，全面推行标准化管理，在全国港口行业率先通过质量、环境和职业安全健康“三标一体化”整合认证，成为全国AAA级标准化良好行为企业。

地处苏北的泰州港在20世纪90年代，还是一个长江下游名不见经传的小港。蔡年生在港口最困难的时期接过了领军人物的担子，他以自己的智慧、执着和创新的勇气，带领职工瞄准市场，开拓拼搏，短短几年就使泰州港发生了巨大改变，成为长江上具有蓬勃活力的现代化港口。“江外有海，港内无湾”，凸显着泰州港人目光远大，永不停步，开拓创新，追求卓越的信念。

坚韧、进取、团结、创新的长江航运精神是长江航运人现代意识和精神追求的真实写照，是长江航运人的意识状态和思想境界的缩影，是长江航运在长期的发展与改革实践中逐步形成的精神财富。发掘和弘扬长江航运精神，就是要以此激发长江航运人的积极性和创造性，使之成为实现长江航运人的真正价值、推动航运发展的强大精神动力。

① 何景明.《黄牛庙》：《三峡诗粹》。

② 参见李良品.《川江号子》：《中国三峡建设》，2005年第4期。

③ 转引自李良品.《川江号子》：《中国三峡建设》，2005年第4期。

④ 转引自李良品.《川江号子》：《中国三峡建设》，2005年第4期。

⑤ 赵红.《扎根港口的金锚》：《中国水运报》，2005年8月12日。

⑥ 向毅.《汗水谱写丰收曲》：《重庆港之声》.2006年9月18日.内部资料。

三、长江航运文化的发展环境

当今世界，文化已成为经济和社会发展的内在精神支撑和智力支持。中国共产党十七大报告指出：“当今时代，文化越来越成为民族凝聚力和创造力的重要源泉、越来越成为综合国力竞争的重要因素”[①]。文化的作用达到了一个崭新的高度，文化的内涵和功能发生了重大变化，文化发展成为社会进步的重要指标，文化成为当代社会生产力的重要因素和经济增长的重要推动力量，政治越来越多地通过文化的形式加以表现。长江航运人今天享有的文化，是在世世代代传承和创新的基础上形成与发展起来的。当代的长江航运文化，是中华人民共和国诞生以来，广大长江航运人艰苦创业、奋发图强，充分发挥长江黄金水道作用，为国民经济建设和社会发展服务的生动记录，长江航运人铸就了长江航运文化历史上最为辉煌壮丽的篇章。

纵观长江航运文化的形成、发展历程，长江航运文化发展环境可诠释为以下三个方面。

（一）与中华文化良性互动

长江航运文化依靠中华文化的滋养，又为中华文化的发展提供了丰富的文化元素，它们形成了一种良性互动关系。

长江全长6363公里。它流经四川盆地东缘，劈开崇山峻岭，夺路东流，形成了壮丽神奇、举世无双的大峡谷——长江三峡大峡谷。自源头至湖北省宜昌市三峡出口的南津关为上游，长度为4512公里，占整个长江长度的70.9%，长江上游流域面积100多万平方公里。奉节以下就是以雄、险、奇、秀、幽著称于世的峡江江段，它被群山夹峙，流贯重庆的奉节、巫山和湖北的巴东、秭归、宜昌，全长193公里，包括瞿塘峡、巫峡和西陵峡。瞿塘峡雄奇险峻，巫峡幽深秀丽，西陵峡滩险流急，构成了三峡山与水交融的“生糙的自然”的文化特征。

这里仅举夔州《竹枝》以说明。夔州竹枝的渊源大致可以追溯到周武王伐纣时期巴师的“前歌后舞”。联系到《华阳国志·巴志》里关于“阆中有渝水。其民多居水左右，天性劲勇。初为汉前锋，陷阵，锐气喜舞”的记载，巴人歌舞的本色是极粗犷激讦而又质朴亲切的。《天下郡国利病书》卷六十六引《万州图经》云：“正月七日，乡市士女，渡江南峨眉碛上，作鸡子卜，击小鼓，唱《竹枝歌》。”明《巫山县志》亦云：“（三峡）琵琶峰下女子，皆善吹笛。嫁时群女子治具，吹笛唱《竹枝词》送之。”正月七日是人日，古称

"人胜节"，是民间驱凶求吉、祷祝人寿及人事如意的一个重大节日。《竹枝歌》从"武王伐纣之歌"演化而来；大约因其高昂激越，有镇邪压祟的功用，鬼怪闻之，莫不远避，所以入宋后竟形成声势浩大的群众歌咏运动。千万男女身着盛装，在人日出游的传说是诸葛亮在夔州长江之滨留下的"水八阵"。千万支歌喉引吭高歌《竹枝》，声遏行云，响彻峡江河谷，这是何等震撼人心的场面！

三峡竹枝歌充分展示了三峡文化精神浪漫旷达、热烈奔放的魅力，不仅为中国诗人、中国诗歌并及中华文化及至东方文化注入一股新鲜血液，而且还为国人认识三峡文化、世界认识三峡文化，树立起一块光彩夺目的鲜亮标记。

楚文化的优秀代表三峡文化的另一醒目标记便是屈赋。屈赋的代表作《离骚》是一部光耀千秋的浪漫主义诗篇。它和《天问》、《九歌》等姊妹篇一道，运用楚国民歌的表现手法，以其雄壮的气势、大胆的构思、磅礴的感情和丰富的想象，表现了诗人崇高的爱国主义精神以及对理想的热烈追求和不懈斗争，成为我国文学史上一座引人注目的高峰。屈赋的文化渊源应是楚文化与华夏文化的合璧。屈原是生长于三峡地区的楚人，屈赋归根到底属于南方文化，属于楚文化，属于三峡文化，因为它的根深扎于南方大地，深扎于巴山楚水中。它吸收南方文化特别是楚文化及三峡文化的营养最多。从典籍记载及有关出土文物中可以看到，汉以前的楚文化具有一种奇异而大胆的宇宙意识，这在黄河文化是没有或薄弱的。正是在这种文化氛围里，屈原得以在他创作的一系列诗作中，潇洒自如地描绘出一幅幅天国神游图，熟稔巧妙地调遣日月星辰、风云雷电。而近代著名爱国实业家卢作孚通过创办一系列具有影响的近代经济、社会事业，张扬了巴蜀文化特有的文化精神和进取精神，推动了传统巴蜀文化的现代化转型，为巴蜀文化开拓了从传统到现代转型的区域文化新境界。作为巴蜀文化哺育出来的优秀儿女，卢作孚在追求中国现代化事业的创业实践以及留下的大量文字当中，又表现出富于热情、激情和青春朝气等巴蜀文化的鲜明区域特征。长江航运文化对于推动中华文化发展起到了积极作用，同时，博大精深的中华文化为长江航运文化的启蒙、形成、发展，提供了源源不断的养料和资源，是长江航运文化发展进步的母体，两者相互激荡，共同传承着中国这个古老国度悠悠数千年的文明历史。

（二）与长江文化相互支撑

文化的发展从来离不开社会经济基础，特定的文化更以区域社会文化为天然依托。长江航运文化的发展与长江文化发展的依存性与互动性，尤其如此。

长江的舟楫之利，惠泽东西，福祉两岸，历来是中华文明进步的巨大推动力。长江三峡独特的地理环境蕴藏了丰富的水能，具有独特的水力开发优势。拦江筑坝，建坝发电，水的自然流泻按照人的意志造福于人类，也相应地产生了“人文化成”的水电大坝文化。回望历史，秦昭王时蜀郡守李冰就以修筑举世闻名的都江堰水利工程而名垂青史。都江堰修建在岷江上游与中游之交的灌口处，这里扼成都平原的咽喉。整个都江堰水利工程由宝瓶口、飞沙堰和鱼嘴三大主体工程构成。它的修建为成都平原经济的蓬勃发展提供了重要保障。都江堰水利工程经过历代维修和续建，今天仍继续发挥着重要作用，因而被中外专家誉为中国古代水利科学的精华。唐代除在成都平原继续扩建都江堰水利工程外，又陆续兴建了通济堰、鸿化堰、茫江堰、云门堰等水利工程，推动了农业的发展，加之农业生产技术提高，间作、复种普遍推广，使成都平原成为全国农业最发达的地区之一。宋元时期，成都既是西南大都会，又是粮食、茶叶、纺织品、纸张、书籍的集散中心，并形成了按月令季节进行专门物资交易的市场，奇物异产，百货汇集，十分繁华。商业和交通的繁荣导致了货币革命，北宋时期，四川的“交子”在世界上第一次用纸币取代了金属货币。元朝时期，四川是元大都通往西南驿站的交通枢纽，设有陆站48处，北连京师，南接云南，西连吐蕃，东接荆南，水陆交通往来十分频繁，为经济发展提供了重要条件。

通观整个长江流域，不难看出长江航运与长江流域经济发展的相互支撑关系。长江水系发达，支流数以千计，通航河道3600余条，通航总里程5.7万余公里，占全国内河通航总里程的52.6%，这也是长江航运四通八达的缘故。长江流域灌溉面积1467万公顷，占耕地的63.3%，占全国灌溉面积的30%，这也是新中国半个多世纪以来长江航运为支援农业起着重要作用的缘故。长江流域水能资源极其丰富，可开发量达 1.97亿千瓦，年发电量可达 1万亿千瓦时，在世界上仅次于巴西。

长江流域是上海国际航运中心重要的经济腹地，是我国经济最为发达的地区之一。据统计，长江常年完成的货物周转量占流域地区货物周转总量30%以上。近几年，在煤炭、矿石、原油、钢铁、汽车等大宗货物运输，尤其是大吨位、长距离货物运输和集装箱运输方面，长江航运的市场份额有所提高。长江沿线的石化、冶金、能源、机械等企业的原材料运输80%是靠水路运输来完成的。由此，长三角地区已经发展成为我国乃至世界上经济最活跃、人口密度最高的地区。从长远看，长三角地区经济发展速度仍会超过全国平均水平，与长江中上游地区经济发展的绝对差距和相对差距都会拉大，这种状况在一个时期内是难以改变的。要进一步密切长三角地区与中西部地区的经济联系，特别是要依托长江运输大通道加强长江流域的经济合作与交流，充分发挥长三角对长江中上游地区经济发展的带动作用，形成良性互动机制，促进全流域经济协调发展。

目前，国家正在实施中部崛起、西部大开发战略，以上海为“龙头”的长江产业带正在逐步形成。成渝城乡一体化改革试验区、武汉城市圈和长株潭城市群“两型社会”综合改革试验区建设正在蓬勃开展，形势喜人，催人奋进。而长江航运也正在起着把东中西部联系起来，沿江各省市共同开发长江、建设长江，实现国民经济可持续发展的作用。

进入21世纪以来，长江航运已呈现出持续快速发展的良好态势。特别是在长三角水网地区，发展势头更加强劲。充分发挥长江航运的作用，有利于长江流域抓住新一轮全球互动式产业结构大调整的机遇，用先进技术改造传统产业，发展现代制造业，加快工业化的进程。有利于“长三角”这个龙头带动长江流域经济社会持续发展。

今天，长江航运业将全面启动长江航运跨越式发展战略。货运以“立足长江，发展海运，走向远洋”为方向；油运确立“国际化、大型化、海洋化”目标；燃油贸易力争形成长江为主，海陆兼顾的贸易格局；造船工业力争成为中国造船工业第二集团的排头兵；长江旅游建成海内外知名的“国宾船队”。长江航运整体实现“三大转变”，即由内向型的长江运输，向外向型的江海运输转变；由单一的水上运输企业，向综合物流企业转变；由传统的国有独资企业，向产权主体多元化的现代企业转变，使长江航运的经济、技术、管理指标体系和企业规模达到“世界内河第一，国际海运先进”的水平。2006年7月，酝酿了两年多的重庆、涪陵、万州“三港合一”的构想变为现实，万州港和涪陵港归并到重庆港物流集团后，新集团资产规模达到44.3亿元，拥有30多亿元的年销售额,在中西部20个省、自治区港务物流集团中实力最强。“三港合一”将有利于整合港口资源，逐步完善和发挥长江上游航运中心和黄金水道功能，推动区域经济发展[②]。

（三）与当代世界文明相互激荡

长江，是中华民族文化的发祥地之一，也是人类文化的聚集区之一。长江航运文化面向世界，吸纳人类文化养料，其文化成果是人类文明的重要组成部分。长江航运文化与世界文明发展相互激荡形成了一种良性互动关系。

长江航运文化吸收了世界先进科学技术、管理经验、发展理念，长江航运的独创性技术与经验具有世界文化意义。在中国共产党的领导下，长江航运人通过艰苦创业和奋发努力，使船舶工业的生产和科学技术有了明显提高和长足的进步，为交通运输事业乃至国民经济的发展做出了重大贡献。

中华人民共和国成立前夕，中国船舶工业虽具有一定的规模和生产能力，但由于战乱等天灾人祸而发展缓慢，很少有造船的机会。当时全国钢质船舶平均年造船量仅1万吨左右，而且船舶配套设备的生产只能依靠国外，不但船体钢材、轴系材料和管材料等均不能自制，即便是铺木甲板、船室装饰等所用的木材亦大都采用进口的洋松、柚木等，至于船用柴油机主机、雷达、导航仪表、通信设备等，则更需要依赖进口。如今，内河水系中，已是百舸争流，大大小小性能不同造型各异的船舶穿梭往来，一派欣欣向荣的景象。其中由我国科技工作者自行开发的不少新型船舶已达到或接近国际先进水平，已能够自行设计和建造10万吨以下的散装货船、集装箱船和成品油船等。这些船已进入国际船舶市场，自主开发的浅吃水肥大型船、液化气船，正引起国际造船界和航运界的关注③。

近50年来，长江航道部门以科技为依托、以信息化为先导，大力实施“科技兴航”战略。2005年，三峡库区航标遥测监控系统建成使用，开创了长江航标管理的新时代。长江下游电子航道图的研发，构建了南浏段数字航道和智能航运的平台。长江航标历经4次大规模升级换代，逐步向大型化、明亮化、智能化方向发展。沉排护底、水下多波束扫测、太阳能一体化航标灯等新技术、新工艺、新材料广泛应用，大大提升了长江航道建设、维护、管理的科技含量。

科技水平的不断提高离不开广大长江航运科技人才、科技专家的不懈努力。长江航道规划设计研究院总工程师刘怀汉自1989年从事科研工作以来，先后主持、参加了“七五”期至“十五”期三峡工程下游泥沙与航运问题研究、西部交通建设科技项目研究、长江中下游重点浅滩航道演变分析、长江航道发展战略与规划、桥梁隧道工程对通航影响论证、长江航道治理前期工作、航标及码头工程设计等数十个重大科研项目。刘怀汉创立了长江中游新的卵石推移质观测模式，攻克了三峡工程下游沙卵石河段动床冲刷模型设计及操作技术，攻克了长江中游典型浅滩的演变与治理技术，解决了内河跨河建筑物通航净空公尺确定方法等关键技术和难题。他的多项科研成果已处于国内领先水平，公开发表了《三峡工程下游沙卵石浅滩动床冲刷模型设计的有关问题探讨》、《三峡工程下游河道演变及重点河段整治研究》等学术论文20余篇，出版科研专著3部，科研成果已在长江干线航道建设中得到推广应用。刘怀汉是首批“新世纪百千万人才工程”国家级人选、享受政府特殊津贴的有突出贡献的青年专家。他曾获湖北省第四届十大杰出青年提名奖，湖北省新长征突击手，交通部先进生产者、交通青年科技英才等光荣称号，2004年获全国“五一”劳动奖章，2005年被评为全国劳动模范。

长江航运企业吸收世界先进科学技术、管理经验、发展理念，始终坚持走引进、消化、吸收与自主创新相结合之路。上海航道勘察设计研究院成立于1960年，1977年恢复建制，1984年改制为企业。目前持有建设部第一批批准的水运行业甲级、水利（城市防汛墙）甲级、勘察综合甲级资质证书，工程总承包甲级证书，工程造价咨询甲级证书，国家计委颁发的工程咨询甲级证书和交通部颁发的水运工程监理甲级（临）证书，具有水运工程勘察、设计研究、检测、研制、总承包、监理和港口、水利工程咨询等综合能力。在完成国家“八五”重点攻关项目“长江口拦门沙航道演变规律与深水航道整治方案研究”上取得突破性的进展，而后又承担了“长江口深水航道治理工程”总体设计任务，这一跨世纪大工程正在进行中。该院还承担了洋山深水港区一期航道工程设计和港区陆域形成的围堤吹填设计。上海航道勘察设计研究院为我国水运工程建设做出了重大贡献。

纵观世界造船业发展，现代造船模式是世界造船业在转移和发展进程中逐步形成的先进生产技术和管理方法，推行现代造船模式是建设世界一流造船企业的必由之路。推行现代造船模式是中国造船企业提升国际竞争力的必然选择，更是新建船厂快速发展的必由之路。上海外高桥造船公司是由中国船舶工业集团公司控股投资建设的国内第一座世界级大型总装船厂。1999年开始一期基本建设，2001年首制船开工，2003年一期工程竣工，形成105万载重吨的年造船能力。现代总装造船的规模效应依托于大规模复制生产，在产品设计上，该船厂重视高端船型的开发，构建批量船优势。成功开发以“绿色环保”为技术亮点的17.5万吨好望角散货船，为外高桥快速进入国际国内市场创造了条件，又优化开发目前世界上可到达法国敦克尔克港的最大型17.7万吨新型好望角散货船。好望角型散货船是世界首个取得美国ABS船级社“绿色入级符号”的船型，深受国内外航运公司的青睐。外高桥造船公司累计接获订单达70多艘，近几年在国际市场占有率超过40%，成为中国在世界好望角型散货船市场的品牌船型，外高桥也因此被大船东称为“世界好望角型散货船建造中心”。

把握国际标准变化，赢得船东。近年来，公司开发每一个船型，都与国际规范变化及最新需求变化紧密呼应，先后推出了结构新颖的10.5万吨原油轮、10.5万吨成品油轮、10.8万吨原油轮兼成品油轮及世界第一款完全符合《共同结构规范》的吨位最大的绿色环保型31.6万吨VLCC等船型。7年来总共接获订单110余艘，目前手持合同达77艘，1300万载重吨，被列入世界上最具发展潜力的十大船厂之一。通过几年的努力，外高桥造船厂经营生产2004~2006年三年跨越了三大步。造船总量：2004年达7艘，122万载重吨，突破一期生产能力，2005年达14艘，217万载重吨，成为国内年造船量率先突破200万吨的船厂，2006年造船完工总量达到311.5万载重吨，成为我国第一家年造船产量突破300万载重吨大关的船厂。船坞周期：2004年为120天，2005年为75天，2006年均达50天。综合能耗（万元产值标煤消耗）：2004年为0.14，2005年达0.10，2006年达0.07[④]。

外高桥造船公司作为国内新建的大型总装船厂，七年来抓住机遇，推行现代造船模式，创新经营机制取得了良好的成效。他们正按《船舶工业中长期发展规划》，在稳健经营、不断拓展民船市场的基础上，充分利用总装造船的优势，提升规模效应，实现产效倍增；进一步推进科技创新、管理创新，推进精益造船模式，全面提升产品技术、生产技术、管理基础和员工队伍素质，为尽早建成世界一流船厂而努力。

长江航运人还非常注重发展理念、发展模式的不断拓展创新。南京港口集团面对外部经营环境的剧烈变化和集团发展的内在要求，大力推进体制机制创新，激发了南京港发展的新活力[⑤]。2006年南京港在成功实施龙潭一期项目合资的基础上，积极推进龙潭二期、三期、四期项目的合资合作，已取得阶段性成果。南京港口集团股份公司与中华集团合资建设经营中化扬州石化码头项目和与金翔石化公司合资建设经营新生圩液化码头项目是战略层面的联合与互补，将加速股份公司的战略调整。基于产业链的理念，集团与路、矿、厂合资组建了煤炭专线自备列车营运公司，为打破浦口煤炭铁路运输瓶颈做了有益的探索。在大车华农公司要退出新生圩大豆项目的情况下，积极协助美国邦基公司收购，获得了稳定的货源。南京港口集团一公司与华能南方公司合资组建港华物流公司和港口医院交由明基医院托管经营的改制重组工作，实现了资源互补、合作共赢，取得了可喜的成果。

四、长江航运文化的发展规律

生命从水中诞生，地球因水而生机勃勃、生生不息。人类靠水而繁衍，同时，人类的文明史因水的滋润而丰富多彩、灿烂辉煌。水之为患，水之为利，不以人们的意志为转移，而人类乃至整个生物界在生命意义上终归离不开水。在人类文明史中，人类对水的认识是在依赖亲近、开发利用、避害治理中逐渐深化的。从某种意义上讲，水不只养育了人类，更开启了人类的智慧之门，从中国传说的“大禹治水”到西方神话“诺亚方舟”，东西方文化源头无不与水有关，并闪耀着人类理性的光芒。长江航运文化得水之利，其发展有着清晰可循的内在规律。

（一）天人和谐的共生规律

天人和谐的本质是人与自然的和谐。所谓人与自然的和谐，就是指人与所处的环境和谐共生，人类尊重自然规律，保护资源，爱护环境，在优美的环境中工作和生活。在人与自然的关系上，中国古代儒家、道家等学派主张天人合一， 肯定人与自然界的统一，强调人类应当认识自然，尊重自然，保护自然，而不能破坏自然，反对一味地向自然界索取，反对片面地利用自然与征

① 《十七大报告——辅导读本》：第32~33页.人民出版社，2007年。

② 转引自中国广播网.《重庆三大港合一，将形成600公里大港区》：2007年7月29日。

③ 周家华主编.《长江航运五十年》：第150页.长江航务管理局党委宣传部组织编写.内部发行资料。

④ 转引自《现代造船模式的外高桥解读》：中国海事服务网http://www.cnss.com.cn.2007年10月29日。

⑤《南京港口集团公司第一届职工工会会员代表大会材料汇编》：第16~17页；2007年.内部资料。

服自然。人与自然只能和谐相处。

长江航运，依水而生，得水而兴。长江航运人与水为伴，视水为友，假水利泛舟江海，固有的职业特点使长江航运人深知人与自然和谐共生的意义，懂得只有实现水资源可持续发展，才会有长江航运事业的可持续发展。长江孕育了长江航运文化，长江航运人也倍加爱护长江，长期以来，采取得力措施，促进江水更清洁。基于此，长江航运文化中的治水方略是：以水资源的可持续利用保障经济生态和社会的可持续发展。这是科学的治水观，是以人水和谐促进和实现可持续发展。这也是现代水利的灵魂，体现了人类与自然的相互依存和对自然的关照。人从河流（大自然）的征服者转变为河流（大自然）依存者，由排他性关系变成亲融性关系，由敌对变成朋友，使河流的合理利用、严格保护和有效治理成为人们自觉的行动。一方面，承认自然对人类社会生存和发展的本源意义，把遵循生态规律作为人类经济活动的基本准则；另一方面，承认生存和发展是人类的基本权利，构建人与自然的融洽和谐关系。人类社会应该有更美好的未来，而良好的自然生态环境既是人类生存和发展的前提和保障，又是人类发展的基本内容之一。因此，保护自然实质上就是保护人类自身。从人类社会的发展需要出发，把对自然生态环境的保护和遵循生态规律与人类社会的发展有机地结合起来，人与自然和谐共处、协调发展。在利用长江航运资源的同时，航运人也将继续坚持人和自然的协调与和谐，实现水资源的可持续利用。人们将努力运用现代科学技术成果，认识、掌握、遵循自然规律，在人与自然和谐共处中构建和谐社会。首先，进一步转变对水的认识，从人定胜天，向大自然无节制索取转变为按自然规律办事，人与自然和谐共处；从防止水对人类的侵害转变为在防止水对人类侵害的同时，特别注意防止人类对水的侵害。其次，提高水资源的承载能力，统筹解决航运中出现的各种水问题。第三，提高水资源的利用效率，建设节水型行业。

（二）开放融合的发展规律

开放精神在中国经历了由重在政治交往的开放，到以有限地引入西学为目的开放，再到实行全方位的对外开放的发展过程。《尚书》中提出的“协和万邦”的开放思想指向协调国家之间的关系和对异族异域的融会。孔子说的“远人不服，则修文德以来之”[①]，也是一种政治交往。墨子提出“兼爱”、“非攻”，主张用和平的方式解决国与国之间的矛盾冲突。汉唐以来，由于中国的强盛，统治者以中央王朝自居，因而其外交策略多有俯视世界的意味。例如，汉初陆贾提出将“宽博浩大，恢廓密微，附远宁近，怀来万邦[②]”作为汉王朝的外交指导思想。此外，由于中国在经济和科学技术方面长期居世界领先地位，也使得中国难以认识到向外国学习和与外国经济交往的意义。“丝绸之路”的形成虽然对于沟通中西具有重要的经济和文化意义，它对于中国对外交往的历史发展所形成的影响只是局部和阶段性的。明代郑和七次下西洋，则更是以宣示国威为其宗旨。直到近代，在列强坚船利炮的压力之下，国人才开始意识到自己的落伍。从而有冯桂芬提出“学西方，谋自强”，“以中国伦常名教为原本，辅以诸国富强之术”；魏源提出开眼看世界，“师夷之长技以制夷”；而后有洋务运动“中体西用”的倡导。中国接纳西方先进科学技术和学术思想的开放意识逐渐觉醒。20世纪70年代末以来，经济全球化浪潮的推动和改变经济发展迟滞状态的紧迫性使以开放求发展成为中国的基本国策之一。邓小平以求实精神所提出的“三个有利于”的标准，进一步推动了中国的全面开放。在新的历史时期，开放精神给中国的经济和社会发展注入了强大的活力并带来了历史性的巨大变迁。

总结中华民族的开放史，长江流域是中国一条十分宝贵的开放走廊。长江航运文化在发展过程中，始终离不开开放。开放与长江航运文化的发展休戚相关。

长江这条东方古国的璀璨银河，曾以其特有的地理位置、自然条件、丰富物产等优势，云集天下英才，连接东西文明，引来八方客商，促进融合发展。特别是自古至今勤劳智慧的长江航运人以自己的聪明才智创造出辉煌灿烂的长江文化，使长江沿线的各大城市成为连接东西方政治、经济、文化的桥梁和纽带，推动了东西方文化的大交流、大融合、大发展。长江航运文化是开放的文化、融合的文化、发展的文化。长江航运文化在开放中发展，在发展中融合，在融合中创新。一个文化子系统的发展不能闭门造车，它如一粒种子必须要勇敢地破土而出，打开黑暗的天窗，呼吸新鲜空气，在自身生长中融合进阳光雨露，在光合作用下才能真正茁壮成长。虽然长江素有“黄金水道”之称，但目前长江干线航道的通过能力在各航段的实际利用率仅为30%~70%，开发潜力巨大。发挥长江黄金水道作用，必须牢牢抓住上海国际航运中心建设的机遇，加强长江沿江地区港口、机场、沿江铁路、高速公路和内河航运综合运输体系及物流园区的整合，形成开发的合力。

基于对“在开放中发展，在发展中融合，在融合中创新”的深刻理解，团结进取的长江航运人在21世纪里将抢抓机遇、突破创新，加快长江航道治理步伐。他们描绘的宏伟蓝图是完善长江航道网，使长江航运逐步融入国际航运。比如，把重庆航运中心建设成为我国西部地区的深水港和上海国际航运中心的长江上游喂给港，把中游的武汉航运中心建设成为通江达海、沟通东西部地区多式联运的枢纽和上海国际航运中心北翼的、近洋航运的多式联运枢纽。大力发展现代综合物流，积极扶持长江骨干水运企业向现代物流企业的提升和转化，鼓励航运企业建立物流供应链的伙伴关系，加强长江航运与其他运输方式的协调。借鉴国外经验，长三角和长江流域成立一个既代表各港口利益、又代表港口群利益的港口组织，并由各会员港口委派代表参加会员大会，从而为各港口提供一个共同商讨相关事宜的平台，促进港口间的联系合作。并在各城市和港口间建立以资本为纽带的合作关系，引导城市、港口相互投资，参股各项基础设施的建设，建立共同的利益关系。

（三）互动共进的创新规律

在中国古代汉语中，“文明”一词的涵义同文化的涵义非常接近，难以区分。《尚书》中有“睿哲文明”的记载，意为文德照耀。《周易·贲卦》说：“文明以止，人文也。”孔颖达注疏：“用此文明之道，裁止于人，是人之文德之教。”这里的“文明”也是文德、光明之意，与“文化”相类。钱穆在《中国文化史导论》“弁言”中指出：“大体文明、文化皆指人类群体生活而言。文明偏在外，属物质方面；文化偏在内，属精神方面。故文明可以向外传播与接收，文化则必须由其群体内部精神累积而产生”[③]。文化与文明二者间存在着密切联系，文化创造了文明，文明又推动并发展了文化，二者相依互动，共同推动着人类社会的进步和发展。但凡一个社会文明昌盛的时候，都是文化比较发达的时候；反之，若野蛮盛行、文明蒙难，必然会出现文化的危机。长江航运文化是中华文明的一部分，它的完善发展将推动中华文明的进步，而中华文明的进步将影响并促进长江航运文化的进步发展，二者是互动共进的关系。在它们发展进程中，蕴含着二者互动共进、不断创新的规律。

当中华民族正在走向复兴之际，回首走过的5000年漫漫岁月，展望中国更美好的未来，我们更深切地感受到中华文明的伟大力量，它是推动我们民族发展和复兴的强大驱动力。一部中华民族的发展史证明了它的强大生命力。一部中华民族的发展史，就是一部中华民族自强不息、百折不挠地与生存环境抗争，与内外邪恶势力抗争的历史。自强不息，不仅是指在常态和顺境中的奋斗，更是指在困境和逆境中的奋斗。历代仁人志士追寻“生当为人杰，死亦为鬼雄[④]”的壮怀激情，力行“穷且益坚，不坠青云之志[5]”和“穷则独善其身，达则兼济天下[6]”的坚韧精神。自古以来，身处逆境而奋发有为的范例不胜枚举。文王拘而演《周易》；仲尼厄而作《春秋》；屈原放逐，乃赋《离骚》；左丘失明，厥有《国语》；孙子膑脚，《兵法》修列；不韦迁蜀，世传《吕览》；韩非囚秦，《说难》、《孤愤》[7]。司马迁受腐刑之辱，仍发愤作《史记》，开纪传体史书之先河。越王勾践卧薪尝胆，十年生聚，十年教训，终成大业。其精神皆垂范后世。

而纵观长江航运的发展史，也是一部深受中华民族优秀文化传统影响的长江航运人自强不息、百折不挠地与生存环境抗争，与内外邪恶势力抗争的历史。在中国近代那段辛酸与屈辱的历史中，如同为救国于危难而表现出坚忍不拔品质的先辈一样，立志救国的航运人用自己的辛勤劳动与国内外双重压力抗争，在夹缝中求生存，在排挤中求发展，靠其聪明才智、辛勤劳作才换来了一批批像招商局、大达航运集团、三北航运集团、民生实业公司等民族企业的诞生、发展、壮大。他们弘扬的顽强不屈、奋发自强的精神至今仍是长江航运业的精神瑰宝，仍然具有着不可替代的价值，是长江航运文化的宝贵财富，也是中华文明的主要精神内涵。这种自强精神的形成源自华夏儿女共创的中华文明，但他们在近代史中所表现的与外敌入侵顽强抗争的斗志及精神又丰富了中华文明中自强精神的内涵，折射出长江航运文化与中华文明互动共进的创新规律。随着长江航运事业的发展，这条规律不断地还会被赋予新的内容。越来越多的技术能手在自己平凡的工作岗位中，研发出更多适宜操作的新型工具、探索出更多切合实际运用的新技术、新原理。他们如长江航运业银河中的点点繁星，航运业因他们的存在而显得璀璨夺目。各分公司也在不断地研制新型船舶，扩建码头，实施现代物流新模式，在坚持自主研发的同时，也积极吸收国外先进技术、经验，打造民族产业航母，向国际顶尖航运业看齐。

（四）生生不息的成长规律

从古代“百舸争流千帆竞”的争渡，到近代自强不息的“招商文化”；从体现顽强拼搏、百折不挠进取精神的“川江号子”，到以爱国主义为核心的“民生精神”；从体现任劳任怨奉献精神的“无名英雄”称号等精神遗产，到一代代航运人数十年如一日的辛勤工作塑造的“长江航运”、“长江黄金水道”等无形知名品牌；长江航运行业文化鲜明地体现了孕育出“求新求进、唯实唯优”行业精神的水文化特性，体现了在竞争和经营中追求“兴港昌企、服务社会”、“我们更专业、我们更细致、我们更努力”的服务文化特性，也体现了建立“营造繁荣和谐的港湾”价值观的人本文化特性。其核心是体现了爱国敬业、进取创新。它不仅凝聚着长江航运人对祖国、对社会、对人民、对企业、对工作的挚爱深情，也深深蕴含了中华民族生生不息的文化生长规律。文化生长规律旨在新的时代，后人吸取、扬弃、延续、传承历史中的精华，并结合新时代的特征而培养出更多优秀、积极的因素，赋予原有文化新的内涵，使之在新的历史环境中依然焕发生机，将原有的古老文明继续发扬光大，展示文化生生不息的生命力。生生不息的文化生长规律的精髓所蕴含的是伟大的中华人文精神。这正是中华民族的灵魂和脊梁，是中华民族传统精神与时代精神的融会。它的文化内核是——爱国主义精神。中华爱国主义精神是民族凝聚力和向心力的无尽源泉，是维护和保卫国家民族利益的永恒动力。民族利益高于一切，祖国荣誉重于一切，爱国就是要卫国和兴国。千百年来，无数爱国志士的嘉言懿行广为传颂，如贾谊：“国而忘家，公而忘私”[8]；诸葛亮：“鞠躬尽瘁，死而后已”[9]；范仲淹：“先天下之忧而忧，后天下之乐而乐”[10]；顾炎武：“天下兴亡，匹夫有责”[11]；陆游：“位卑未敢忘国忧”[12]；林则徐：“苟利国家生死以，岂因祸福避趋之”[13]；秋瑾：“他年成败利钝不计较，但恃铁血报祖国[14]”等。孙中山第一个提出“振兴中华”，以炽热的爱国激情，“亟拯斯民于水火，切扶大厦之将倾”。邓小平在73岁高龄时，壮心不已，掀动旷古未有的改革大潮，20年间打造出一个富强的中国，正是因为他所说的“我是中国人民的儿子，我深情地爱着我的祖国和人民”。这样的爱国精神代代相传，滋养中华民族根深叶茂，能够抵御任何狂风暴雨。

身为炎黄子孙，就应爱国；身为行业一员，就应爱行业。长江航运这个优秀团队，堪称楷模的航运人就用自己的实际行动证明了生生不息的文化精神的凝聚力和感召力。也许在长江航运的发展中有的人已经离我们远去，但他的言谈举止将永远铭刻在航运人心里。社会和文化可以使人“不朽”。像为广大航运人怀念的诗人黄声笑，他人虽已去世，但他打上浓厚长江航运文化烙印的诗作，却保留在航运人心中。他的诗和诗中长江航运文化风格，是“文化”，社会长存，文化不死，创造文化的人也就“不朽”了。黄声笑的诗作之所以能深入人心，经常被航运人津津乐道地传诵，历经岁月沧桑而不退色，最根本的原因在于它的诗歌素材大多来源于码头生活，来源于生产现场，来源于自身的文化根基。如，他在装卸作业过程中创作的一首打油诗：“天上下雨地下滑，踏上跳板水渣渣，扛起米包看地下，拿稳脚步莫打岔”[15]，语言平实，叙事亲切实在。他是时代风云的亲历者。他的诗歌浪漫豪迈，充满时代激情。如“我是一个装卸工，威震长江显本领，左手搬来上海市，右手送走重庆城”[16]，表现了一个码头工人对于劳动的热情讴歌，对社会主义建设的无限向往。

一个人创造的文化不仅能保留，还能传递，影响别人，激发他人的灵感，实现“再创造”，所以传统可以成为新文化生长的土壤。鄢国培是继黄声笑之后在航运人心中分量最重的文学创作者，他于20世纪70~80年代在宜昌港长江806轮担任电工时期，开始业余创作《长江三部曲》。他长年累月在长江中奔波，熟悉了解长江以及港口风土人情，是长江文化、港口文化的传播者，是港口以至宜昌的名人，是宜昌港的骄傲。鄢国培热爱生活、锲而不舍、厚积薄发、顺应时代的精神，始终为宜昌港人所自豪，始终鼓舞和激励着宜昌港人为港口和生活而奋斗。文化把不同时间空间的人“接通”了，可以共享生活的经历和生命的体验。文化能够超越个体生命的生死和时空障碍，能够生生不息、发扬光大。

从“个人和群体”的角度理解文化，“文化"就是在“社会"这种群体形式下，把历史上众多个体的、有限的生命经验积累起来，变成一种社会共有的精神、思想和知识财富，又以各种方式保存在今天一个个活着的个体的生活、思想、态度、行为中，成为一种超越个体的东西。当一个新的生命来到这个世界上时，这套文化传统已经存在了，这个新的生命体就直接生活在其中，接受这些由很多人在很长时间里逐步创造、积累的文化，所以文化具有历史性，它是跨越时间、空间和生命的东西，也是先于个体而存在，不随个体的消失而消亡的东西。所以，我们要进一步加强培育新型的团队精神，充分尊重个人特性和要求，充分关注个人创造性、能动性和集体创新力、竞争力的整合，让广大干部职工充分认可、自觉维护、共同实践长江航运精神，让每个干部和职工都成为行业的“发动机”，把激发干部职工奉献长江航运事业的积极性、主动性、创造性，作为发展事业的第一动力。逐步实现由刚性管理为主，转为刚性与柔性相结合的管理。逐步实现由强调制度“他律”，转为强调干部职工的“自律”，激活干部职工为长江航运事业争做贡献的热情和信心。把长江黄金水道建设的战略目标、组织意图，内化为干部职工的自觉行为，形成具有行业特色的先进文化。

在行业内部，要努力实现合力推进长江黄金水道建设，共同推进长江航运发展的良性互动。在长航局系统内部，要努力实现长航局统一指挥、各单位协调配合、和谐高效的良性互动。在各级管理机关内部，努力实现上级与下级，干部与群众之间的良性互动。各级领导干部要努力实现从“权威型”向“民主型”转变，真诚接受群众监督。广大干部职工要努力从“从属型”向“参与型”转变，全面推进长江航运文化建设，为沿江经济社会发展当好先行者，提高保障能力。

长江航运是一个古老而又年轻的行业。在其漫长建设发展过程中形成丰富的文化资源往往缺乏整理和提炼，特别是一些有形的、含有丰富人文精神的物质载体，缺乏收集和保护。随着时间流逝，长江航运的有形文化资源还可能流失。为了延续百年长江航运的文脉，真正维护生生不息的文化生长规律，弘扬世代长江航运人一脉相承的拼搏奉献精神，提升行业综合竞争力，促进长江航运的发展，对长江航运文化资源加以保护与利用显得日益紧迫，必须引起有关部门高度重视。

目前，很多有识之士呼吁政府和有关部门建立“长江航运博物馆”、“长江水利博物馆”、“长江轮船博物馆”、“九省通衢博物馆”等。博物馆是城市编年史的页码，也是城市人物、城市事件、城市典故、城市艺术以及城市生活的见证。意大利一位哲人说过，在意大利城市，雕塑与博物馆和市民同样多。城市的文化素质取决于博物馆的普及程度。长江航运业的人文基础将孕育独具特色的各类博物馆诞生，基于传承长江原始文化与城市发展生活融合一体的博物馆，不仅浓缩了长江流域城市文脉的点点滴滴，而且更重要的意义在于激起世人对长江文化的民族信念及其自豪感，同时也为外国人真实了解长江文化、中国文明打开一扇窗户，丰富当代世界文明的内容，汇入新鲜的文化流动血液。

此类博物馆的建设将根据长江航运文化资源的内容和形式，收集有形、无形的文化资源。有形的文化资源包括历史遗存遗址，如南京龙江船厂郑和宝船建造遗址、太仓浏河口郑和下西洋出发点遗址、川江古栈道遗址、信号台遗址；不同历史时期的船舶、码头、航标灯、职业服装、生产工具，这些都见证了长江航运发展过程，折射了长江航运的变迁。或有意识地保留遗存、遗址，或建立长江船舶、航道、港口文物馆（陈列馆、博物馆），对船文化、码头文化、航标灯文化的历史渊源、文化内涵、文化特色进行研究，就会不断丰富和完善长江航运独具特色的个性文化。这种特色文化会产生巨大感召力、渗透力、凝聚力和对外辐射力，这也是行业文化的魅力和生命力之所在。无形的文化资源包括招商文化、民生精神、川江号子、码头号子、故事传说、航运风俗、航运俚语等，它贯穿古代和现代，跨越长江流域各文化区域，具有稳定的文化形态。长江海事人提炼出“人和、忧乐、坚韧”的海事精神，其“忧乐”二字，就蕴涵了责重于山的忧乐意识，它源于范仲淹的《岳阳楼记》“先天下之忧而忧，后天下之乐而乐”。宜昌港也是从扎入水底、代表扎实和务实的铁锚和代表顺利、顺畅，和谐和高效的风帆中，提炼出宜昌港“做人如锚，做事如帆”的人文精神。“长风破浪会有时，直挂云帆济沧海。”经过广泛征集，多次提炼，长江航运人确定“同舟共济、百折不挠、乘风破浪、扬帆奋进”的长江航运精神，就是立足于历史文化资源，继承优良文化传统的时代性升华。长江航运文化资源是行业共同的精神和物质财富，对其充分开发和利用，能使我们在长江航运文化的肥沃土壤中，培育出体现新时代特色的长江航运精神，并在这种崇高精神的凝聚、感召和鼓舞下，实现长江航运又好又快发展，为经济社会发展做出新的更大的贡献。

长江航运史上曾发生许多重大事件，这些重大事件承载着丰厚的文化意义。

古代的赤壁之战、夷陵之战、祖逖北伐的战例，表现了自然的长江流域从来就不乏人文传奇。1873年轮船招商局在上海成立，标志着中国正统文化第一次对商业的接纳，中国开始了从农业社会向工商业社会演进的初步尝试。1925年以实业救国为宗旨而成立的民生公司，其创业和发展史，就是一部爱国、救国史。

当代，在国家和人民生命财产受到洪水严重威胁的时候，长江航运发挥的是抗洪抢险“排头兵”作用。在抢救遇险遇难船舶中，反应敏捷，行动迅速的长江水上110，起到的是“保护神”和“水上卫士”重要作用。多次获得国家科技进步等奖的长江航运科技，使长江成为我国内河航运发展方向的代表。

长江航运这种公信度高的行业形象，使“长江航运”和“黄金水道”成为享誉中外的知名品牌，凝聚了长江航运文化的精神精华。它是长江航运重要的无形文化资源，应该精心呵护，使之世代传承，延绵不衰。而从长江航运的历史和文化的视角来看，与长江航运相关的名人、名船也蕴含着深厚的文化意义，必将产生深远的文化影响。如：郑观应（著名水运实业家、理论家）、刘鸿生（爱国实业家，中华码头公司创办人、国营招商局首任经理）、卢作孚（民生公司创始人）、王洸（解放前长期任长江区航政局局长，第一位获得国家勋章的水运官员）、莫家瑞（长江第一代船长）、石若仪（毛泽东主席接见的长江第一位女船长）、鄢国培（工人作家，《漩流三部曲》作者）、黄声笑（码头诗人）、刘必喜（1984年长江清滩滑坡报险第一人）、谷秀全（中共十六大女职工代表）、姚泽炎（长江引航服务标兵），他们是长江航运永远的文化符号。名客船，如江峡轮、韶山号（毛泽东主席到长江多次乘坐）、昆仑号、神州号、长江62006轮（连续安全航行30年，达到150万千米，创造了同类型船舶安全、生产、效益三项历史最高纪录，在全球内河航运史上绝无仅有）、民武轮（长江安全诚信船舶）等，他们是长江航运永恒的文化经典。建立长江航运博物馆既是再现千百年长江航运历史、开发长江航运文化历史资源，又是承继和弘扬长江航远文化优良传统的必然要求。

长江航运是中华先民与长江相处的智慧结晶。长江在近代嬗变中是被西方殖民主义者用坚船利炮开启的一条侵透血泪的航道。共和国的诞生，使长江航运获得了新生。由于国民经济的发展需要，长江成了一条钢铁运输线、改革开放又给长江航运的发展带来新的生机。长江航运为祖国的社会主义建设做出过不可磨灭的贡献，涌现了许多可歌可泣的先进人物和先进事迹。长江航运受到了毛泽东、邓小平、江泽民、胡锦涛等国家领导人的高度重视，他们多次视察长江，为发展长江航运事业做出过许多重要指示。

百年长江航运史是中国近代史的缩影，它见证了中华民族从屈辱到强大，中国经济从贫困落后走向富强昌盛的全过程，是一部难得的爱国主义教科书。

①《论语·季氏篇》。

②西汉·陆贾.《新书》。

③钱穆.《中国文化史导论——弁言》：第12页.商务印书馆,1994年。

④南宋·李清照.《思项羽》。

⑤隋·王勃.《滕王阁序》。

⑥战国·孟子.《孟子·尽心上》。

⑦西汉·司马迁.《史记·太史公自序》。

⑧汉·班固.《汉书·贾谊传》。

⑨三国·诸葛亮.《后出师表》。

⑩北宋·范仲淹.《岳阳楼记》。

⑪清·顾炎武.《日知录》。

⑫宋·陆游.《病起抒怀》。

⑬清·林则徐.《赴戍登程口占示家人》。

⑭秋瑾.《宝剑歌》：1903年。

⑮黄声笑.《地下滑》：1950年。

⑯参见黄声笑.《我是一个装卸工》、《装卸工人现场鼓动快板》：湖北人民出版社，1958年。

第三章　物畅其流的长江航运物质文化

长江航运物质文化是以生产经营成果物质形态体现出来的行业文化。长江航运生产经营的产品和提供的服务是长江航运生产经营的成果，它是长江航运物质文化的首要内容。长江航运的生产经营环境、生产经营设施、生产经营设计等，都是长江航运物质文化的主要内容。长江航运物质文化体现长江航运行业产品和服务品质，是行业工作环境和形象标识等方面所展现的外在形象，以及树立行业品质和形象所遵循的价值理念。

一、长江航运是沿江经济社会发展的大动脉

（一）连接东、中、西部的水运主通道

长江横跨我国东、中、西三大经济地带，流经我国十一省（市、区）。长江干线航运自云南水富至长江口，流经滇、川、渝、湘、鄂、赣、皖、苏、沪等七省二市，自然资源丰富，工农业较为发达，城市化水平比较高，基础设施条件良好，人口众多、人才密集、科技力量雄厚，拥有广阔的经济腹地和国内市场。

图3-1为长江发展规划图。

1. 流域经济快速发展，整体水平和综合竞争力不断提高

2002年，长江干流沿江七省二市的GDP总量为40455.4亿元，2006年达到74117亿元，GDP年均增长率为12.6%，高于全国10.4%的2.2个百分点。三个产业结构进一步优化，由2002年的12.9:47.0:40.1，发展到2006年11.7:48.2:40.0。同期，七省二市全社会固定资产投资由14197亿元增长为35734亿元，年均增长30%。外向型经济发展迅速，外贸进出口总额由2002年的1641.1亿美元增长为2006年的5717.7亿美元，占全国的比重由26.4%增长为32.5%。

2. 产业布局密集，工业体系较为完善

长江沿岸地区是中国重工业集中布局的主要区域，在基础工业、机电工业和高新技术产业三个层面都具有较强的实力，在钢铁、石化、能源、建材、

2006-2010年长江航运干线规划重点项目建设分布图

THE DISTRIBUTION MAP OF THE PLANNED KEY CONSTRUCTION PROJECTS ALONG YANGTZE RIVER NAVIGATION MAIN LINE IN 2006-2010

图3-1 长江航运发展规划分布图

机电、汽车和生物工程、信息技术等方面已经集中了一批优势产业。

钢铁工业以上海宝山钢铁公司、马鞍山钢铁公司、武汉钢铁公司、重庆钢铁公司、攀枝花钢铁公司等为主的一批大型钢铁企业集团，在全国钢铁行业中占有重要地位。汽车工业以生产轿车、轻型车为主，同时也生产一批重型车、旅游车、摩托车等。比较著名的有上海大众桑塔纳轿车生产基地、武汉雪铁龙轿车生产基地、南京依维柯轻型车生产基地、重庆载重车及重庆、上海的摩托车生产基地等。电子工业主要生产通讯设备、电子元器件和计算机。有代表性的为上海、南京、苏州的程控交换机生产，南京的卫星通信设备生产，上海、无锡、常州的大规模集成电路和计算机生产。石油化工工业主要分布在上海、南京、镇江、安庆、九江、武汉、岳阳、荆门等地。较有影响的大型石化企业有上海金山石化总厂、上海高桥石化公司、南京扬子石化公司等，已成为中国主要的石化企业分布基地。机械制造业中的数控机床生产、大型成套发电设备及造船生产均有分布。上海、武汉是中国传统的轻纺工业基地，与长江三角洲的苏锡常及长江中游的荆州等新兴的轻纺工业基地一起，共同形成中国机械和轻纺业分布的中心地区。

图3-2，图3-3所示为两次长江发展的重要会议。

2005年11月28日，由上海市、湖北省、重庆市和交通部共同发起，沿江七省二市参加的“合力建设黄金水道，促进长江经济发展”高层领导座谈会在北京召开。长江航运发展进入了一个历史性的“黄金发展机遇期”。

2006年11月21日，长江水运发展协

图3-2　在北京召开的会议

图3-3　在南京召开的会议

调领导小组第一次会议在南京召开。会上交通部与沿江上海、江苏、安徽、江西、湖北、湖南、重庆、四川、云南七省二市共同签署了《“十一五”期长江黄金水道建设总体推进方案》

3. 自然资源丰富，旅游景区众多

长江流域的水资源和能源、矿产资源，为产业密集带建设奠定了雄厚的物资基础。在全国已探明的148种矿藏资源中，长江流域已找到120多种，其中已探明储量可开发利用的有98种，尤其以有色金属最具盛名。在38种常规矿中，储量占全国60%以上的有13种，占40%~60%的有5种，占20%~40%的有11种。其中钒钛矿储量占全国的90%以上，芒硝、石棉占80%以上，天然气占60%以上，铜、钨、锑、钴占50%以上。长江上游的水能及钒、钛铁等多种金属资源和磷、硫、井盐、天然气等资源蕴藏十分丰富。中游以铁、铜、硫为主。下游建材等非金属矿石资源丰富。江汉平原、南阳及四川盆地和太湖地区油气资源远景看好。此外，沿江省市每年在长江及其主要支流上的采砂量也相当可观。

长江沿岸地区自然风光秀美，名胜古迹众多，拥有丰富的旅游资源。区内有苏州、南京等著名旅游城市，有黄山、庐山、九华山、峨眉山、岳麓山、井冈山等奇山秀峰，有张家界、武陵源、九寨沟、三峡、神龙架等国内外驰名的风景旅游区，还有黄鹤楼、岳阳楼、滕王阁、太白楼、采石矶、三国遗址等一大批人文景观，三峡自然风光更是举世闻名。目前区内有省级以上名胜景区40多处，国家文物重点保护点数万处，国家自然保护区占全国的1/3以上。长江流域是中国资源分布最为集中、质量最高的地区之一。

4. 上、中、下游地区经济发展存在差异

由于区位条件、历史基础、投资政策和投资效益的差别，长江上中下游地区经济发展速度明显不同，下游地区的经济增长速度高于中游和上游地区，中游地区和上游地区的发展水平则差不多，中游地区略高。2007年，长江下游的上海、南京和安徽共完成GDP总额为38160亿元，占七省二市GDP总量的51.5%，中游的江西、湖北、湖南以及上游的重庆、四川和云南创造的GDP加起来不到50%，分别是26.7%与21.8%。在固定资产投资方面，下游地区占流域的49%，基本与中上游地区的投资总和持平。而在对外贸易方面，下游地区则占有绝对的比重，达到91.6%。

三个地区在产业布局上也存在差异，上中下游三个地区的3个产业结构分别为:17.2:43.3:39.5、16.4:44.6:39.0和7.0:52.2:40.8。以上海为中心的长江三角洲地区，正朝着工业化后期阶段快速发展，以高新技术为先导的外向型经济发展迅速，形成比较发达的外向型经济格局。以武汉为中心的中游地区，形成了以钢铁为主的冶金工业、以汽车为主的机械工业、以石油化工和磷、盐为主的化学工业、以水泥为主的建材工业、以纺织和食品加工为主的轻纺工业等五大支柱产业。以重庆为中心的上游地区，初步形成了以冶金、化工、能源、轻纺、食品、机械以及大型电站成套设备制造、工程机械、数控机床、彩色电视、通讯设备和汽车、摩托车等产业和产品为主的资源综合开发和加工型产业体系。

总的来说，流域内资源分布呈东贫西丰之势，而经济发展水平则东高西低，呈现较强的梯度层次，具有很好的互补性。目前，长江流域经济发展形成了由沿海开放带、沿江开发带及西部开发地区组成的基本格局，下游地区以上海及南京、中游地区以武汉、上游地区以重庆等特大城市为中心的区域经济特点已经显现。随着西部开发、中部崛起和东部率先实现现代化战略的实施，流域经济将更加健康、协调、快速发展，同时东、中、西部地区相互交流、协作也将日益增强。

长江干流横贯东西，支流沟通南

北，连接着上、中、下游地区中心城市及众多中小城镇，自然通航条件十分优越，通航能力巨大，集“黄金水道”及内陆海岸线于一身，区位优势、运能优势及水资源优势均十分明显，是我国最重要的水运主通道。2006年长江沿线七省二市的全社会货物运量为626208万吨，其中，铁路完成51901万吨，公路完成468717万吨，水运完成105590万吨，分别占总量的8.3%、74.5%和16.9%。全社会货物运输周转量为25753.3亿吨公里，其中，铁路完成4812.7亿吨公里，公路完成3061.9亿吨公里，水运完成17878.7亿吨公里，分别占总量的18.7%、11.9%和69.4%。由于公路的平均运距最短,大量的短途货运由公路承担,铁路的平均运距较长,主要完成长距离的货物运输,水运则以承担大宗货物的中长途运输为主，因此公路完成的货物运量最大，而水运完成的运输周转量最大。长江下游地区的货运量和周转量大于长江中游、上游地区。总的来说，铁路和公路完成的运量和周转量差别并不大，但在下游地区水运占有主导地位，2006年全社会货运量占整个流域货运量的74.4%，货运周转量占整个流域的92.5%。

（二）沿江运输通道的主骨架

近年来，长江流域铁路、公路和水运基础设施建设有了较快的发展，基本形成了贯通南北和横跨东中西部的“五纵二横”的铁路运输体系，以大中城市为中心、国道和省道干线为骨干的干线公路运输系统，以长江干线、主要支流和江南水网航道为重点的内河水路运输体系，以及管道、航空运输组成的较为完善的综合运输体系。初步形成了在社会主义市场经济体制下，实行市场调节、发挥各自优势、实施分工协作、体现公平竞争的运输模式。

1. 铁路

“五纵”包括京沪线、京广线、京九线、焦柳线和宝成~成昆线，“二横”包括沪杭线~浙赣线~湘黔线~贵昆线和陇海线，此外还有即将全线贯通的上海~重庆沿江铁路。长江流域还拥有西南铁路网和上海、武汉、成都、重庆4大铁路枢纽。2006年底，长江沿线七省二市的铁路总里程达到18727.4公里，占全国铁路总里程的24.3%。

2. 公路

我国共有12条国道主干线，其中有8条经过长江流域，分别是同江~三亚、北京~福州、北京~深圳、二连浩特~河口、重庆~湛江、上海~成都、上海~瑞丽以及衡阳~昆明。还有在长江流域各个地区的高速公路，成渝、贵黄、宁合、宁连、宁通、京沪、沪宁、沪杭、杭甬等。四通八达的高速公路以其迅捷的方式沟通了整个长江流域，连通全国。2006年底，长江沿线七省二市的公路里程达到1230333公里，占全国公路总里程的35.6%，等级公路占59.6%，为733130公里，其中高速公路里程为14697公里。

3. 水运

经过多年建设，长江航运基础设施和运输装备水平不断提高。目前长江干线航道南京以下可常年通航3万吨级海船、乘潮通航5万吨级海船，武汉以下可通航5000吨级海船和3000~5000吨级内河船舶及组成的船队，宜昌以下可通航1000~5000吨级内河船舶及组成的船队，水富以下可通航500~3000吨级内河船舶。长江干线新建了一批集装箱、矿石、汽车、煤炭、石油化工等专业码头，规模以上港口年设计吞吐能力达5.5亿吨。运输船舶总吨位和平均吨位不断提高，船舶运力结构进一步优化，干线船舶平均载重吨位达750吨。航运信息化建设不断加快，安全监管不断加强，应急救助能力稳步提升，安全形势不断好转。

长江主要支流嘉陵江、乌江、汉江、洞庭湖水系、鄱阳湖水系和京杭运河及长江三角洲水网航道沟通了长江流域的南北地区，形成了天然的航道网络和水陆联运、干支及江海直达的航运网络。2006年底，长江沿线七省二市的内河航道里程达到74959.5公里，占全国内河航道总里程的60.75%。

由此可见，长江航运与长江流域内的铁路、公路共同构成沿江综合运输体系的主骨架。

（三）流域经济社会发展的先行官

长江经济带七省二市为长江航运的直接腹地，土地面积148万平方公里，占全国的15%。长江沿江地区产业布局密集，工业门类齐全，已经形成了较为完整的工业体系。大型企业沿江布设，企业生产所需的相当一部分原料及产成品的运输均利用了成本较低的长江航运，直接带动了长江航运的发展，而长江航运的进一步发展又带动和促进了沿江经济带的形成。目前长江经济带总量日益扩大，经济结构不断调整，对外交流及相互协作也日渐频繁，经济和社会的持续快速发展均离不开长江航运的支撑。

长江沿江地区钢铁基地攀钢、重钢、武钢、马钢、沙钢、南钢、宝钢等均沿江布设，生铁、粗钢和成品钢材产量占全国1/3以上。上海、南京、安庆、九江、岳阳、武汉、荆门等七大炼油中心，上游宜宾、泸州、长寿等地的天然气化学工业，上海、南京、仪征、临湘、安庆等地的石油化学工业等是具有全国意义的生产基地，沿江化工企业产量占全国1/4。流域内西南、华中、华东三大电网，装机容量和年发电量都超过全国的1/2，煤炭需求旺盛。上海、武汉、重庆、南京、十堰、芜湖等地是主要的汽车工业基地，沿江汽车产销量占据全国汽车产销量的半壁江山，目前水路商品车批量运输已初具规模。流域内（主要在中下游）水泥、棉纱、化肥产量均占全国的1/3以上，水泥产能更是接近全国总体生产规模的50%，散装水泥逐渐成为水路大宗货源之一。据统计分析，沿江大型企业生产所需80%的铁矿石、83%的电煤以及相当份额的油品运输靠长江航运保障。

长江航运是我国实施对外开放战略的重要依托。改革开放以来，长江沿江地区纷纷制定了依托长江、对外开放的发展战略。流域内的上海、南通、苏州、武汉、芜湖、南京等地建立了20多个国家级经济技术开发区，其国内生产总值和税收占全国国家级经济技术开发区的45%左右，出口总额占55%左右，新批企业数和实际利用外资占40%以上。为适应外向型经济发展需要，沿江港口相继对外开放。目前，进出长江口的海船每年有30000艘以上，长江航运为我国对外开放做出了重大贡献。

长江航运是加强区域经济交流协作的重要保证。长江航运是沿江地区重要的对外运输通道，东部率先、中部崛起和西部开发战略的实施必将加快区域经济的发展及协作，也将促进我国东中西部之间人流、物流、信息及资金流的大发展，发展长江航运对加强区域经济的交流协作有着重要的促进作用。

发展长江航运对沿江地区资源节约型和环境友好型社会具有重要作用。长江航运具有运量大、耗能少、成本低、占地少、污染轻等特点，2007年长江干线完成的货运量11.3亿吨，在流域综合运输体系中的比重越来越大。据研究，长江干线航运的运输成本约为公路的1/12，能耗约为公路的13%。兴建每公里复线铁路占用土地约30亩，而内河航运利用天然河道，占地很少。长江干线航运占地为公路、铁路建设占地的5%~6%，有时航道整治与堤防建设、滩涂围垦相结合，甚至还可造地。另外，长江航运综合开发具有明显优势，干线宜昌以上属山区河流，航运与水电、水利等方面结合，实施梯级渠化，综合开发效果显著。宜昌以下属平原河流，航运与堤防建设、洲滩及岸线开发、河道综合治理等方面相结合，也能取得良好效益。在我国面临人口、资源、环境压力越来越大的今天，从可持续发展角度看，发展长江航运更具优势。

二、长江航运物质文化载体

长江航运文化不是无源之水、无本之木，它是通过一定的物质实体和手段，在生产经营与服务实践中表现出来的。这种物质实体和手段即长江航运的物质文化载体。这是长江航运文化的客观依据和表层现象，其种类繁多，主要为：航道、港口、船舶、船闸以及铁锚、风帆、航标灯、信号台等。

（一）安全畅通的黄金水道

长江航道是我国最重要的水运主通道，在全国综合交通运输网中占有十分重要的地位。随着长江经济带的开放与开发，畅通的长江航道服务显得越来越突出和重要。

1. 构筑基石彰显了创新意识

长江航道是长江航运最重要的基础设施。在长江航运的三大要素中，航道是基础性、前提性要素。航道的每一个区段、每一个时间段的深度、宽度、通航标准和实际通航能力。从宏观的角度看，都影响着长江流域的经济布局，影响着国内外投资者的思维方式和投资信心。从微观的角度看，它决定着航行船舶建造的船型、标准和装载标准、码头的设计标准、通过能力，决定着长江流域实现江海直达的水平和能力，由此决定了长江沿江企业建设的标准和能力。由于投资码头、船舶、建厂的投资大、时间长、回收慢和投资主要靠自筹等特点，决定了航道的状况重要性。航道在航运三大要素中处于十分重要的地位。

1953年，长江航道部门按照“先通后畅、先改善后提高”的原则，开始对川江重庆至宜昌河段的航道进行有计划、有步骤的整治。经过20余年的炸礁清障、筑坝控流，被历代船家视为畏途的千里川江得到了系统治理，100多处险、急、浅滩得以根治，航道通过能力扩大了8倍，彻底改写了自古川江不夜航的历史，川江天险变成了航行坦途。

当改革开放的春风吹拂大江南北，从“九五”期开始，国家大规模开始投资，长江航道人更加奋力拼搏，为长江航道建设插上了腾飞的翅膀。

为适应川江船舶运输需要，1987年，国家投资1659万元，整治长江上游兰家沱（兰）至宜宾（叙）纳溪以下194公里航道。长江航道工人经过5年的努力，于1992年11月打通了这段航道。兰叙段航道整治工程的实施，使千吨级船队从重庆上溯宜宾成为现实，为大西南船舶出川开辟了一条黄金之路。

1994年底，长江航道人又对长江中下游浅险滩点进行整治。长江界牌河段综合治理工程，投资近2亿元。水利、交通两部和湖南、湖北两省对这一河段共同治理，成为长江水利史和航运史上联合治水的典范。此外，荆江枝江水道、中游道人矶、下游太子矶水道的整治，以及碾子湾水道、马当水道的整治，使中下游的通航条件得到很大的改善。

2003年5月，为适应长江下游沿江地区经济快速发展的需要，长江航道人对南京燕子矶至太仓浏河口311.6公里主航道进行了升级改造，新建了366座航标。其中，浮标统一采用外径为2400毫米的大型钢质浮标，在7处重点河段还设置了外径为3050毫米的特大型钢质浮标。对于岸标，则全部采用钢筋混凝土、玻璃钢塔型结构。航标灯光采用新型LED冷光源，这种光源亮度强，视距射程在6公里以上，每座航标上配备了太阳能电池板及雷达反射器，部分岸标上还装备了雷达应答器。航道助航设施的改善，为南浏段航路改革奠定了基础。

长江南京至浏河口航路改革取得成功后，长江航道人随之对三峡库区大坝至忠县、忠县至丰都、芜湖至南京三段航道的助航设施进行了升级换代，基本改变了长江干线航道航标标体偏小、视觉效果较差、电源落后的状况，成功打造了997公里“水上快速通道”。

从2007年5月1日起，长江航道人又提高了长江干线重庆至芜湖段航道的维护尺度。在洪水期，5000吨级船舶和万吨级江海直达型海轮，可分别在武汉和安庆以下航道畅行无阻。长江干线重庆至芜湖段全长1891公里，约占整个干线里程的70%，是建国以来我国内河提高维护水深规模最大的一次。正式提高维护水深标准后，重庆至芜湖段航道水深增幅达0.2至2.5米，其中涪陵至宜昌段、城陵矶至白尾段、安庆至芜湖段共771.6公里全年全航段整体提高了维护水深，占提高总里程的40%。据测算，这意味着长江航道年通过能力可增加6853万吨，货运周转量增加221.6亿吨公里，带来直接经济效益10.9亿元，拉动沿江地区GDP548亿元。

2007年4月16日，长江航道人开始了打造包括电子航道图系统、航标遥测遥控系统、系统支撑平台、船舶动态监控系统、船舶导航系统五大系统以及相关配套设施建设的长江南浏段数字航道与智能航运建设示范工程。

经过长江航道人半个多世纪坚持不懈的整治，长江口一期、二期整治工程相继完成，长江口航道水深由7米提高到10米。南京以下航道水深通过调整和局部治理，也同步提高到10.5米，可通航3~5万吨级海轮。中游航道通过实施碾子湾、张南等水道的整治和控导工程，枯水期通航紧张局面得到有效缓解。三峡库区航道条件大为改善，重庆以下库区航道实现全面夜航，上游航运呈现跳跃式发展。长江干线部分河段助航设施得到明显改善，基本实现航标大型化、明亮化。相继完成的长江江苏段、安徽段、三峡库区段航道占干线航道里程的35.6%。1010公里河段的航路改革，在安全、畅通以及经济社会方面取得了十分显著的效益。目前的长江，血脉通畅，活力无限，运潜能得到进一步挖掘，成为国轮出海、外轮出江、干支相连、江海直达的主通道。长江对外轮开放的水域从长江口直到洞庭湖畔的城陵矶港，达到1331公里，创造了世界内河水域对外开放之最。

2. 维护畅通，铸就“无名英雄”

1958年3月29日，一代伟人毛泽东乘“江峡”轮从重庆顺流而下时，给予长江航道工人“无名英雄”的赞誉①。

蜀道行路难，川江行船难。狭窄弯曲的川江航道，水上礁石林立，水下暗礁密布。“新滩泄滩不算滩，崆岭才是鬼门关”，“莲沱三漩是恶水”，“自古川江不夜航”。这些民谣，是对川江恶劣通航环境的真实写照。在千里川江，轮船上行要“绞滩”，一艘轮船往往要上百人来绞。木船上行则靠纤夫“拉滩”。那套在肩上的纤绳，浸透着纤夫的血汗。进入川江三峡的第一艘轮船是“利川”号，它航行25天，才从宜昌到重庆。50年代初，江轮在汉渝线上往返一次，仍要一二十天。

1953年，长江航道人在观音滩蚕背梁打响了整治川江的第一炮。一万多名长江航道人以敢为人先、改造巨川的豪迈气概，在险滩恶水之间，展开了艰苦卓绝的整治施工。为了行轮的安全，长江航道人默默无闻，无私奉献，恪守天职。在20多年的时间里，川江有100多处碍航礁石和险滩得到整治。三峡著名的滟预滩、崆岭滩等一个个“鬼门关”变成了坦途。川江整治后汉渝线上的大型客轮，往返一次6天即可。乘快船从重庆而下，只需12小时就可抵达宜昌，这是建国初想都不敢想的事。

位于四川奉节以东17公里处峡谷中的油榨碛绞滩站，流速每秒5米，江面漩涡如斗，行轮上滩，需要借助外力施绞方能通过。长江航道局奉节航道处油榨碛绞滩站站长肖方木，这个与绞滩打了一辈子交道的航道工人，在绞滩任务重，不安全因素多的川江重点险滩上，为来往船舶提供了一流的优质安全服务，成为川江航道上的一颗耀眼的明星。在1964年至1990年26年里，他施绞行轮4856艘次，无一次事故发生。1990年，为表彰肖方木对川江运输事业作出了突出贡献，中华全国总工会授予他“五一劳动奖章”。

1982年7月，川江云阳发生历史罕见的大滑坡，180万立方米砂石滑入鸡扒子滩。河床过水断面由原来的2700米缩至320平方米，有效航宽仅40米，川江面临着断航的危险。长江航道人在这里再次摆开治理川江的战场。4年中，完成工程量34.4万立方米。其中水下炸礁8.05万立方米，水下清渣7.9万立方米，1986年3月30日完工。通过整治，消除了绞滩，船舶船队实现了正常通航。

随着三峡大坝建成蓄水，虽然绞滩工和川江号子一起成为永远的记忆，但是老一辈长江航道人爱岗敬业、尽职尽责、甘当“无名英雄”、任劳任怨的奉献精神已成为宝贵的精神财富。

3. 革新标灯映照出优秀品质

作为长江航道上最重要的助航设施之一的航标灯，长年不灭，流光映波为往来船舶引路助航，被誉为船舶的眼睛，它是船员心中的安全之灯，生命之灯。而敷设和点燃这生命之灯的却是默默无闻、无私奉献的无名英雄——航标工人。

图3-4　新中国成立初期，长江航道工人口衔煤油灯在川江悬崖上设标的情景

一位川江航标工人，全身紧紧地贴在悬崖峭壁上。他双脚登着岩石，双手攀着岩石，而在他的口中，则衔着一盏煤油航标灯（见图3-4）。那竭尽全力的攀登情景，就像今天风靡一时的攀岩运动。所不同的是，他攀登的是真正的悬崖峭壁，而且背上没有保险绳。这是1956年被评为全国交通系统劳动模范的重庆航道局奉节航道工人郑兴高当年的一张工作照片。它是20世纪50年代初，川江航标工人架设航标的真实写照。

建国初期，长江上的航标灯寥若晨星。据1950年统计，在2800多公里的长江干线航道上只有1078座航道标志，而且大多是煤油灯[②]。航标工每天要驾小船出江，对油灯进行维护和管理（见图3-5）。黄昏点灯，凌晨熄灯，还要调整灯芯，擦拭灯器，将灯芯从5根减为3根以节省煤油的经验曾广为宣传。以前被称为“灯守”的航标工昼夜栖身于狭小的木船上，呼吸着满舱的油烟，看见船舶走错了航道，他们或打锣击鼓联络，或放炮示警，在雾天则频频吹响戒险气螺。

1989年5月10日，是长江航标史上一个值得记载的日子。这一天，在长江下游安庆拦江矶航道上，最后一盏煤油航标灯寿终正寝，取而代之的是一盏崭新的太阳能航标灯。它表明：长江百余年来使用煤油航标灯的历史永远结束了。

图3-5 新中国成立初期，长江航道工人划着小木船设标的情景

经过半个多世纪的建设，目前，2000多公里的长江航道已建立起完整的航标体系，长江航标灯的发展也经历了整整四代：从煤油灯、电气灯、电子灯，发展成为今天的太阳能一体化航标灯，昔日开船巡查的长江航标维护管理方式正在被集中遥测监控方式替代（见图3-6），实现了质的飞跃。长江航标灯向大型化、明亮化、智能化和数字化方向迈进。

长江航标灯的进步与发展，映照出长江航道人的优秀品质。正是千千万万个像郑兴高一样的航标工人，以大无畏精神和脚踏实地的奉献精神，攀悬崖、走峭壁，默默地坚守在航标岗位，尽自己的一份责任，以激情和自强铸造了长江航标灯的辉煌历史。

4. 川江变迁展现新风采

2003年6月10日，长江三峡工程成功蓄水135米，川江河段水位大幅抬升，回水区河道型水库形成。作为三峡航运功能基础保障设施的航行标志，也随着三峡川江的变迁而更新换代，水涨标升。

在三峡库区重新设置航标，是千里川江航运史上具有里程碑意义的基础设施建设。长江航道人以积极作为、迎难而上的精神，冒高温酷暑，斗蚊叮虫咬，投入到航标迁建的战斗中，以最迅捷的速度，完成了辖区156座岸标的大搬迁，取得了航标迁建的胜利。根据“分边航行”的要求，重新设置了浮标和岸标，在航道两侧按一标接一标的方式连续配布，航标配布密度为每公里2.42座。在库区的火焰石、青石洞、巫山、风箱峡4处控制河段，均配布了通行信号标、鸣笛标和界线标三类信号标志。4处控制河段建了8座信号台，配布了24座信号标，安全系数比以往大大增加。长江航道人用双手在悬崖山间、荆棘灌木中开出一条条小道，搬运一座座钢质杆形标，并使之准确、牢

图3-6　新世纪在航标遥测监控中心监控航标的长江航道职工

固地矗立在新的高程标位上。他们在烈日与风雨中行进，调整并点亮一盏盏引航灯；在攀爬与负重中努力，将遥测监控终端小心翼翼地接通，不间断地传送出一串串数据。汗水在晒黑的皮肤上流淌，笑声在烈日的峡谷中荡漾。江水行舟目睹着长江航运文化传承发扬的一个个历史瞬间，峡谷青山见证了长江航运精神的又一次升华。

2004年9月，国务院三峡工程建设委员会决定，在156米蓄水前，清除回水区涪陵至铜锣峡河段的碍航礁石，为175米蓄水期通行万吨级船队创造条件。长江航道人承担了三峡水库涪陵至铜锣峡河段航道的炸礁任务。整个工期只有短短的9个月时间。一支建设大军一个月内就迅速开赴库区，在90公里的施工战线上同时摆开战场。2005年10月16日，剪刀峡炸响了库区炸礁工程的第一爆，爆破采用了毫秒延时爆破等先进技术和小炮驱鱼、控制扬尘等有效的环保措施，成功地对剪刀梁实施了爆破清除。第一爆的成功实施，坚定了长江航道人把库区炸礁工程打造成精品工程的决心。

为了加快工程进度，14个滩分4个工区同时施工。参建单位以建精品工程为目标，各司其职，同心协力，在90公里的航道上携手奋战。正当建设大军信心百倍的作最后冲刺的关键时刻，长江重庆航段出现了自有水文资料记载以来从未有过的反常水位，枯水期水位枯而不低，汛期到来时却是汛而不涨，使得库区炸礁工程中大量的陆上炸礁变成了水下炸礁，给工程施工增添了巨大的压力和难度。工期催人紧，水位却不作美。面对这种陆上、水下都难以从容施工的困难局面，长江航道人重新调整施工计划，调遣施工力量，指挥了一场“浅水位、近距离”的“赤膊战”。经过9个多月艰苦卓绝的奋战，涪陵至铜锣峡航道炸礁工程终于圆满完工，交出了一批“绝对过硬”的高质量产品。

高峡出平湖，千轮平安行。在三

峡库区航道工程建设中的那些可亲可爱、可敬可赞的航道人，饮江水，听涛声，日出而作，日落不息，身处荒郊野岸，甘于寂寞，默默奉献。他们冬战三九、夏战三伏，在极其艰苦的生活环境中创造着21世纪航道整治的新节奏和新效率，创造出一届枯水季完成85万多方炸礁工程量的历史纪录。古人治水“三过家门而不入”。今天的长江航道人，为了抢进度却是家门难顾。在他们身上，折射出当代航运人开拓进取的创新精神和不畏艰险的创业精神。当战斗结束，一切都恢复平静的时候，让我们看看这一双双肿胀脱皮的手，让我们听一听他们如雷般的鼾声，让我们记住这一张张被太阳烤得黝黑的脸，他们的功绩将随着三峡工程的建成载入史册。

（二）星罗棋布的港口码头

长江港口是长江航运文化的客观依据和表层现象，它凝聚着长江航运人乘风破浪、扬帆奋进的精神品质。

经过长江航运人50多年的建设，长江港口不仅成为流域客货集散中心和各种运输方式相互衔接、综合运输的组织中心。在全国内河港口中，长江港口是层次最高、辐射范围最广、功能最齐全的港口。它们像一颗颗珍珠，把长江这条玉带点缀得璀璨夺目，光彩照人。

1. 长江港口建设发展日新月异

2005年12月26日，南京港货物吞吐量达到1.04亿吨，跻身亿吨大港行列。

解放初期，南京港仅有一些破烂不堪的小码头，年吞吐量才100多万吨。目前港区横跨南京、扬州两地。南北两岸港区岸线长达200多公里。港区建有我国内河最大的煤港、油港和外贸港。在南京港，1小时可装满一艘2000吨的煤船，可接卸20节火车皮的货物，可装油3000吨。1998年，南京港的货物吞吐量达5500多万吨，是1950年的55倍。从解放初期100多万吨吞吐量，到跻身亿吨大港行列，有着100多年历史的南京港已发展成为航空、公路、水路、铁路、管道五种集疏运方式齐全的现代化亿吨大港。集装箱吞吐量在“十五”期间以年均22%的速度增长，居长江港口前列。

1999年5月31日，丹麦籍货轮“尼古拉王子”号徐徐离开南通港，驶往瑞典哥德堡港。该轮上装有224只特种集装箱。它们长13.8米，宽3.6米，高4.33米，自重14吨，比国际标准集装箱大6.07倍。作为一个内河港口，南通港此举开创了国内接装特殊集装箱的先河。同年3月11日，该港仅用60小时就从69286吨级的菲律宾“马士基提雅加”特大型散货船上卸完了38500吨铁矿。南通港的靠泊能力和装卸能力由此可见一斑。

而50年前的南通港，尽管滨江临海，也不过是苏北大平原上一个毫无名气的小码头。装卸货物靠人挑肩扛，旅客上下客轮要坐小木划子。1949年货物吞吐量只有3.8万吨。经过半个多世纪的建设，南通港发生了天翻地覆的变化。至2006年底，南通港区在长江沿线已拥有42座万吨级以上泊位。随着南通港大型泊位数量的增加，5万吨级以上的船舶，靠泊南通港日均已达2.3艘次。港口每月有20多个国际集装箱班轮开往国外，与美国、英国、俄罗斯等65个国家和地区199个港口有贸易往来。2006年，继苏州港、南京港之后，南通港成为长江干线第三个亿吨大港。

重庆港是长江上游最大的山城港口。解放初，全港几个原始落后的码头都不与水路相连，货物装卸全靠人力。九龙坡码头的一条滑道，是港里唯一的"机械设备"。稍大一点的船舶只能在河心抛锚作业。1949年，重庆港货物吞吐量只有27.6万吨。

今天，作为国家一类口岸的重庆港区拥有码头泊位114个，堆场面积35万平方米，拥有年通过能力为10万TEU的国际集装箱专用码头，年通过能力为10万辆的汽车滚装码头，以及全国内河港口最大的400吨级特大重件装卸作业线等17座现代化货运码头和16座客运旅游码头，有长江上游最长的散货运输线，有西南最大的滚装作业线，港口货运通过能力达到1000万吨，客运通过能力达到1000万人次。

2006年 1月7日，重庆寸滩港区码头投产，它是长江上游最大集装箱码头，也是国内最大的高水位落差、高桩直立式码头。码头的前沿采用岸边集装箱装卸桥，水平运输为集装箱运输车，堆场用轨道式起重机作业。码头的陆域及集装箱堆放场采用了国内仅有的梯级式建设方案。一期工程占地800亩，建有3000吨级集装箱泊位2个，设计年装卸能力为28万标箱；建有3000吨级汽车滚装泊位1个，设计年装卸能力为15万辆。二期工程将还建3000吨级集装箱泊位3个，设计年装卸能力为42万标箱；3000吨级汽车滚装泊位1个，设计年装卸能力为15万辆。整个工程投资达15.5亿元。

泸州港是四川省从长江出海的第一港。2006年，四川长通港口有限公司的100%国有股权，在四川省国投产权交易中心挂牌转让，转让参考价不低于人民币9463万元，用于泸州国际集装箱码头的建设。

长江干线江苏段港口建设的投资力度不断加大，仅2006年就新增加万吨级以上泊位36个，新增货物吞吐能力7700万吨。扬州港投资3亿元人民币，建成3万吨级件杂货码头，增加年吞吐能力75万吨。该港2006年开工建设的还有一个3万吨级件杂货码头，投产后能增长年吞吐能力95万吨。由于进口食用油的迅速增长，张家港口岸江海粮油公司2006年再建了4万吨食用油罐，年食用油进口量增加了14万吨。“十五”期间，南京港与扬子巴士项目配套的3个万吨级码头投入使用。长江第一座汽车滚装码头——新生圩专用滚装码头建成投产。总投资10.5亿元、设计年通过能力52万标箱的龙潭集装箱新港区也于2005年试运营。另外，南京市共投资94.68亿元建设连接周边省市的高速公路，投资3.2亿元建设新港区疏港公路，投入7500万元对港区内长江支流航道、船闸升级改造，极大地改善了南京港口的集疏运条件。

存封的历史记载着，共和国成立前，长江沿岸只有17个残破不堪的港口和70个码头，装卸、搬运全凭工人肩挑背驮，建国初期干线港口货物吞吐量只有400多万吨。50多年来，通过长江航运人不断的建设和改造，长江港口面貌发生了根本变化。如今，年吞吐量在1万吨以上的港口，长江沿岸有1067个，占全国总数的60%[③]。其中最重要的有重庆、万州、宜昌、沙市、城陵矶、武汉、黄石、九江、安庆、芜湖、马鞍山、镇江、南京、南通、张家港和上海等。

“十五”以来，长江干线新建了一批集装箱、矿石、汽车、煤炭、石油化工等专业化码头，长江干线规模以上港口年设计吞吐能力达5亿吨，新增万吨级以上泊位70个，比“九五”期末增加60%，港口通过能力显著提高。至2006年底，长江干线25座重要港口码头长度增加到389353米，泊位数7044个，其中万吨级泊位225个[④]。其中10万吨级大型泊位，南通港2个，常熟港2个；7万吨级泊位，常熟港2个；5万吨级泊位，南通港8个，常熟港1个，镇江港1个。南京以下码头泊位大型化、专业化趋势明显，设施设备配套较为完善，后方集疏运较为通畅，以港口为核心的物流体系逐步形成。

一部长江港口的建设发展史，也是一部长江航运人的艰苦奋斗史。长江港口的每一个变化，见证着历代长江航运人的拼搏与坚韧，他们以脚踏实地的作风和放眼长江的时代风貌，奋发图强，用实际行动不断丰富着长江航运文化的内涵，在长江港口建设的舞台上，人们可以领略到长江航运精神的升华。

2. 长江港口地位作用日益增强

1984年，长江航运体制进行改革。为调动两个积极性，长江港口实行中央和地方双重管理，以地方为主的管理体制。2002年，长江港口全部下放地方管理，逐步完成政企分开。这极大地激发了社会发展长江水运的积极性，港航企业改制步伐逐步加快，经营管理不断改善，经济效益明显提高，长江港口运输生产呈现快速发展的势头。

“十五”期间，随着长江干线港口管理体制改革的完成，各级地方政府积极支持港口建设，“城为港用”、“港为城兴”已成为共识。地方政府除直接投入港口建设资金外，还以土地、贷款、政策等多种方式支持港口建设。与此同时，港口企业之间、港口企业与其他企业之间参股投资，外资也纷纷进入，使长江港口基础设施建设进入了快车道。

基础设施条件的改善，有力地促进了长江航运的发展。长江航运货运量、港口吞吐量屡创新高，并保持两位数的增长率，这在长江航运发展史上是很少见的。运输和港口企业的快速发展，不仅提高了自身效益，也为流域经济发展做出了巨大贡献，基础设施建设与地方经济发展相互促进，形成了良性循环。

1998年，长江干线港口完成货物吞吐量1.8亿吨。外贸吞吐量达1850万吨，较80年代初平均增幅达20%。集装箱运输达到43.35万箱，较80年代初平均增幅达41%。2007年，长江黄金水道作用进一步发挥，运输生产持续快速增长，各项指标再创历史新高。长江干线港口完成货物吞吐量9.11亿吨，同比增长15.6%；外贸货物吞吐量1.14亿吨，同比增长19.5%；集装箱吞吐量551.2万TEU，同比增长37%。

以沿江港口城市为中心的经济区域通过纵向与横向的联系，形成了以长江水运为依托的各种产业密集带和工业经济走廊。目前，已逐步形成了钢铁、有色金属、轻纺、机械、电力、电子、建材、石油化工等门类众多的国家级工业基地，其产量和产值均达到或接近全国的40%。

由上海指向南京方向的沿江产业联系路径，是长江三角洲临水型产业带的重要发展脉络，已经形成了原材料、汽车制造和重化工业等产业走廊。在原材料方面，南京是我国鲁宁长途石油输油管道的终点，从而成为长江中下游和长江三角洲各地城市石化和炼油产业的原油供给基地。

一些中等城市，如芜湖、九江等，其港口转运的功能随着长江航运的繁荣而日益突显出来。

据统计，湖北、江西、湖南、安徽四省从上海口岸出口的货物总量中，集装箱量比重约占本省出口的98%、97%、40%和25%。其中，重庆、湖南、湖北、江西、安徽等省、市，均有相当数量的外贸货物是通过长江港口、通过上海口岸进出口的。由此可见，港口与腹地经济连接的极端重要性与紧密性。

3. 长江港口是联系世界的桥梁

1980年2月14日，国务院关于开放长江港口的决定带来了长江港口的春天。在此后10多年时间里，为适应长江沿江特别是中下游地区外向型经济迅猛发展的需要，芜湖、九江、黄石、武汉、城陵矶等一批外贸码头相继建成。

从1982年11月19日南通港、张家港被批准对外轮开放以来，长江干线上先后有南京、镇江、江阴、芜湖、九江、武汉、泰州、池州、黄石、铜陵、马鞍山、安庆、城陵矶等13个港口对外轮开放。长江流域的货物，运达70多个国家和地区。

长江沿江还有由当地省级人民政府批准开放并管理的二类港口口岸，如泸州港、宜昌港、荆州港、无锡港等，其在对外经济文化交往中也发挥着重要作用。沿江各类港口口岸的开放，使长江形成了世界上内河开放水域最长的港口群，使得长江沿岸港口对内陆腹地的辐射与带动作用不断增强，而且促进了腹地经济的对外交流，推动内地经济社会走向世界。

随着长江港口功能的不断完善和现代物流业的发展，港口功能得以提升和完善，全球很多有实力的投资商，把目光纷纷投向长江。2006年4月12日，英国的一家公司主持在上海召开了《2007年长江港口招商联谊会》，参会者有全球最大的投资商阿联酋DPWORLD公司、马士基、现代货柜、新加坡港务局等专门投资码头的港口企业以及全球顶级投资咨询公司、大型设备制造商。重庆、宜昌、武汉、南京、南通等10个主要港口聚集上海，面向全球招商，初步达成意向性的融资额度达到150亿元左右。

2006年，南通港与大货主积极配合建立进口大豆期货交割库，每年增加30万吨进口大豆，年进口量可达100万吨。还拟引进一家战略投资者，以货币增量出资4.35亿元。重组后，南通港口集团的注册资本为9.66亿元。其中，南通市国资委出资4.12亿元，占比42.68%；南通国投交通公司出资1.19亿元，占比12.32%；战略投资者占45%。

城市的区位优势，使其可以辐射很大范围的经济腹地。如重庆是整个大西南唯一的大港，经济腹地覆盖整个川渝地区，加上重庆轻、重工业发达，大量工业产品特别是汽车和摩托，主要靠重庆港运往华中、华东乃至国外。

长江港口的发展，促进了城市经济文化的发展，加速了城市的现代化进程，这些城市的成长、壮大，带动了所在区域的发展，通过各种交通路线和商业网络，将影响送达广大农村。一些主要港口城市，如上海、武汉、重庆等，成为区域现代化的“领头羊”。同时，港口也随之向现代化迈进，成为展示现代化的政治、经济、文化和城市风貌的窗口，成为中国人建设自己现代化家园的象征。

4. 长江港口是沿江城市的文化窗口

长江港口作为客流、物流、资金流、信息流交换最频繁的交界点，经过历史长河的荡涤，逐渐衍生出一种文化，它渗透进百姓的生活，潜移默化地改变着城市的面貌，成为沿江城市的文化窗口。

长江沿岸大大小小濒水依山就势建立的港口，仿佛是守卫长江的一座座城堡，他们不仅见证了长江航运的变迁与兴衰，同时也反映出时代与地域的特点。港口早已融入了时代的变迁与社会发展之中，每一座港口都是一条连接历史与现代的纽带，成为历史的见证人。

在抗日战争中，战时首都重庆和重庆港以其特有的韧劲和奇险的地形在八年抗战中生存下来。长江中下游的物资从朝天门码头搬运上岸，政要商贾、社会精英和大量为避战祸的民众辗转而来，从朝天门码头离船进城。战时重庆成为中国的陪都，重庆港的繁忙景象以及凝重的氛围，表现了中华民族不屈不挠、坚持抗战到底的意志。

图3-7　重庆港

好个朝天门，山高路不平。乘船上下坡，浑身如雨淋。这是反映当年重庆港山高坡陡的民谣。客货码头枯水期最陡的时候达320多级。工人搬运货物，旅客上下客船，要爬坡下坎。今天，建筑面积1.9万平方米，耗资1个多亿兴建的朝天门客运大楼，以130米的高度雄峙于长江与嘉陵江汇合处。3个千吨级客轮泊位和4部全国最大的客运缆车，港口工人和进出山城的旅客永远告别了爬坡下坎的历史。图3-7为重庆港。

现在提起重庆港，码头号子还会在耳边回响，朝天门码头的几百级台阶还会浮现在眼前，空气中仿佛还能闻到尚未散尽的硝烟。重庆港作为山城重庆的一个窗口，其悠久的历史和浓烈的文化氛围，仍将会深深感染每一个进出山城的人。

旧时的十六铺码头是旧上海码头的缩影，也是上海曾经繁盛的见证。虽然目前正在十六铺码头遗址建设新的上海标志性建筑，但是曾经被看作旧上海繁荣象征地的十六铺码头，仍然印刻在长江航运人的记忆深处，因为它具有长江航运文化符号的意义。

南京港历史上就是“江道万里，通涉五洲，朝贡商旅之所往来”的商

图3-8　南京港龙潭港区

港。元、明两代是南粮北运的主要起运港之一。明朝大航海家郑和七下西洋就是以南京为基地港。1858年不平等的《中英天津条约》，使南京成为通商口岸。南京港曾经与租界一样成为西方列强炮舰外交与中国政府丧权辱国的象征，见证了近代中国贫弱屈辱的历史。今天的南京港已成为长江三角洲地区的主枢纽港和对外开放的多功能江海型港口。秦淮河畔的千年古城墙与繁忙的南京港交相辉映，为整座城市谱写出更加华美的诗篇。图3-8为南京港。

江城武汉素有“九省通衢”美誉，长江和汉水穿城而过，码头历来是南来北往货物的集散地。人们最熟悉的莫过于汉口港区，武汉人常常说的武汉港就是指这里。虽说现在武汉交通十分发达，但江面上的渡轮仍然按时往返，迎来送往过江的市民。正因为如此，武汉港在武汉人心中不仅仅是与外界交往联系的一个通道，更是许多人天天看到，天天接触的一个重要的地标。即便现在乘船已不是唯一的过江途径，但很多人还很乐意专程赶来体验江上航行的乐趣。于是，那建筑酷似一艘巨轮的武汉港客运站，就不仅仅是一个简单的建筑了，它融合了千万市民的情感，一如梦想中驶向远方的航船，象征着武汉经济腾飞，从而成为江城文化的一个符号。图3-9为武汉港集装箱码头。

图3-9　武汉港集装箱码头

长江港口文化映衬的是沿江城市百年来的开放史，见证了时世兴衰，反映了世俗风情，聚合了文化精神。长江两岸星罗棋布、傲然耸立的一座座港口，不仅仅是一个个城市的象征，更是一个个具有时代特色的鲜活的文化符号。它们在不同时期具有不同的含义，发挥着不同的作用，虽然它们的主要功能是装装卸卸，但物质的背后，起支配作用的却是文化因素。

（三）千帆竞发的航运船舶

船舶是航运最主要的生产工具，是航运业最鲜明的象征，也是人类探索精神的物质载体。从船的发展史里，我们可以看到人类文明的进程，看到由战争到和平，兴与衰交替的变迁史。长江船舶的变化，见证了长江航运历史，代表着社会生产力的发展水平，也镌刻着长江航运文化的印痕。用途不同，造型各异的长江船舶及其使用，展示出长江航运文化的诱人魅力。

1. 长江船舶的发展史折射出中国的文明进步

船舶在交通不发达的古代是主要的水上交通工具，既是商贸往来的重要载体，也是古代战争的重要装备。船舶在历史的长河中和人们的生活里，扮演了不可或缺的重要角色。春秋时期的运兵船，秦汉时期的运粮船，三国时期的战船和唐宋元明时期的商贸船，写就了长江航运一部厚厚的历史。赤壁之战的滚滚硝烟早已散尽，故地重游仿佛还能看到一艘艘蓄势待发的战船。诸葛亮曾在长江中游的赤壁演绎的“草船借箭”、“火烧连营”流传千古。

沿着历史的长河回溯到公元1253年, 水流湍急，礁石密布的金沙江一直是航运的禁区，忽必烈用牛羊皮制成皮筏渡过了金沙江，统一了中国。直到20世纪二三十年代，虎跳峡上游的当地人还在用这种皮筏过江。那时人们依靠船舶拓展疆土。人们赋予船舶的理念，在一定意义上是一种战争的工具，象征着蛮荒时代弱肉强食的生存哲理。

秦汉时期，中国的造船业已很发达，汉代发明了橹、舵和布帆，还使用锚，造船航海技术已经成熟。长江中下游地区是秦汉时期造船业最集中的地区,苏州等地是古代造船中心之一，汉代的木船模型在长江流域屡有出土。《汉书·武帝记》记载了当时建造的一条“豫章号”船，上有豪华的宫殿，可乘一万人。

隋唐时期能造使用推进器的战舰，这是最早使用机械动力的轮船，也是当时世界上最大的海船。

唐代已经使用桨轮船，当时称之为“明轮船”，这是船舶和航运技术的巨大革新。欧洲到十五六世纪才有桨轮船出现，比我国晚了七八百年。

两宋造船技术在世界上处于领先地位，最大的长江船舶可载万石以上。宋代的船已经有了水密隔舱，并使用指南针辨别航向，而西方在18世纪才出现有水密隔舱的船舶，中国使用指南针比西方早两个世纪。

在唐宋元明清诸朝，中国拥有世界上最大的船队。从7世纪以来，中国船队频繁地出现在浩瀚大洋，外国商人往来于东南亚和印度洋之间，大都乘坐中国海船。造船术与航海术是中国人对世界所作的伟大贡献。从皮筏到帆船再到现代化的航运船队，不同的历史阶段，船舶总在发挥不同的作用。经济往来，文化交流，民族融合都少不了船这个载体。

于是，历朝历代都有关于人们乘船到达彼岸，各地文化借船交流的记载。据《明史·郑和传》记载，郑和航海宝船共63艘，最大的长44丈4尺，宽18丈，折合现今长度为151.18米，宽61.6米。船有4层，船上9桅可挂12张帆。锚重几千斤，要动用200人才能启航。一艘船可容纳上千人，是当时世界上最大的海船。《明史·兵志》又记："宝船高大如楼，底尖上阔，可容千人"。 宝船既显示了明朝的国力,又展示了国威，象征郑和时代的中国已是一个文明大国。而郑和船队的造船基地和始发地港都在长江下游的刘家港等港埠。此后不久，葡萄牙人达·伽马以不知疲倦的坚韧，在沿着漫长的非洲海岸航行之后，深入到了印度。意大利人哥伦布投身于大西洋的波涛，到达了横亘欧洲西部与亚洲东部之间那个未为人所知的世界。

这个时期，船舶已经发展到了一个极度繁荣的阶段。有了船，中国古代文明翻开了新的篇章，人们的视野不再局限于居住地，人们可以去往更加遥远的地方，去探索遥远的文明。船于是成为民族文化融合和人类文明进步的媒介。

西方国家对长江航运这一巨大市场觊觎已非一日。1861年，有外国人乘木船至奉节县探测川江航道。1869年，英国海军小组勘测过宜昌上游川江航道。1874年夏，英国信和洋行33只货船、法国泰昌洋行15只货船、美国公泰洋行21只货船，由汉口强行驶入尚无通商口岸的四川。行至夔关被截留，是为"夔关事件"。为此，英国公使威妥玛、法国公使热福理、美国公使艾忭敏先后多次致函清朝总理衙门，以船货毁损为由索赔。四川总督吴棠复函认为，所谓美商公泰洋行船货实为重庆商号魁盛隆等假冒，证据确凿，英商船私带土货，所扣船货全无损坏。英法两国公使仍态度蛮横。直到1875年3月，此案经由成都将军魁玉会同吴棠从速了结，才未引起更大纠纷⑤。长江作为贯穿我国东西的主要运输动脉，亦未能逃脱被践踏的命运。那时航行在长江上挂着英、法、美、日等国国旗的船舶，肆意横行，使长江航运人饱受屈辱。

1865年，科学家徐寿等人研制的中国第一条机器船——“黄鹄”号，翻开长江航运新的历史。从此，人力帆船与蒸汽船伴随着人们惊奇的目光和无限的向往，混行在长江上下。

蒸汽船的运载量和速度使长江流域沿岸的码头繁荣起来，更多的商贸来往和旅客人数的增加也惠及了大江两岸的城镇。长江流域文明正是因为有了航运才兴起，一艘艘往来长江的船舶不仅仅承载货物，也推动了人类文明的进程。

2. 长江船舶的发展体现了水运行业的活力

共和国刚成立时，长江干线上的客、货轮总共才800余艘，16万载重吨，且大多是设备简陋，技术落后，长年失修，又旧又破的中小型船舶，运输效率很低。到1951年，国营运力才5万吨，完成的客运量351万人次，货运量291万吨。当时川江上的国营运力为零，不得不将上海接管的一艘300吨小轮修复进川，才使长航局重庆分局有了第一艘轮船。客轮是客货混装，以货为主，每船最多130个固定客位。最大的外国货轮一次最多只能载运3000吨，即便是比较科学的一列式拖带运输，也只能载运5900吨。除了小吨位的货船和小客船外，长江上几乎看不到其他类型的船舶。

历史的航船破浪向前，曲折和困境不可能阻挡长江航运人前进的脚步，犹如暗礁不能阻挡长江东去的滚滚洪流一样。

随着长江沿岸化学工业的发展，大型石油化工企业和炼油厂依水而建，长江油品运输船也随之发展。成立于1975年10月1日的南京长江油运公司，是我国内河最大的专业石油运输企业。现拥有各类营运船舶370余艘，约240万载重吨，旗下30万吨级超级油轮、11万吨级、7万吨级、4.6万吨级油轮航线遍及全球，年运量4500多万吨，其中海上及远洋运输量2000多万吨。企业总资产规模约100亿元人民币，成为国内第二大石油运输企业。其成品油轮和自航油驳直达沿江、沿海50多个港口，日夜航行在多条长江原油运输专线和国际航线上。长江油轮的发展及运输效率，是建国前所不敢想象的，长江上看不到一艘油品运输船的历史已一去不复返。

长江集装箱运输较晚，真正的集装箱船20世纪80年代才出现在长江。它起步虽晚，从零开始，但发展很快。1985年9月，“宽城”号集装箱船载90TEU集装箱，从日本运抵九江。1987年，长江上第一条国际集装箱航线武汉~上海线开通。

长江旅游轮船的发展可说是异军突起。其发展速度之快，科技含量之高，在长江船舶发展史上是空前的。

长江上第一艘旅游轮船，当数“昆仑”号。它原是一艘专用于接待中央领导、设施比较先进的客轮。1978年，长江航运人流水争先，将该轮包租给瑞典林德布雷特旅行社经营，此举开创了长江涉外旅游运输的先河。在其后的10多年里，长江旅游轮船以惊人的速度发展。目前，长江上各类旅游轮船近百艘，10000多客位，从事涉外旅游的船公司从零发展到几十家。长江旅游轮船设计独特，设备一流，装潢豪华。耗资亿元的“东方皇帝”号旅游轮船，按国际星级饭店标准装潢。除80间双人套房、2间总统套房外，其他如桑拿浴室、舞厅、游泳池等服务设施一应俱全。由长江船舶设计院设计的长江第四代旅游轮船“蓝鲸”号，时速32公里，可载客238人，按五星级酒店标准装潢，其外型设计呈鲸鱼腾跃之姿。

1997年，长江有17艘旅游轮船首次被国家授予星级游轮。其科技水平跨入世界先进行列。它们像一座座流光溢彩的“流动宾馆”，在长江船舶中尽显风采。

20世纪90年代以来，长江上还先后建成了多种不同吨位，适装不同货种的江海直达货船。如1.2万吨级的江海直达煤矿船，5000吨级的江海直达集装箱船，4000吨级、2000吨级的江海直达化学品运输船等相继建成投产。载重1.99万吨的江海直达原油船，载重7000吨级的江海直达货船正在进行开发。其他如工程船、冷藏船、汽车滚装船、高速船等也从无到有、从少到多、从小到大，正呈现向标准化、大型化、高速化发展的趋势。

长江三峡大坝的建成，极大地改善了长江上游的通航环境，为长江船舶的大型化、标准化提供了广阔的空间。万吨级船队可以直达重庆，年通航能力可从1000万吨提高到5000万吨，航运成本降低35%到37%，年保证率为50%以上。一个大型船队至少可装6000吨散货(煤、矿石、钢材)，一艘集装箱船至少可装150至300个以上标准国际集装箱，一艘滚装船至少可装350至500辆以上商品汽车。

据长江航务管理局统计，“十五”期，长江运输船舶总吨位和平均吨位不断提高，船舶运力结构进一步优化。长江水系从事省际运输船舶8.1万艘，运力1970万载重吨，平均243载重吨，干线船舶平均载重吨位达750吨，集装箱、汽车滚装、散装、液货危险品专业化运输船舶呈现较快增长的态势，长江航运行业活力大大增强。

3. 长江船舶的发展承载着长江航运人的精神追求

600年前，郑和率领15世纪世界上规模最大的远洋船队从长江之滨的太仓刘家港出发，七下西洋，开辟了中国古代最长的远洋航线，成为世界航海史上的壮举。28年乘风破浪的行程，30多个陌生国度的停泊，七下西洋的郑和给中华民族留下了丰厚的文化遗产，更留下了可贵的精神财富。

长江航运人继承了这精神财富，并在发展长江航运事业中发扬光大。让我们回到1952年1月1日。这一天长江航运创造了一项纪录："国青"轮拖带4艘驳船，载煤200吨，由芜湖驶抵上海，一举打破了当时全国每马力拖载7吨的最高纪录，创造了芜申线每马力拖载7.7吨的新纪录。它被载入了长江航运史册。

让我们把历史拉近到1993年4月17日这一天。长江26004推轮一次顶推20艘载重2000吨煤炭的分节驳，组成了长351米、宽43米的巨型船队。经过102小时的航运，完成了从镇江到武汉820公里的航程，创造了长江，也是中国内河航运史上分节驳船队载重4万吨的纪录。4万吨煤炭如用火车运输，要装1000个车皮，需编组成50列长长的列车。图3-10为在长江上航行的大型船队。

200吨比4万吨，从历史上这两项纪录的对比中，我们感受到了长江船舶发展的历史性跨越，更感受到长江航运人敢教日月换新天的坚韧精神。

现在，长江航运人正在借世界造船中心东移的契机，积极酝酿中国船舶制造业的崛起，重返造船技术与造船业发展水平的世界之巅。作为我国内河最大的国有航运、造船综合企业，中国长航集团拥有和控制着庞大的海洋及长江船队，现有2600余艘各类船舶，运力达540多万吨。旗下金陵船厂、青山船厂、江东船厂、宜昌船厂等一批快速发展的出口船舶建造基地，造船出口总量已接近全国总量的10%，船舶工业已经成为集团的重要支柱产业之一。

为适应目前我国船舶工业的快速发展，长航集团加快了船舶工业的发展。近年来投入10多亿元进行技术改造，着力提高船舶科技含量和技术装备水平，发展大型化、专业化、标准型运输船舶，重点发展海进江船舶、集装箱船、散货运输船和汽车滚装船四大标准船舶系列，为推进长江航运

图3-10　在长江上航行的大型船队

现代化进程，提供安全高效的运输服务。

击水中流长江船，直挂云帆济沧海。大大小小、形形色色、造型各异、频繁往来的长江船舶，为长江经济社会的发展和建设提供了源源不断的动力，从而使长江航运物质文化更加具有时代气息。它们不仅代表着长江航运力发展的水平，显示着行业的活力，体现着时代的进步，也承载着长江航运人百折不挠，扬帆奋进的精神追求。

（四）四通八达的信息网络

与21世纪的到来相伴随，人类进入了信息经济的时代。信息经济的出现和发展，是信息产业化和产业信息化的结果，同时又进一步加速了产业和企业的信息化进程。在经济、社会全面信息化的发展进程中，长江航运信息化的建设与发展也成为经济社会信息化系统中不可分割的重要组成部分。

1. 信息化代表了长江航运发展的新方向

长江航运信息化是一个人机合一的系统，包括人、计算机网络硬件、系统平台、数据库平台、通用软件、应用软件、终端设备。长江航运信息化挖掘先进的管理理念，应用先进的计算机网络技术去整合长江航运现有的生产、经营、设计、制造、管理，及时地为企业的“三层决策”系统（战术层、战略层、决策层）提供准确而有效的数据信息，以便对航运需求做出迅速的反应，其本质是增强长江航运的“核心竞争力”。

在信息化时代，长江航运面临无限的机遇和挑战，当长江航运企业发展到一定的阶段，常规的管理显然已不能满足现实发展的需要，所以如何实现规范化、标准化的管理来提高长江航运企业经营效益，就成为一个新的议题。长江航运管理部门以及长江航运企业一直面临来自各方的挑战，包括市场需求、销售渠道、人才流动、资金周转等等方面。今天IT技术的发展能够帮助长江航运管理部门和长江航运企业积极应对这些挑战，提高竞争力，并为航运企业带来更多更稳定的新业务。

长江航运管理、航运企业信息化是一种趋势，计算机早已取代算盘和部分传统的信息记录方式，极大地提高了长江航运管理以及航运企业的效率，让最新的资料在第一时间展现在顾客面前。随着人们进入数字化办公时代，凭借电脑技术、网络技术创新以及增强性技术的进一步应用，又增强了长江航运管理部门和长江航运企业数字办公应用的协作性、移动性、安全性和可管理性，体现了现代化发展方向和要求。

持续不断的科技创新，使长江航运技术进步拥有不竭的动力。由于航运量的逐年增大，需要及时、准确地掌握大量的客货运输生产和质量信息，包括干线航道、枢纽通航、安全监督、经济腹地发展状况和国家政策等信息。准确、快捷地获取相关信息，及时处理和综合分析信息，以信息引导市场，强化对航运市场的宏观调控，提高管理和决策水平。长江航运人不断创新航运管理与服务的信息化，打造数字航道，发展智能航运。长江航运信息化所形成的信息网络覆盖广泛，犹如一张大网把长江笼罩起来，让南来北往的船只受益，长江航运迎来了一个新的时代——以信息化为手段的创新与发展时代。

2. 信息化创新开通了长江航运高效发展之路

近年来，长江航运信息化创新研究与应用取得了巨大进展。长江航务管理部门与长江航运企业，通过开发电子海图，建设AIS系统，与现有VTS系统和航路改革有效衔接，大幅度地提高航运效率和安全保障程度。通过建设航运基础设施数据库、地理空间信息数据库、船舶数据库、航运企业数据库、港口基础数据库、行业统计数据库等组成的航运基础信息资源库，完善传输网络和信息网络建设，使信息技术与航运相渗透融合，发挥了长江航运信息化规模效应。通过开发GPS、AIS、VTS、VHF、GIS、电子海图等主流信息技术，加强航道建设维护、船舶交通安全、水上治安管理，重视船舶港口生产、物流运输等航运关键业务的综合集成和推广应用，提高了长江航运效益和效率。航运企业运用信息技术，改变生产、经营、管理、决策信息处理数字化程度和对社会服务方式，为电子商务环境下现代物流的发展夯实了基础。

为提高航运管理水平和管理效率，长江航务管理部门有的放矢地开展了网络环境建设。目前，长江航务管理局内部网络已基本建成，局直属各单位内网覆盖率达到100%，各直属局二级以上单位达到92.7%。长航局与各直属局通过光纤电路实现了互联互通。长江航务管理局内部网络办公门户网站“长航局办公网”的开通，为局机关及所属各单位进行信息共享和公文交换搭建了统一的网上办公交互平台。作为全国交通专网主要节点之一，长江航务管理局与交通部以及全国40多个省市一级的交通厅局实现了专线互联，并开通了视频会议和视频电话等应用系统。长江航务管理局系统海事、航道、三峡通航管理、航运公安和通信管理等单位也先后建设了覆盖其二级单位和部分基层处站（所）的广域办公网络。全系统网上办公架构基本形成。图3-11为信息灵敏的长江通信。

与此同时，进行了一系列信息应用系统的研究开发，先后完成了“长江下游航道电子海图自动测绘和生成系统”、“航道站船实时动态管理系统”、“计算机过坝优化调度辅助决策系统”、“长江三峡工程船闸引航道河床信息系统”、“通航保障计算机辅助系统”、“微波告警信息处理系统”、“水路客运售票系统”等技术研究课题和应用项目。其中“长江下游航道电子海图自动测绘和生成系统”、“航道站船实时动态管理系统”等科研成果，在应用中取得了较好效果，增加了航道测量手段的科技含量，提高了河床数据的采集速度和精度，满足了长江航运“保畅通”工作要求[⑥]，同时提高了工作效率，减轻了劳动强度，降低了成本，提高了航道管理的现代化水平。

图3-11 信息灵敏的长江通信

长江通信按照“船岸通信为重点，干线传输为基础，信息化为发展方向”的建设思路，建设步伐不断加快，从武汉至重庆已基本形成了光纤通信的数字传输通道，实现了目前语音为主向图像、视频等传播媒体的过渡，为长江航运的信息化建设奠定了基础。

南京、南通、安庆、黄石、武汉和宜昌等港口开展了综合办公、生产和管理的计算机应用。为适应外贸运输的需要，南京港集装箱公司建成了集装箱生产业务网络系统。中国长航集团利用3G技术，实施了船舶定位系统试点工程。试点工程建立两个监控中心，在15条船上配备GPS，进行长江全线定位，在监控中心的电子江图上可动态查询船位及航线，具有船舶定位、遇险报警等功能。

尤其是国内最大内河船舶监管系统，即三峡~葛洲坝船舶监管系统工程的投入试运行，在三峡通航局辖区59公里河段织就一张安全保护网，撑起一个自动化的船舶指挥调度系统。1个交管指挥系统、7个雷达外围站、15个CCTV站、1个AIS站、3个VHF站组成信息化监管网络，自动通过实时信息采集，掌握船舶的动态，判断交通态势，及时纠正船舶违章行为，保障了通航安全[⑦]。通过获取准确的船舶信息，三峡通航管理人员及时组织实施船舶调度计划，保障了辖区的通航畅通。

3. 信息化提升长江航运人“用心服务、用情沟通”的服务理念

长江航运出现的跨越式发展，为长江航运信息技术的应用带来了千载难逢的发展机遇。长江航务管理局把满足航运系统各方面、各环节业务信息化需求作为信息化发展的出发点和落脚点，紧密结合航运管理和生产经营的需求，大力开发利用信息资源，着力推进信息技术在关键业务领域中的应用，促进了互联互通和资源共享。正是在信息化建设实践中，长江航运人培育出了用心服务、用情沟通的服务理念，逐步树立了高效服务、诚信服务的良好形象。

1999年6月，“长江航运信息网”网站的开通，迈出了长航系统内政府上网工程的第一步。2003年6月，长航局政府网站正式开通。到目前，长航局系统共建成外网网站34个,内部网站33个，长江航运政务主网站群建设初具规模。长航局直属各单位网站开通率为100%，各直属局二级以上单位和一些基层处站（所）也建立了自己的网站或网页。以长航局政府门户网站和各直属局政务网站为窗口，各单位积极开展信息交流，拓宽信息服务范围，网站建设内容不断充实，服务水平不断提高。

2006年1月1日，长江三峡通航管理局的内、外网开始按时发布三峡船闸和葛洲坝船闸的船舶过闸计划。与此相适应，该局航运调度中心新的通航调度管理系统——“三峡~葛洲坝水利枢纽通航调度系统”也启用，原来船舶申报过闸计划只能在每天8时~11时30分一次性申报，新系统启用后改为24小时申报。新的调度系统自动化程度和透明度很高，船方可直接从互联网上查看船舶过闸计划，了解船舶过闸动态，船主轻点鼠标就知何时可以过闸。新系统还首次将过闸计划延伸到船闸集控室，使过闸计划与现场调度组合在一起，有效缩短了船舶待闸时间。新系统的启用使船舶通过三峡河段更快捷、安全。

长江航运各单位主动适应安全管理和运输生产需求，积极推进信息技术在航运业务中的应用，将网络技术、电子海图、GIS、GPS等现代信息技术应用于安全监管、船闸运行维护、航道整治等航运关键业务，与航运技术综合集成、相互渗透。相继建设开发了办公自动化系统、安全监控管理系统、地理信息系统以及船舶动态、航标遥测遥控、船闸运行调度等多个航运业务信息应用系统。据不完全统计，仅长航局及所属单位开发运行的各类业务应用系统就达60余个。

长江通信管理部门“把用户要求作为第一信号、把用户的需要作为第一选择、把用户的利益作为第一考虑、把用户的满意作为第一标准”，提出了“用心服务、用情沟通”的服务理念。从服务内涵、服务理念、服务流程、服务规范4个方面入手，认真打造长江通信安全化、规范化、公益化、便捷化、人性化、平价化的服务品牌。

① 转引自黄强.《长江航运文化资源开发与利用的思考》：《中国水运》.2007年第8期。

② 周家华.《航标灯，亮在我心里》：《中国交通报》，2007年2月27日。

③ 引自《港口》：《中国站长前线》，网址：http://www.zzadmin.com.2007年6月2日。

④ 数据来源：根据2007年《中国统计年鉴》有关数据计算得出。

⑤《外事志》：四川省人民政府外事办公室网站：http://www.scfao.gov.cn/wsz。

⑥ 陈俊等.《长江航运信息化发展综述报告》：长江航运网：http://www.cjhy.gov.cn，2005年11月29日。

⑦《国内最大内河船舶监管系统安装完毕》：《中国水运报》，2007年12月3日。

三、长江航运的服务品牌

长江航运人打造出特有的行业形象，形成了长江航运人特有的服务品牌。

（一）水上搜救的保护神

长江是我国内河最重要、运输规模最大和最为繁忙的通航河流，也是交通部“四区一线”重点监管水域之一。仅长江海事辖区，常年航行的船舶就有5万余艘，有1000多处渡口，1000多艘渡船，一年有6000多万的渡运人次。直接从事水上工作的人员有100万人，涉水的相关人员有5000万人，每天在辖区水上活动的人员达35万人，相当于一个中等城市的人口，稍有闪失，人员伤亡事故随时可能发生。长江航运安全管理关联度广，社会性强，影响面大。

2008年1月7日，上行货船“豫信阳货0680”与下行货船“云隆819”在太子矶7号白浮附近水域发生碰撞，“豫信阳货0680”船舱进水沉没，船上3名船员全部落水。接到险情信息后，长江海事人员立即赶到现场开展营救，迅速救起2名落水船员，接着又不顾严寒和个人安危，跳入江中，成功救起最后一名落水者，确保了所有落水人员全部获救。

2008年1月27日，上行的“帝豪958”集装箱船在廖叶湾水域与下行机驳船“江东8号”发生碰撞。“江东8号”当即翻覆，2名船员1人落水，1人困在翻扣船舱中。长江海事人员接到险情信息后立即开展营救，20分钟赶到事故现场，迅速将落水船员救起。在天降大雪，气候极其恶劣的环境下，海事人员冒着危险踏在翻沉的“江东8号”货船底板上，边敲打安慰翻扣在舱内的船员，边采取氧割船底实施营救，经两个多小时的奋力苦战，终于在9点15分将困在船舱中的船员成功救出，赢得了一场时间与生命的赛跑。

“人命救助，责任如山”。船舶航行安全和船员生命财产安全历来是长江海事服务的重中之重。在抢救遇险遇难船舶中，长江海事每年要组织400余次搜救行动。2006年，长江海事成功救助船舶623艘、遇险人员6242人，人命救助成功率达99%，挽回经济损失3.54亿元。2007年，组织搜救行动441次，救助人员7764人，平均每天救21人；救助船舶617艘。充分展示了长江海事负责任的良好社会形象，赢得了船舶单位、船员及社会各界的广泛好评和高度赞誉，被誉为长江海难搜救的“保护神”。

1. 完善搜救设施

“十五”期末，长江海事局针对应急救助专业船艇总体数量不足、功能不全的实际状况，开展了一系列船舶建设规划、论证等前期工作。先后完成了《长江海事局总体布局规划》、《长江海事巡航救助一体化规划方案》等4个专题规划，提出了依据现有船型进行修改设计与新船型开发设计相结合的建设方式和“十一五”期长江海事巡航救助船3个级别4种船型的推荐船型方案，明确了具体实施“511”工程的工作计划。即50%以上分支机构配备1艘具备较强监管及救助能力的40米级船舶；100%派出机构（海事处）配备1艘有生活设施和具备较强执法监管及一定救助能力的30米级船舶；100%的一类办事处（执法大队）配备1艘具备快速反应能力的20米级船艇。至2007年底，已完成26艘20米、30米、40米级巡航救助船艇及10艘7.8米快艇的建造。

同时，积极开展现有装备改造。2005年以来，先后投入1700余万元将35艘趸船改造成为巡航救助基地，对部分退役老旧海巡艇实施大修并增配雷达等设施。到目前为止，全线已拥有各类应急救助船艇118艘、趸船89艘，全天候巡航搜救能力大为提高。

为确保三峡库区遇突发事件30分钟能到达现场，重庆、三峡、宜昌海事局建立了7个水上搜救分中心，重新布点34处，执法中队搬到趸船办公。车、艇合理调度，并在库区远离港口的复杂航段确定了76艘民间救生船，使海事搜救的有效覆盖率达到90%。

在长江下游，为加强南京段水上安全监管，保障船舶航行安全，并应对南京地区水上各种突发事件的发生和监管水资源，交通部批准在南京建设一座占地40多亩，集海事巡航、搜救、执法三位一体的多功能综合基地①。工程包括一座基地码头、综合业务用房、救助和防污清污器材库、指挥及通讯设施、配电房、应急发电机房等附属设施，并将建设直升机停机坪、起落跑道及相关地面设施等。同时，配备具有视频功能的船舶现代化通讯、监管服务设备。这个目前长江干线最大的水上监管救助综合基地建成后，海事巡航与水上救助一体化将得到有力保障，水上突发事件处置能力将达到新的水平。

2. 健全搜救体系

根据交通部《关于建立长江干线水上巡航执法与应急动态待命制度》的要求，2006年，长江海事局充分整合现有资源，科学调整应急站点，按照重点水域适当加密，满足“153040”快速反应要求，即接警后行动迅速，港区内的救助可在15分钟内到达，港区外30分钟到达，远距离事故救助在40分钟内到达现场展开救助的原则，整合巡航资源，调整站点部署。在全线共设置一线巡航救助应急救助站点118个，平均22公里设置1个搜救单元，并保持24小时应急值班待命。

同时，长江海事部门积极推动地方政府开展水上搜救机构建设工作，在辖区组建了10个水上搜救中心和37个水上搜救分中心，逐步形成了长江水上搜救协调中心、分支局所在地搜救中心、海事处所在地搜救中心(分中心)、巡航救助执法大队一线搜救单元的四级巡航搜救网络。明确指定了包括拖（推）轮、消防船等社会搜救船舶共计186艘，在三峡库区继续明确150艘“川江人道救生船”，实行“分级调度、全天候待命”的统一管理模式，进一步充实了辖区搜救力量，基本实现了巡航救助站点布局的一体化。

2007年12月27日，上海海事局举行长江辖区水域网格化管理启动仪式，长江上海段航区将被划分为43个网格，上海海事局吴淞海事处、宝山海事处、外高桥海事处、崇明海事处将管理重点、职责、力量与划分的网格一一对应起来。整个航区水域将根据日常监管重点、船舶交通流、工程施工以及应急搜救区域等分为3个网格类别。一类网格为警戒区、重点航段、客轮航线、重要码头前沿水域、大桥附近水域、水工作业水域、交通流量密集水域等，二类网格为锚地、港池、船舶较少通航水域、巡逻艇定期或不定期巡航水域等，三类网格为应急搜救水域等。此举将进一步增强管理的有效性，实现海事监管全覆盖和对险情事故的最快应急反应。

2007年11月22日上午，我国内河

上最大的船舶监管系统的第一个外围站点设备在三峡坝区南津关一次性吊装成功，这标志着长江上由7个雷达外围站、15个电视监控站组成的三峡~葛洲坝船舶监管系统工程（简称为“三峡~葛洲坝VTS”）进入安装阶段。它集信息采集、处理、控制及服务于一体，可实现通航业务的综合管理。该系统可在三峡59公里河段内织就一张安全保护网，撑起一个自动化的船舶指挥调度系统。通过该系统，可保证对上起庙河、下到庙嘴的59公里水域船舶交通实施监督管理，并可与其他部门协作开展搜救等行动。

健全的水上安全搜救体系的建立，使得长江水上交通安全形势持续稳定。无论是应对1998年长江流域特大洪水，还是应对各类航运事故的应急处理，包括水上船舶碰撞救助、水上船舶火灾扑救、水上船舶溢油处置、水上落水救助及沿江地质滑坡事故碍航处置，长江海事搜救应急处理机制都经受了考验。

3. 强化搜救机制

根据水上交通安全风险信息的性质和可能引发水上险情或事故的紧迫程度、危害程度和影响范围，长江海事局建立并实施了“四级预警、三级发布”的水上安全预警长效机制，将安全预警分为“安全状况、通航秩序、洪水、枯水、气象灾害、地质灾害”六个类别和由低到高分为四个级别。2007年元月1日联合国家气象部门开通运行了“长江海事气象”专题气象栏目，通过“电视节目”和“图文资讯”两种方式为辖区广大船舶、船员提供47个县级以上港口城市和8个引航站所在城市的气象信息和气象预警信息。安全预警机制自2006年10月实施以来，已实施各类安全预警行动近200起，有效应对了大风、大雾、大水等恶劣气况、环境对水上安全的影响。制定并实行了《长江海事局水上巡航执法与应急待命制度》，全面实行长江局、分支局、海事处“三级指挥”，长江局、分支局、海事处、执法大队(应急站点)“四级待命”的应急反应机制。建立了以“12395”水上专用报警电话为主、船载VHF电话以及移动通讯为辅的报警信息网，进一步畅通遇险报警渠道。

长江海事部门以“管理信息化”和“监管现代化”建设为依托，建立了险情搜救应急决策机制。运用先进的网络技术、信息处理技术以及计算机技术，将已建的水上交通安全GPS监控系统、VTS系统、CCTV系统等图像、声音信号传输到协调中心，初步形成并运用了以“重点船舶GPS系统、重点港口VTS系统、重点水域CCTV系统，以及长江海事信息网络”组成的长江水上搜救决策指挥系统，为应急搜救远程指挥和科学决策提供了平台。建立并实施了水上应急搜救奖励制度，2007年制定并实施了《长江水上人命救助奖励制度》，对水上救助行动中表现突出的单位、船舶和个人包括有突出贡献的社会船舶和单位予以奖励。

4. 严格巡航管理

2005年，长江海事局制定了《巡航工作指南》，从巡航频度、时间和距离上提出了量化指标，提高巡航覆盖面。推行“夜间巡航”、“高峰巡航”、“重点驻守”和“车船结合”等措施，在夜间及船舶违法行为、事故险情高发期、船舶交通流高峰期加大巡航力度，提高巡航有效性。开展随船检查和“巡航杯”评比工作，促进巡航质量提高。2007年，又上升形成了《巡航管理规范》，进一步规范巡航工作，提升现场监管能力，以利险情的早发现、早处置。

针对夜间违法行为和事故险情较为多发、交通流量变化及日常分布不均等情况，长江海事局先后推行了夜间巡航和高峰巡航制度，24小时全天候巡航制度和全辖段巡航制度。巡航工作的巡航质量、有效性和针对性得到加强，现场通航秩序得到有效控制。

为营造安全畅通的通航环境，长江海事局结合辖区通航环境特点，通过开展“巡航质量月”活动，加强对重点水域、重点船舶和重点时段的巡航检查。通过加强水情、航道变化等安全信息的采集，强化对通航秩序、通航环境和事故情况的分析，通报通航环境和事故险情，重点做好船舶流量高峰时间段，以及桥区、坝区、港区、通航密集区、事故多发段、非法采砂区的现场巡航维护，并派海巡艇驻守通航密集区和事故多发水域，维护现场通航秩序。据三峡大坝蓄水两年的巡航统计，海巡艇巡航里程达到48.8万余公里，相当于绕地球12圈。每年，长江海巡艇巡航里程的累计量等于绕地球58圈。

5. 提升实战能力

2006年7月24日，由长江航务管理局组织、长江海事局主办的三峡库区水上联合搜救演习在万州港区水域举行。此次演习以“关爱生命、保障安全”为主题。包括人命搜救、船舶救助和船舶消防3个科目，历时约60分钟。

在此之前，长江航务管理局系统在三峡通航水域举行了大规模的水上救助联合演习、船舶灭火救援联合演习和船舶溢油应急演习。在这些演习中，相关救援部门和人员出动迅速，处置得当，积累了较为丰富的实战经验。

2007年9月22日，为了落实《中华人民共和国突发事件应对法》、《国家突发公共事件总体应急预案》和《国家海上搜救应急预案》等有关法规，长江上规模最大的水上联合搜救演习在万州港举行（见图3-12）。演习模拟的人命救助、船舶救援、船舶消防灭火、溢油应急处置等场景，都是长江上曾经出

图3-12　2007年9月22日，交通部与重庆市人民政府在重庆市万州水域联合举办了“2007年长江三峡库区水上联合搜救演习”。演习的主题是“关爱生命，珍爱长江，共建平安黄金水道”。

现过的险情。参与搜救演习的有长江海事、航道、公安、通信、救助、武警、渔政、港航、气象、卫生、航运公司等22家单位，演习船舶68艘，直升机1架，通讯、医疗和工程类车辆10辆以及其他相关辅助装备，参演人员达500余人。这是一次层次高、规模大、针对性强的联合演习，对于提高长江搜救中心的组织、协调和指挥水平，积累在人命救助、消防、清污和水上安保方面的实战经验，锻炼水上应急队伍，加强各涉水单位在水上搜救中的协调配合，具有重要意义。

为了提升实战能力，长江海事局两级机构均健全了水上搜救应急预案，为实施人命救助工作提供了完善的工作程序和技术支撑。《预案》要求现场搜救人员90%具备水上救生能力，库区以下航段15米级以上航段海巡艇持证驾驶员全部具备夜航、雾航能力。接警后海巡艇必须5分钟内出航。以建设这样一支搜救队伍为目标，长江海事局开展了海事人员、船员三年技能达标活动和每两年一次的船员大比武活动，实施了“153040”应急救助月度演练制度，建立了水上救生能力培训、应急知识更新演习和定期开展综合性水上搜救演习制度。通过演练，打造出了一支特别能吃苦、特别能战斗的快速高效水上搜救应急队伍，提高了水上巡航监管和人命救助能力，有效减少了水上人员伤亡和财产损失。

四、抗洪抢险的排头兵

历史上长江曾多次发生特大洪水。每当洪水威胁国家和人民生命财产的时候，长江航运发挥了其他运输方式难以替代的特殊作用，长江航运人总是奋战在抗洪抢险第一线，千方百计保障抢险救灾物质运输，冒着生命危险封堵堤坝决口，在洪水急流之中抢救灾区群众生命财产，在抗洪抢险中发挥了“排头兵”作用。

1. 抗洪抢险中的生命之舟

建国初期，在公路、铁路、航空运输不发达的情况下，长江航运发挥了大动脉作用，在历次长江抗洪抢险中又成为运送防汛救灾物质的主力。在发生全流域性洪水的1954年和1998年，长江航运人由于在抗御这两次特大洪水中表现突出而享誉社会。长江航务管理局系统许多单位由于在九江、牌洲、石首、公安等地的抢险中成绩突出，受到各级政府表彰和广大群众一致好评。作为长江航运人的代表，长江航务管理局在1998年被湖北省授予“抗洪抢险特别贡献单位”称号。

1952年，长江航运人以提前17天超额9%完成了荆江分洪工程所需黄砂和块石的运输任务，被称为“中国航运史上的奇迹”，受到荆江分洪总指挥部的通令表扬。

1954年汛期，武汉关水位升至29.73米，洪水在超警戒水位以上停留时间长达100天，公路被冲毁，京广铁路中断了100天，形势之险胜过1931年洪水。在这次抗洪斗争中，长江航运人根据国家防总和地方防总的指令，组织船舶运送灾民、种子和救灾粮，把大量急需抢险物资运送到位。“人民四号”艇在监利拖运灾民，为他们供应饮食和医药，圆满完成防汛救灾物资及灾民运输任务，受到各级政府嘉奖。武汉港5个单位、166人受到武汉市表扬奖励，黄石港受到湖北省、黄石市多次表扬，安庆港3个单位荣获集体奖……。

1998年，长江再次遭遇百年一遇特大洪灾，先后出现8次洪峰，宜昌以下360公里江段和洞庭湖、鄱阳湖水位长时间超历史最高记录。长航系统各单位在此次抗洪中共投入人力11万人次、物资4100万元。仅港口就动用车辆1112台次、船舶820多艘次。长航集团被沿江省市防汛指挥部征调的抢险船舶共141艘。长江62008轮、江申6号轮、江汉134轮、长江22030轮等很多船舶，作为抢险指挥船、解放军宿营船、伤病医疗船和生活保障船。在长江牌洲、监利抢险中，长航集团动用了3万吨船队，为防汛抗洪斗争提供了有力保障。在嘉鱼，长江海巡艇成为地方政府的抢险指挥艇。监督47号和87号艇连续航行140多个小时，指挥船舶转运灾民近4万人。九江港民兵舟艇抢险应急小分队汛期出击抢险10次，转移受困群众2000多人，转移物质价值2000多万元。长江航运公安局长公九号艇参加抢险21艘次，仅参加小黄州溃堤抢险，就抢救群众85人。长江航道局洪湖航道处1243号艇多次出航抢救灾民，被誉为冲向溃口的生命之舟。

2. 牺牲精神在抗洪抢险中闪光

1998年8月7日，百年一遇的洪水冲破九江城防大堤，数十万人民生命财产安全受到威胁。

在长江九江大堤面临全面溃堤的关键时刻，原长江九江港监局局长陈纪如临危受命。他带领长江海事人员，乘坐海巡艇火速赶到现场。面对奔腾咆啸的洪水，他审时度势沉着果断地调度指挥，为了九江人民的安危，置生死于度外，亲自驾船拖带大型重载货船冲向溃口，一举沉船堵口成功，在封堵决口中起到了决定性作用，为九江军民全面完成溃口封堵立下了头功。他因此荣获“全国抗洪英模”、全国“五一劳动奖章”、江西省“劳动模范”称号。

在沉船堵口中功不可没的大型重载货船，就是中国长航集团武汉长江轮船公司的大型运输船舶甲21025号，船上满载着1600多吨煤，价值3000多万元。船公司毫无怨言地贡献货船，所在船员也积极投身到沉船抢险战斗，体现了长江航运人的牺牲精神和良好风貌。这次沉船，成功封堵了长江洪水的肆虐。以陈纪如同志为代表的长江航运人的沉船堵口行动，不仅是九江抗洪史上最精彩的华章，也是中国抗洪史上最灿烂的一页。在这次抗洪斗争中形成的“万众一心、众志成城，不怕困难、顽强拼搏，坚忍不拔、敢于胜利”的伟大精神，是长江航运人爱国主义、集体主义的体现和发扬，也是长江航运人光荣传统的发扬光大。

3. 拼搏精神在抗洪抢险中升华

1998年，长江牌洲溃口。一部分解放军官兵和军车在抗洪抢险中失踪。武汉市政府一项抢险紧急任务凌晨2时下达：火速派救捞设施和潜水员到牌洲打捞军车和失踪官兵。正在值班的武汉航道救捞处接到电话后，迅速拨通了一家又一家电话，召唤着一个个热血男儿。“风尘三尺剑，社稷一戎衣”。潜水员刘良咏立即离开还未满月的婴儿；退休在家安度晚年的63岁共产党员王学云义无反顾地赶到了集合现场……。不到两个小时，30名救捞抢险队员纷纷聚集到了救捞处防汛指挥部，并立即赶赴抢险现场。

抢险现场触目惊心。房屋在混浊的洪水中摇摇欲坠，树枝等杂物在水上水下犬牙交错。江水混合着泥砂、死猪和粪便，臭味扑面。

面对如此恶劣的水上水下作业环境，熊国强毫不犹豫地第一个潜入水中。卢宝华等也紧随潜入。潜水员工作环境特别复杂，一会儿在水下作业，身体感到特别冷，一会儿又回到40多度的高温水面。由于温差大，潜水员周文德终于支持不住，发高烧，拉肚子，但仍坚持战斗在岗位上。刘良咏在水下探摸时，背部被军车上的铁壳划开了一条2寸多长的口子，鲜血外涌。在背上贴了3个创可贴后，他依然奋战在打捞现场。青年突击队长、共产党员王晓非，到现场后就皮肤溃烂，瘙痒得钻心，彻夜难眠。但他仍然顽强地打起精神，哪里有硬仗就冲向哪里。田晓林、黄成龙、陈桂林、黄连兵等8名潜水队员如同八大金刚，苦战7天7夜，在华航打捞人员的配合下，打捞军车11辆，为国家挽回近400万元的财产损失。

长江航运人的奉献精神受到湖北省防汛指挥部领导和灾区群众的高度赞誉。1998年8月28日，省防汛总指挥部给送来铜匾："抢险救灾，无私支援"。

① 李墨飞等.《长江水上救助基地落户江心洲》：《南京日报》，2006年9月10日。

五、水上治安的忠诚卫士

1. 打击江盗水匪的"长江蓝盾"

在21世纪初，长江中游江段江盗水匪猖獗，一些不法分子把黑手伸向了在长江航行的运输船舶。

据一线指挥部调查统计，在1999年至2001年的3年时间里，长江"江盗"日均发案2.43起，受害者日均直接经济损失达1.88万元。湖北省荆沙至黄石长江水域是"江盗"活动最猖獗的地带，其中为祸最甚则在金口段。青山王家屋锚地是船舶进出武汉港集中抛锚地，每天至少有60多条船在这里待港。这里和对岸阳逻镇都有大型燃油码头，油船经常被盗。

一位船长说："以往，船行长江，最怕洪水时禁航、枯水时断航，现在，最怕江盗"。活动频繁的江盗水匪，成为黄金水道上最大的航运祸患。2000年12月至2001年5月，在荆州至黄石780多公里的长江区段，长航公安与湖北省公安厅水陆夹击，打响了一场打击江盗水匪的专项战役。

长江岸边的金口村，由于从事盗油的人多，而被称为"盗油村"。全村至少有60多人涉嫌"江盗"，甚至出现了"赵氏三兄弟"这种家族式的盗油团伙。这些"江盗"一小时可以盗五六吨油，非法获利上万元。其作案时间均为深夜，先是小机划船拦住行驶中的油船首部，迫使货船减速。同时，另外的机划船迅速靠近船尾并与货船同行。“江盗”把油管插进油船上的通风口或油舱，再用泵抽取船上的油料。如果货船抛锚，他们就直接上船偷盗，偷盗不成，就武力抢劫。一得手，便迅速消失在江面上。偷油的多了，金口附近4家水上加油站也应运而生。他们低价收进，然后将汽油、柴油直接送到东西湖、汉南及市内各加油站，原油则送到沿江炼油厂。

为了查清金口“盗油村”的作案情况，长航公安局武汉分局民警冯贵生跟船暗访，从受害船方直接了解到“江盗”活动的主要特点。通过8个多月的明察暗访，长航公安局一举出击。“盗油村”里七八个团伙、几十名“江盗”落网。临江几家非法加油站和炼油厂也被摧毁。

2000年12月12日，“12.8”黄石劫船案告破，被劫持的重庆万寿航务公司拖驳船队船只被追回，18名主要犯罪嫌疑人落网。

2001年1月7日晚，武汉港公安局出动精干警力，一举将活跃在青山王家屋锚地，并形成盗、运、销一条龙的“江盗”头目刘国元抓获。次日，该团伙9名骨干分子全部落网。1月10日，长航公安局武汉分局的30多名警员，火速赶到洪湖油码头现场，就地生擒9名正在监利一汽渡码头销赃的监利籍团伙成员，当场缴获一艘盗油船、两辆东风汽车和原油15吨。1月15日零时，近千名湖北公安和长航公安人员，悄悄将一张法网撒向荆州至黄石江段，荷枪实弹的公安人员扑向预定布控地点。直到16日零时，第一次集中大行动就抓获了负案在逃人员和犯罪嫌疑人141人，捣毁犯罪团伙11个，端掉4个销赃窝点，并缴获作案船舶28艘、油泵4台、油管3根。2月12日，“龙祥”号客轮劫持案告破，4名主要犯罪嫌疑人被捕。

2. 长江港航单位的保护伞

2002年4月6日晚，犯罪嫌疑人陈文举等14人在长江安庆港水域对2艘吸砂船进行抢劫。长航公安局安庆公安分局接警后，次日早晨8时就在安庆郊区皖河大桥附近将该团伙所有成员一举抓获。

一旅客电话举报地方客轮有赌博、放黄色录像的行为。根据这一线索，长航公安立即组织警力，对“仙发”等9艘地方客船进行了清理。查清治安案件9起，处理了14名违法人员，清除了客船上赌博、放黄设备，净化了客船环境。

这两起不同于以往案例，看似平常，但它表明，长江航运公安已经在长江行使中央管理水域的公安管理事权。

长江航运公安局成立于20世纪50

年代，长期以来为维护长江航运治安秩序和稳定做出了积极贡献。随着社会主义市场经济体制的建立，原有以港航企业为主体的长江航运公安体制已不适应形势的需要。为建立与长江治安相适应的新体制和办事高效、反应快速的长江航运公安机构及队伍，以确保长江干线水域的政治、治安稳定，长江航运公安新体制在有效运行一年后，于2004年1月1日正式运行。

长江航运公安新体制从法律、法治的层面，明确了长江港航公安机构是国家治安行政力量和刑事司法力量的重要组成部分，在长江行使中央管理水域的公安管理事权。在长江干线，从泸州至上海，泸州、重庆、万州、宜昌、荆州、岳阳、武汉、黄石、九江、安庆、芜湖、南京、镇江、苏州、南通、上海等16个公安分局先后设立。他们在各自辖区，负责实施治安行政管理工作，查处治安案件，维护治安秩序，保障客货运输安全。负责侦破各类刑事案件，预防、制止和打击各类刑事犯罪活动。负责水上设施、船闸和客运、货运船舶治安保卫工作。负责反恐怖、反劫船，处置突发性事件。负责航行、停泊、作业的中外民用船舶、水上设施、趸船、码头的消防监督管理工作。负责对外籍船舶、船员、旅客等出入境进行管理，查处涉外案件等。至此，长航公安局从以内保性质为主的企业公安转变为面向全长江的国家行政公安机关，承担起国家赋予的神圣使命（见图3-13）。

图3-13　被誉为长江蓝盾的长航公安局公安干警在港区巡逻

新体制强化了长江中央管理水域的治安、刑事侦查、消防监督及水上船舶、水上设施和船闸等方面的治安保卫管理工作。为长江干线水域的政治、治安稳定，长江港航单位的运输安全撑起了一把保护伞。

3. 为船舶护航的水上110

随着市场经济和经济全球化的发展，长江水上治安形势出现两大变化，一是长江沿线的国际游客数量日益增多，保护长江沿线国际游客的安全成为长江水上警方一项十分重要的任务。二是随着中国入世和西部大开发战略的实施，各种类型的企业大量进驻西部，长江水上的货运尤其是滚装船大量增多，长江水上警方保护货物安全和消防的任务大大加重。根据这一新形势，长江航务管理局2000年10月26日，开始在长江鄂西段274公里水域范围内进行110报警服务试点。

与岸上警方110报警服务不同的是，长江鄂西段水上110报警服务突出强化了联动功能，其联动网络覆盖了公安、港监、航道、通信、港口、船舶、医疗和三峡通航管理等多个领域，参加联动服务的单位多达34个。长江鄂西段水上110报警服务联动网络建立了“相互协作、专线联网、就近接警、归口办理、各负其责”的运行机制，通过支持保障系统相互合作，管好水上安全，服务船舶，服务社会。110联动中心设在长航公安局宜昌分局，负责接警处置，并在巴东区段、三峡大坝区段、宜昌城区段、枝城区段设立4个联动信息中心，主要受理长江巴东鳊鱼溪至松滋全长274公里水域内的危、难、险、急事宜。

自2000年10月至2003年5月，长江干线上相继建立重庆、渝东、鄂西、荆州、武汉、九江至武穴、安徽、江苏、上海9个区段水上110联动中心，覆盖了长江干线重庆至上海2800公里江段。9个区段水上110联动中心共接报警15400个，均得到及时处理，有效地维护了长江水上交通安全和治安秩序。

2001年6月15日凌晨，载有123名德国游客、109名船员的“扬子江乐园”号涉外旅游船行至宜昌水域，突然而至的一场火灾把游客从睡梦中惊醒，危急时刻，长江鄂西段“水上110”报警服务联动中心接警，立即指派长航宜昌公安分局人员会同港监人员出警，10分钟内即赶到现场，展开灭火施救，把损失减少到了最低程度。

一次，长江安徽段水上110报警服务联动中心接到群众报警电话，立即通知安庆港分中心。安庆港公安局民警与安庆长江港航监督站的执法人员驾101号港监巡逻艇全速出击。发现有近60条吸砂和装砂的船只在莲花洲头、东流水道上约5公里处猖狂盗采。执法人员迅速登上2条吸砂船，其他船只见状则四处逃窜。执法人员依法收缴并拆毁了2条吸砂船，违法人员受到治安处罚。这起芜湖接警、安庆处警的案例，及时维护了长江航道的畅通，显示了水上110报警服务联动中心的神威。

一次，江渝10号客轮在长江乌龟夹搁浅，船上930名旅客生命和财产受到威胁，该轮搁浅后及时向长江鄂西段水上110报警，指挥中心接警后迅速通知港监部门组织有关单位开展施救，确保了旅客生命财产安全。

2005年11月19日下午，长江安徽段水上110报警服务联动中心接到报警电话后，立即指示长航芜湖公安分局、芜湖港公安局、芜湖长江港监局派艇追赶肇事船舶。旋即，16号公安艇、港监57号监督艇、港公安局消防艇全力追向目标，截获肇事嫌疑船。受害人船主叶某知悉逃逸船只被截获后，十分感激长江水上110。

一次次及时的救助，一件件到位的服务，寓管理于服务之中的长江水上110，拉近了管理与被管理者之间的距离。110报警服务使联动水域的刑事案件、治安案件、海难事故、火灾等得到了及时处置，船舶和公众的疑难问题也得到了及时解决，受到船舶和社会的普遍欢迎。长江水上110不仅是航运的，而且是社会的。长江航运人将110服务联动机制引入长江，是社会服务联动工作的延伸，是打击长江黑恶势力，建立长江社会治安长效管理机制的重大举措，它赋予了公安110新的含义，消除了一些沿江城市的110盲区。

经过3年时间的有效运行，2003年 5月12日，设在长航公安局的长江水上110报警服务联动指挥中心正式启动，从而使长江9个区段建立的水上110报警服务联动服务连为一体，形成了长江上完整统一、协调互动的110报警服务联动体系。这套联动系统快捷准确，接警员输入事发地点后，大屏幕上立即出现一张电子地图，显示2800公里长江干线上的行政区划、河流、水文地理、码头等。接警员轻点鼠标，即可查到事发地点的航运公安机关负责人的姓名、电话；点开相关项目，可查到航道、通信、医院等联动单位的负责人。中心电话可接通事发现场、上级管理部门，实现三方同时通话，跨区域调度协调。

截至2005年3月，长江9个“水上110”报警服务联动中心共接警6800余起，其中刑事案件627起，治安案件3167起，海事事故249起，群体性事件20起，火灾事故26起，求助1091起，其他事件1643起，为及时解决港航企业和人民群众危难险急之事，维护长江水上交通安全和治安秩序发挥了积极作用，受到社会各界和人民群众的广泛称赞。《人民日报》、《法制日报》、《人民公安报》以及互联网等新闻媒体相继对其进行了报道，长江水上110已吸引了越来越多社会关注的眼球。公安部纪委书记祝春林说：“长江水上110是名牌精品，是我们的拳头，一定要建设好”。

根据“面向全长江，服务全社会”的长江航运行业管理总体思路而建立的长江水上110报警服务联动系统，通过“举长航系统各单位之力，发挥长航系统整体优势”的运行模式，解决了水上遇到的危难险急之事报警难的问题。此举树立了政府形象，强化了管理部门对长江水上运输生产行业的管理和服务职能，加强了长江水上治安综合治理和联合执法的力度，对促进长江水上运输生产安全，解长江水上运输生产中的危、难、险、急之情于一旦起到了积极的作用。同时它也是社会服务联动工作的延伸，是打击长江黑恶势力，建立长江经济社会治安长效管理机制的重大举措。

六、航运信息的传递使者

进入新世纪以来，长江航运出现的新的发展态势，为长江航运信息技术的应用带来了千载难逢的发展机遇。为加快长江航运发展，建设“数字航道”、“智能航运”，长江航运人以信息化提升长江航运管理与服务水平为目标，开始了长江航运数字化、智能化建设。

1. 向数字航道迈进

2005年建成的长江干线航道测量设施及设备建设一期工程，是国家在长江航道投资规模最大的测量基础设施工程。长江航道GPS控制网是目前国内覆盖范围最广、精度较高的狭长带状网。其GPS测量设备利用了卫星定位技术和网络技术，使长江航道测量手段初步实现了数字化、自动化和外业数据采集的全天候作业。目前，长江航道全线15个测量队全部用上GPS全球定位系统，使用超声波测深仪和人工测量航道水深的历史宣告结束。

如果说GPS控制网的建立初步实现了长江航道测量手段的数字化，那么，长江干线“航标遥测遥控系统”建设取得的进展，则为在长江全线建设“虚拟航标系统”打下了良好的基础。

2004年9月，三峡库区鳊鱼溪至三峡大坝航标遥测遥控系统三峡光端机完成了安装调试。这项工程以国际标准化的电子海图作为可视化信息平台，利用现代航标测控技术、计算机网络技术、通信技术和数据处理技术，实现南浏河段航标的遥测遥控管理和电子海图编辑改正与应用的一体化、网络化。通过工程建设，可实现定时自动获取所辖航标的动态信息，通过远程控制或设置指令改变航标工作状态，提高航标管理现代化水平。与此同时，按照交通部的部署，长江航运人目前正在加紧进行“长江干线电子海图系统开发研究”专项工作。

长江上游航道也向数字化、科技化迈出了重要一步。2007年初，兰叙段航道全线11个信号台全部装上信号自动揭示系统。该装置是目前长江航道全线最先进的信号揭示装置，它标志着上世纪50年代以来人力揭示信号历史的结束。

按照“数字航道”的建设目标，长江航道要逐步建设航标遥测遥控、航道通行信号揭示、管理自动化系统；航道测量数据应用传输系统；重点控制航段监测管理系统，逐步实现数字化测量、数字化维护、数字化装备、数字化管理。

2. “智能航运”开始起步

2004年9月，长航局按照“数字航道”、“智能航运”建设的总体要求，重点对长航系统“九五”以来完成或在建的信息化项目，“十一五”规划新建的信息化工程和研究项目进行了统计分析,研究确定了一批信息化建设和研究项目。当月，长航局正式启动《长江航运“十一五”信息化总体规划》的编制工作。

经过“十五”期的快速发展，长江航务支持保障系统信息化建设，已由“起步阶段”向“初级数字阶段”过渡。

1999年6月，“长江航运信息网”网站开通，为沿线港航企业提供各类行业信息，迈出了系统内政府上网工程的第一步。2003年6月，作为对外服务的窗口和载体，长航局政府网站正式开通。

2004年，长航局和局属单位基本建成一级网站并投入运行，局机关初步形成了自动化办公的网络环境。全局系统二级网站建设方兴未艾。2007年，长航局基本建成“一路、一网、三库”。即覆盖长江干线的宽带数据传输网路；长航局系统一级办公业务广域网；长江航运基础设施、航运企业及船舶三大基础管理数据库，同时完成部分长江航道、海事等业务信息数据库建设。2007年6月，广域网建成，长航局与直属五个专业局，以及部分专业局与二级机构之间，实现局域网络的互联互通和信息资源的共享利用。以开发办公自动化系统（OA）和政务“主网站群”为重点的建设，扎实推进了长江航务电子政务，逐步提高了各局内部办公、对外服务的能力和质量。2004年4月1日，长江海事局21个基层海事处开始电子签证系统的试运行。7月，实现电子签证的基层海事处增加53个。2007年 1月，长江海事部门首次在三峡库区的29艘轮船上安装了GPS全球卫星定位监管系统，它利用3G技术，对船舶进行长江全线定位，在监控中心的电子海图上可动态查询船位及航线，全天候监测船舶的行驶。若遇险情，驾驶员只需按按钮便可向监控中心报警。乘客也可按报警按钮举报船舶超载、冒雾违章等行为。武汉至南京光缆传输系统和南京至上海数字传输系统的建设将于年内完成。长江通信专网基本形成沿长江干线的链状覆盖，实现了船舶、船岸之间的无线电通信，结束了单纯依靠短波通信的历史，使长途传输明线载波过渡到数字化阶段。

长江干线航运基础设施、船舶以及航运企业基础数据库的建设，长江下游电子海图地理信息系统（GIS）的开发应用，船舶电子签证的推行等信息资源建设和信息技术的应用，初步形成了“数字长江”的基本框架，有效提高了长江航务系统的行业管理和安全保障能力。

3. 信息服务面向船舶

2007年10月20日，长江三峡~葛洲坝船舶监管系统工程大屏幕开始安装。大屏幕利用多媒体技术，将辖区内船舶动态视频信息及航道、锚地、船闸、码头和渡口等重点水域的监控图像通过大屏幕集中显示出来，以便日常监控、调度指挥和应急搜救使用。

2006年5月9日，武汉船舶交通管理系统工程投入试运行。同年6月22日，“长江海事局客渡船GPS监控系统”实现了对武汉辖区水域已安装GPS的20艘客渡船以及海巡艇的实时监控，标志着武汉VTS管理系统进入了实质性运行阶段，武汉长江水上安全监管水平实现新的飞跃。重庆海事局在总结江津、丰都海事处客渡船GPS监控系统经验的基础上，为朝天门辖区船舶安装了GPS监控系统。规范客渡船GPS监控工作的管理制度同时建立。

按照统一规划、统一标准、统一平台原则组织实施的长江海事CCTV电视监控系统试点工程，2007年5月28日投入正式运行。目前，该局已建成43个CCTV监控点，其中20个移动监控点，实现了部分桥区、港区、重点航道（区）等重点水域的视频监控，监控水域达到了70公里。长江搜救指挥系统也正式启用，并实现了远程现场监管图像实时传输。初步形成了重点港区VTS、重点水域CCTV、重点船舶（渡船）GPS和常规海巡艇互为补充的现代水上监管系统框架。

长江海事广域网的建成和无线网络专用平台的搭建，构建了覆盖全线的电子政务信息横向与纵向交流的交互平台，实现了长江海事管理的网络化和政务信息资源的共享，形成了较完整的信息服务资源体系。网站已成为长江海事内部、长江海事与管理相对人和社会互相交流、联系的桥梁和纽带。

长江无线电通信设施为长江航运提供了公众网不可替代的公益性通信保障服务，为船舶导航、安全监管、航道维护、110联动等提供了基础性、共享性、服务性信息。

长江通信加大了对进江中外海轮播发长江安全信息的力度。采取语音、文字、通电并举，扩大长江安全信息播发的覆盖面。此外，还采取短波通电形式向江海直达的内河船舶播发安全信息。现在，进江中外海轮数量虽有较大增长，但事故发生率却大幅下降。

为了保障遇险船舶及突发事件能及时报警、及时施救，长江通信充分发挥全程全网布局的优势，构建了紧急情况下的应急通信保障体系，坚持24小时遇险求救通信值守。长江通信从美国摩托罗拉引进的新一代VHF船岸通信系统已正式投入运行，该系统42个基站呈链状覆盖全长江，沿江通信值机人员坚持24小时值守，随时捕捉遇险船舶的求救信号，在第一时间将求救信息传递到海事、搜救、港调等部门，并随时呼叫附近船舶就近抢救。据统计，船舶通过江岸电台报警求救的每年大约有300多次，其中因报警施救及时而化险为夷的占半数左右，实践证明这种应急值守有明显效果。根据长航水上110联动指挥中心的统一部署，长江通信在重庆、渝东、鄂西、荆州、岳阳、武汉、九江至武穴、安徽、江苏、上海等10个水上110联动中心都设立了水上报警和港区报警值班电话，以适应长航公安及时出警的需要。船舶在航行中发生治安消防事件，能够用VHF电话在最短时间内向公安部门报警，在港区也能用长航专网程控电话报警。据统计，用户通过长江通信报警的每年大约有两万次左右，年报警通话大约4万分钟，有效配合了长航公安打击水匪江盗，维护水上治安。加强了对季节性抢险救灾和突发性地质灾害的通信值守，所设立的应急区播电台，随时执行当地应急指挥部的指令，以滚动播发的形式，对抢险第一线、航道堵塞现场、坝区停航现场实行紧急疏导，配合航道、海事、公安、船闸现场处置突发事件。长江通信种种应急通信值守方式，在抢险救灾中发挥了重要作用，对降低灾害造成的负面影响，减轻人民的生命财产损失方面起到了明显效果。

第四章　扬帆奋进的长江航运精神文化

长江航运精神文化是长江航运文化的灵魂。体现着长江航运人的基本价值取向、理想人格、思维方式、伦理观念、审美情趣等方面的内在精神特质，在激励心志、统一思想、启迪智慧、凝聚力量中发挥着十分重要的作用，是推动长江航运和谐发展的强大动力源泉。长江航运精神文化的内涵主要包括：长江航运宗旨、愿景、使命、精神、核心价值观、基本理念以及道德规范体系等。

一、长江航运使命

“使命”，常用来比喻所肩负的重大责任。在长江航运发展的历史长河中，虽然不同时期的使命不尽相同，但坚守使命、不辱使命的信念却代代传承，一以贯之。当代长江航运的使命是什么？长江航运人坚定地回答：合力建设黄金水道，促进长江经济发展。

（一）时代赋予的神圣使命

当历史的航船驶入21世纪的时候，中国经济社会发展迎来了一个重要战略机遇期。2004年初，做出了“要高度重视水运，充分发挥长江黄金水道作用”的战略决策。这一决策，如同二月春潮为澎湃的长江注入了强大的清流，如同浩荡东风使蓄势待发的长江航运扬帆前行，更如同灯塔导航指引着长江航运人重新审视自己的历史地位。

21世纪的长江流域是中国最具活力的经济区域。“十五”、“十一五”期间，长江流域地区国内生产总值保持年均9%~10%的增长速度。到2010年，长江流域地区GDP占全国比重将达到43%左右[①]。实施长江经济社会发展战略，是国家推动沿江地区社会经济全面、协调、可持续发展，极大地提升东、中、西三大经济区互动协作水平，加快经济社会发展的一个重大举措。长江作为连接中西部地区的大通道，以其得天独厚的区域优势及巨大的水运能力，在区域经济协作中具有极其重要而且不可替代的作用，在沿江运输体系中居于日益显现主体地位。以“合力建设黄金水道，促进长江经济发展”作为一切行动的出发点和落脚点，是时代赋予长江航运人的神圣使命。

（二）科学发展的必然选择

实现科学发展，注重节约资源和保护环境、实施可持续发展战略，迫切需要长江航运人担当起“合力建设黄金水道，促进长江经济发展”的历史使命。

党的十七报告明确提出：“坚持节约资源和保护环境的基本国策，关系人民群众切身利益和中华民族生存发展。必须把建设资源节约型、环境友好型社会放在工业化、现代化发展战略的突出位置”[②]，把“建设生态文明，基本形成节约能源资源和保护生态环境的产业结构、增长方式、消费模式”[③]，作为对实现全面建设小康社会奋斗目标的新要求之一提到全党面前。长江航运具有运能大、能耗小、成本低、占地少、污染轻的比较优势，在长江流域综合运输体系建设中，加快长江航运发展，对于节约土地资源，减少能源消耗，降低运输成本，防止环境污染具有十分重要的现实意义。

同时，长江航运具有连接东中西部的战略区位优势，将我国西南、华中、华东三大经济区有机联系起来，是我国“T”型发展战略中的重要骨架。在西部大开发、中部崛起和东部地区率先发展三大战略的实施中，长江航运是重要基础和支撑，是统筹区域经济协调发展的重要纽带，更是全面协调可持续发展的重要保障。长江沿岸七省二市集聚了我国40%以上的经济总量，其中，37个地级以上城市土地面积占7省2市的23%，人口占40%，国内生产总值却占了全流域的60%，外贸进出口额更是占到93%，初步形成华东地区以上海和南京为中心、华中地区以武汉为中心、西南地区以重庆为中心，长江沿江经济产业带密集的发展格局。流域水资源总量占全国的36%，矿产资源中保有储量占全国50%以上的达30种，耕地面积占全国的25%，粮食产量占全国的40%。沿江工业走廊初具规模，电力、冶金、石化、机械工业约占全国40%左右，水泥工业、汽车工业占全国50%左右。长江流域聚集了全国36%的城市和33%的人口，人口密度比全国平均数高出近两倍，人均购买力高于全国平均水平，是一个巨大的消费市场。沿江经济的发展、浦东开发、三峡工程建设以及西部大开发战略的实施，使长江经济带成为国家的投资重点和外商投资热点[④]。

（三）义无反顾的矢志追求

20世纪90年代，长江航运正处于一个发展相对缓慢的改革阵痛期。有一位权威人士曾戏言，长江航运是夕阳产业。长江航运人虽感迷茫，但没有消沉。新的时期，长江航运的价值在哪里，发展机遇又在哪里？长江航运人积极寻找答案，长江航运人找到了答案。

其一是，针对长江航运发展相对滞后的状况，组织全国政协考察团考察长江航运，唤起社会各界关注长江航运的发展。在世纪之交的2000年3月全国政协九届三次会议上，中国致公党提出了《中国内河航运的可持续发展问题》的建议案，反响强烈。长江航运人抓住这一契机，多方奔走。2000年6月12~19日，由全国政协副主席王文元带队，有26名全国政协常委、委员及著名专家学者组成的全国政协考察团对长江航运发展情况进行了高级别、大规模、全方位的专题考察。考察团一行乘船从武汉溯江而上直至重庆，沿途实地察看了长江干线航道、部分港口和三峡通航设施，听取了湖北、湖南、重庆等省（市）政府、沿江地市交通部门、长江航务管理局以及部分港航企业的汇报。考察团在感慨长江航运资源优越的同时，又惋惜长江航运发展的缓慢。王文元副主席亲自撰文，呼吁《振兴内河航运事业，促进国民经济发展》。在考察团向中共中央和国务院提交的《关于长江航运情况的考察报告》中，围绕重视并充分发挥长江航运的优势和作用，郑重提出六条重要建议，引起了党和国家的高度重视，也使长江航运人看到了希望的曙光。

其二是，2004年在温家宝总理重要批示的鼓舞下，全行业深入开展“充分发挥长江黄金水道作用”的大调研、大讨论。港口和航运企业、航运管理部门、支持保障系统以及科研院校单位，分析形势，理清思路，提出措施，建言献策，凝聚人气和智慧，树立信念和信心。国家有关管理部门、沿江省市政府官员，大专院校科研机构的专家学者，长江航运各单位和大型厂矿的干部职工都对这场大调研、大讨论活动给予了高度重视和热烈欢迎。他们以深厚的长江情结，详实的资料数据，凝重的理性思考和科学的规划设想，回顾长江航运的昔和今，坦陈心中的喜与忧，归纳了制约长江航运发展的7大问题，同时提出了加快长江航运发展的意见建议，反响强烈，效果十分明显。比如，重庆航运中心和武汉航运中心的规划建设就是在这场大调研、大讨论中形成共识，提上政府决策议事日程的。

其三是，营造舆论氛围，为长江航运发展大力鼓与呼。2004年6月下旬，围绕新时期长江航运发展的7大专题，人民日报、新华社、经济日报等7家重量级新闻媒体的记者共赴长江，联合开展“黄金水道长江行”新闻采访。离重庆、往宜昌、临武汉、到南京，沿途或座谈、或查看、或专访、或询问，深入航道、船闸、港口、船舶，日夜兼程近2000公里。采访中，记者们不无感触地说，长江航运前景广阔，绝不是

“夕阳产业”。充分发挥长江黄金水道作用是国家的幸事，是人民的福祉，是科学发展观的具体体现，是历史的必然选择和现实的强烈呼唤。作为新闻工作者，为黄金水道的发展疾呼呐喊，是我们义不容辞的责任。一时间，加快长江航运发展的呼声如潮，关注长江航运发展成为社会焦点。

其四是，举办“长江黄金水道与国际航运峰会”，呼吁有识之士促进长江航运发展。2004年10月28~30日，在交通部的支持下长江航务管理局和中国航务周刊社在重庆联合主办召开了“2004·长江黄金水道与国际航运峰会”。时任交通部长张春贤亲自撰文《以科学发展观统领公路水路交通实现新的跨越式发展》，为峰会明确基调。中国交通运输协会钱永昌会长、中国体制改革研究会高尚全会长、全国政协常委甘宇平和重庆市赵公卿副市长，以及交通部、国家发改委、中国工程院的有关领导和专家在会上都发表了要求加强长江黄金水道建设的主题演讲，60多位国内外航运界人士在提交会议的论文中表达了对长江航运的厚望。

这历经数年的系列活动，记录着长江航运人对使命的执着追求。正如《长江儿女——长航之歌》所唱到的那样，“肩负神圣的使命，我们正扬帆奋进拼搏。长江儿女，一往直前，永不回头。”

以“合力建设黄金水道，促进长江经济发展”为长江航运使命，不仅是长江航运人引以为自豪的角色定位，也是社会各界对长江航运的迫切期望和共同要求。

2005年11月28日，由上海市、湖北省、重庆市和交通部共同发起，沿江七省二市参加在北京召开的“合力建设黄金水道，促进长江经济发展”座谈会，这是我国水运发展史上一次空前的盛会。多年之后，曾经出席这次会议人士回忆起来，对会议的三大特点依然津津乐道。一是规格高。中共中央政治局常委、国务院副总理黄菊同志出席会议并做重要讲话。包括3位中央政治局委员、16位中央委员、沿江七省二市党政主要领导和国务院有关部委负责人在内的33位省部级以上的领导同志共聚一堂，座谈研究长江航运的发展问题，规格之高，在我国历史上还是第一次。二是范围广。出席这次会议的代表既有党和国家领导人、有交通部和国务院发改委、三峡办、水利部等与建设发展长江黄金水道密切相关的部委领导，还有来自长江干线云南、四川、重庆、湖南、湖北、江西、安徽、江苏和上海的七省二市省（市）委书记和省（市）长，省市政府的秘书长、交通厅（局）长和港航管理单位的负责同志作为列席代表参加了会议。三是成效大。这次会议只有一天，但很多方面达成了高度一致的共识。黄菊副总理在讲话中，对长江航运的地位、作用给予了充分肯定，对加快发展长江航运的重要意义做了非常深刻、非常精辟的阐述，对合力建设长江黄金水道的目标和任务提出了明确的要求。张春贤部长的主题发言，提出了到2020年实现长江航运现代化的总体目标和“十一五”时期加快发展长江黄金水道的重要举措，得到了会议的赞同。参加会议的人士都认为，发展长江航运事关沿江各省市的共同利益，是中央与沿江省市政府的共同责任，必须要充分发挥中央和地方两个积极性。这次会议上，沿江各省市领导表示，要在党中央、国务院的统一领导下，在交通部等中央有关部委的大力支持下，建立发展长江航运的互动合作机制，形成加快长江航运发展的合力，共同促进长江航运与长江经济的全面协调发展。

睿智的长江航运人最善于捕捉和发现。北京的座谈会刚一结束，“合力建设黄金水道，促进长江经济发展”便在长江不胫而走，在长江航运人中广为流传。大家一致认为，“合力建设黄金水道，促进长江经济发展”就是当今时代赋予长江航运的神圣使命，是对新时期长江航运地位作用的最好表达。

① 《长江水运》编辑部.《长江水运：得机遇大发展》：《中国水运》，2007年第2期。

②《十七大报告——辅导读本》：第23页.人民出版社，2007年。

③《十七大报告——辅导读本》：第20页.人民出版社，2007年。

④ 苏新刚.《长江航运发展趋势和产业政策》：《中国水运》，2004年第11期。

二、长江航运愿景

愿景指的是发展前景或对未来的希望。长江航运愿景是：中国黄金水道、世界内河一流。它表达的是长江航运人对长江航运未来的展望，更是长江航运发展的目标和前进的方向。

（一）长江航运发展的坚实起点

长江是中国第一大河，拥有优越的自然条件、悠久的航运历史、广袤的经济腹地和丰富的人文精神，当之无愧地享有黄金水道的美誉。说到黄金水道，说到领军中国内河航运，人们都无一例外地与长江航运紧密联系。

从航道来看，长江航道整体通过能力显著提高。长江口10米深水航道已延伸至南京，可接纳第三、四代集装箱船和5万吨级以上船舶。第五代集装箱船和10万吨级散货船可乘潮进入上海港。南京以下可通航5000吨级驳船队，常年通航3万吨级海船，5万吨级海船可乘潮通航。南京至武汉可通航5000吨级海轮，武汉至重庆可通航5000吨级驳船队，重庆以上可通航500~1000吨级船舶。与此同时，嘉陵江各主要支流梯级渠化和湘江、汉江、赣江航道整治顺利推进，干支联动正在形成合力。

从港口来看，一批现代化港口群正在逐步建成。以专业化泊位为重点的港口建设取得了明显成效，新建了一批集装箱、矿石、汽车、煤炭、石油化工等专业化码头，形成了以上海、南京、武汉、重庆为中心的港口群体布局，以港口为重要支撑平台的物流园区迅速发展。“十五”期间，长江干线规模以上港口年设计吞吐能力达5亿吨，新增万吨级以上泊位70个，比“九五”期末增加60%。2006年，继苏州港、南京港之后，南通港成为长江干线第三个亿吨大港①。

从船舶运力来看，长江航运企业和船舶数量增长迅速。“十五”期间，长江水系从事省际运输船舶8.1万艘，运力1970万载重吨，平均243载重吨，干线船舶平均载重吨位达750吨。

与航运生产力的大解放、大发展相适应，长江航运行业管理水平显著提高。长江航运实现了政企分开，行业管理体制逐步理顺，港航企业现代企业制度逐步建立。长江航运法规体系逐步健全，政策引导和市场调控能力不断增强。安全监管和应急救助能力不断增强，建成了微波通信工程、光纤通信传输网、船岸移动通信网、部分河段VTS系统、AIS系统和水上12395报警救助系统。逐步放开长江水运运价管理，鼓励外资和社会资本投资长江港口码头建设②，长江沿江开放15个一类开放港口口岸，等等。

2007年，长江黄金水道作用进一步发挥，运输生产持续快速增长，各项指标再创历史新高。长江干线港口完成货物吞吐量9.11亿吨，同比增长15.6%；外贸货物吞吐量1.14亿吨，同比增长19.5%；集装箱吞吐量551.2万TEU，同比增长37%。

可以说，目前的长江航运已经站在更高的历史起点上，为实现新发展、新跨越奠定了坚实的基础。

（二）长江航运人的自豪与自信

中国黄金水道、世界内河一流，这个美好愿景绝不是对现实的简单描述，它建立在现实基础上又远远高于现实，需要一代又一代长江航运人为此不懈奋斗；这个美好愿景也绝不是可望而不可及的空中楼阁，长江航运人对此充满自豪和自信。

长江航运人有理由自豪。长江，这条中国的黄金水道，2005年货运量就已经超过美国密西西比河和欧洲莱茵河，成为世界上内河运输最繁忙、运量最大的通航河流。2007年长江干线货运量突破11亿吨，分别是密西西比河的2倍和莱茵河的3倍，规模稳居世界内河第一。如果仅仅从量的方面来看，长江航运在运力、货运量、货运周转量等方面称得上世界内河一流，如果从质的方面来看，长江航运还远远达不到世界一流，但是至少可以说具备了实现世界内河一流目标的先决条件。

长江航运人有理由自信。从一定意义上说，长江航运也见证着中国经济社会发展的历史。随着中国经济社会的飞速发展，长江航运必然会迎来辉煌灿烂的明天。

这种自信，来源于对长江航运存在差距的清醒认识。从我国内河航运存在的共性问题来看，航道总长度不短但大部分“质量”跟不上，内河运输利用率低。相关资料显示，目前我国有内河航道13万公里，其中等级航道6.3万公里，等级航道中一级航道1347公里，占2%；二级航道2513公里，占4%；三级航道4213公里，占6.7%；四级航道7007公里，占11%；四级及以上航道里程15080公里，占12%。而在美国，有4.1万公里航道的最小水深为2.74米（相当于我国二级航道）。我国内河航道还存在一些突出问题和薄弱环节，具体体现在水运法规层次比较低，内河航运企业规模化、集约化程度低，内河航运的比较优势尚未充分显现出来，港口功能结构不尽合理等。长江航运发展存在的问题包括：

一是，长江航运基础设施还不适应沿江经济快速发展的需求。中下游航道未经系统整治，部分航道通过能力不足，重庆以上航道等级偏低。港口综合通过能力不足，存在突出的结构性矛盾，缺少大型化、专业化泊位，港口物流业发展较慢。运力结构不够合理，船型标准化程度低。长江航运技术水平和科技含量还不高，信息化刚刚起步。三峡坝区通过能力相对不足，不适应库区航运迅猛发展的需求。

二是，行业管理体制及运行机制还不适应水运行业发展的要求。长江航运管理体制尚未完全理顺，政出多门，条块分割，行业管理成本较高。行业管理不到位，市场监管能力较弱，存在市场分割、各自为政的情况，统一、开放、竞争、有序的长江航运市场体系尚未形成。安全监管水平还不适应经济社会全面发展的更高要求，应急救助能力亟待提高。

三是，外部环境还不能适应长江航运发展的需要。航运法、航道法、船舶法、船员法等涉及长江航运发展的基本法律、法规尚未出台。缺乏欧美国家普遍实施的减免费收、贴息贷款、低价燃油等政策扶持，港航企业负担较重。水资源开发兼顾航运发展不够，长江干线和水系的一些桥梁闸坝建设制约了长江航运发展。

随着科学发展观的全面贯彻落实，长江航运也必然会迅速走上集约化发展道路，获得又好又快的发展，逐步缩小与发达国家内河航运水平的差距。

这种自信，来源于对长江航运发展机遇的准确把握。当前，长江航运正面临着千载难逢的发展机遇。党中央、国务院对长江航运的发展历来十分关心和重视，特别是近年来，中央领导同志多次就长江黄金水道的发展做出重要批示和指示。仅2007年对长江航运做出的指示就达17次，温家宝总理明确指示长江航道建设要加强，曾培炎副总理在批示中强调要加快实现水运现代化。交通部把加快长江黄金水道建设作为内河航运建设工作重点之一，部领导多次亲临长江检查指导工作，在行业管理、资金投入、技术政策等方面给予了有力的支持。其次，长江黄金水道建设合力不断增强。沿江多个省、市均提出依托长江航运、加强区域经济协作的发展思路，使长江航运与地方经济发展更加紧密结合，长江航运投资渠道不断拓宽、建设速度不断加快、整体协调越来越强、发展后劲十分充足，区域统筹、干支联动、江海直达、上中下游协调发展的态势已经形成，长江航运发展空间更加广阔。今后一个时期，国家实施加强基础产业基础设施建设、加快发展综合运输体系的战略，为长江航运进一步发展打开了广阔的空间，大力发展现代服务业的新趋势，为促进现代长江航运业发展开辟了新的领域。

由此可见，长江航运初步具备了实现愿景的良好基础。长江航运人一定能够抓住机遇将长江航运做大做强，力争全面实现“世界内河第一”的目标。

（三）长江航运发展的远大目标

中国黄金水道、世界内河一流，是长江航运人期盼的美好景象。长江航运人以愿景为蓝图，化理想为行动，力求到2020年实现长江航运现代化，为沿江经济社会全面协调可持续发展提供高效、畅通和有竞争力的水运服务。

具体来说，就是实现长江航道的数字化、智能化，使之成为世界一流高等级数字化内河航道。实现港口机械化、规模化、多功能化，港口布局合理、功能完善、技术先进，成为现代物流枢纽。实现船舶船型标准化、系列化、专业化和大型化，船舶技术装备和运输效率世界领先。建成全方位覆盖、全天候运行、快速反应的现代化水上交通安全保障系统。长江航运运输市场规范、安全监管高效、信息畅通、法规健全、队伍精良、行业核心竞争力和管理水平走在世界内河前列。

（四）实现美好愿景的途径

实现中国黄金水道、世界内河一流的美好愿景，长江航运人在探索中前行。几千年的风雨砥砺，几百年的自强不息，几十年的改革开放，使新时代的长江航运人打开了通向理想王国的大门。加快建立现代长江航运业，用现代服务理念拓展长江航运，用现代科技成果武装长江航运，用现代信息技术和管理技术提升长江航运，走资源节约型、环境友好型发展之路，不断提高长江航运现代化水平，就是实现中国黄金水道、世界内河一流最现实的途径。

坚持好字优先，实现从偏重于航运能力建设向航运能力建设和结构优化升级并重的转变。以市场为主导，以结构调整为主线，加快转变长江航运发展方式和结构优化升级。优化运输组织结构，发展规模化、集约化、网络化运输，提高运输组织效率，逐步实现货运的无缝衔接和客运的零换乘。规范市场秩序，强化政策和信息引导，突出节能环保，保障安全畅通，不断推进港口功能物流化、码头专业化、船型标准化和管理信息化。强化运输组织协调，加强政策引导，大力发展干支直达、江海联运、集装箱运输和水上旅游，逐步形成煤炭、矿石、集装箱、石油及液化气、汽车滚装等专业化运输体系。

坚持自主创新，实现从主要靠增加投资、资源消耗拉动向科技进步、管理挖潜、提高从业人员素质拉动的转变。坚持科技兴航，突破制约发展长江航运先进生产力的重大关键技术，加快建设长江航运综合服务信息系统，加快发展长江航运现代物流。大力推进节能减排，注重节约集约利用土地资源，有效利用岸线资源，加强航运资源的合理开发、高效利用，实现集约发展。整合资源，转变职能，创新体制机制，深化改革，强化长航局系统公共服务、市场监管职能，建设服务型行业主管部门，切实增强长江航运公共服务能力。不断促进行业文明建设，不断加强领导班子和领导干部、公务员和高素质人才队伍建设，创新人才引进、培养和使用机制，为发展现代航运提供组织保障和智力支持。

坚持以人为本，实现从满足于走得了向确保走得好、走得安全的转变。不断适应和满足沿江人民群众对长江航运的新需求和新变化，提高运输服务质量，发展水上旅游，保障渡运安全，提供更安全、更经济、更可靠、更高效和舒适、便捷、个性化的运输公共服务。坚持标本兼治，突出重点，强化安全监管和应急保障，推进巡航救助一体化，坚决遏制重特大安全事故和重大船舶污染事故，着力提高人命救助的有效性和快捷性。

① 卢尧.《长江干线涌现三个亿吨大港》:《中华工商时报》，2007年1月8日。

② 金义华.《合理推进长江黄金水道建设的若干问题》:《武汉交通职业学院学报》，2007年第2期。

三、长江航运宗旨

面向全长江、服务全社会，是长江航运的宗旨。这一宗旨，是长江航运文化的思想内涵和灵魂所在，是对长江航运事业发展方向和长江航运人肩负责任、追求目标的深刻概括，是对长江航运存在价值最简洁的描述。“以人为本”是长江航运宗旨的前提和基础，“创新超越”是长江航运宗旨的目标和精髓。

（一）面向全长江，服务全社会

面向全长江，服务全行业，是长江的区位优势和长江航运本质属性的必然要求。

长江具有独特的区位优势，在我国西部大开发、中部崛起和东部率先发展三大战略的实施中具有重要支撑作用，是统筹区域经济协调发展的重要纽带，是实现经济社会可持续发展的重要资源。长江航运依水而生，以民为本，更因沿江经济发展而兴旺发达，与沿江经济社会相互促进、相互发展、共生共存。

长江航运具有独特的行业属性。服务是长江航运的本质属性，长江航运面向沿江经济的所有生产部门，服务过程贯穿于社会生产、流通的各个方面，与沿江人民群众的生活息息相关，惠及千家万户。服务沿江经济发展是长江航运的价值，服务和谐社会建设是长江航运的责任，服务流域百姓是长江航运的天职。图4-1，图4-2是长航系统的水上政务中心大厅和服务情景。

图4-1　长江三峡水上政务中心

图4-2　政务中心执法人员正在为船东和船民服务

面向全长江，意味着长江航运人要胸怀建设小康社会宏伟目标，放眼经济社会发展大局，以开放胸襟和满腔豪情，热爱长江、建设长江、开发长江、保护长江，促进水资源综合利用，以安全、畅通、及时、文明的长江航运，造福当代，惠及子孙。

服务全行业，意味着长江航运人要视服务社会为光荣，强化服务意识，提高服务能力，改进服务水平，将服务沿江经济、服务和谐社会、服务流域百姓作为根本任务，以可靠运输保障服务沿江经济发展，以高度行业文明服务和谐社会建设，以勤恳朴实作风服务人民群众安全出行。

（二）适应新要求，实现新跨越

当前，长江航运发展面临着新的形势和任务。一是，国内生产发展和社会消费需求的扩大，长江经济带的开发，外向型经济水平的提高，物流、客流和信息流将更加活跃，对安全、及时、便捷、舒适的要求更高，对加快发展现代长江航运业提出了新需求。二是，在国家大力推进工业化、信息化、城镇化、市场化和国际化的大趋势下，长江流域特别是沿江的区域经济分工与合作、科技进步与交流、产业结构升级、生产交换方式等都将发生深刻变化，需要长江航运发挥好先导和支撑作用。三是，建设资源节约和环境友好型社会，要求长江航运充分发挥比较优势，在建立综合运输体系中发挥应有的作用。四是，转变经济发展方式，调整社会产业结构，要求长江航运向现代服务业转型，不断拓展发展空间。

面临着新的形势和任务，长江航运人将更好地履行宗旨，努力实现新的跨越。

不断创新发展理念。把“以人为本”、“又好又快”、“好中求快”作为核心理念贯穿到长江航运发展的各个方面，把能否适应沿江经济社会发展要求、能否实现长江航运全面协调可持续发展、能否让沿江人民群众满意、作为评判长江航务管理工作的标准。

着力创新体制机制。强化“长江一家人、行业一盘棋”的理念，整合管理资源，坚持依法行政，推进长江航运管理体制和工作机制的各项改革，逐步建立起决策科学、权责一致、分工合理、执行顺畅、监督有力的长江航运管理体制。

锐意创新行业科技。长江航运的新一轮发展对航道建设、安全保障、节能环保、物流和信息化等方面都提出了新的要求。切实增强自主创新能力，推进航运科技创新，攻克关键技术，普及应用技术，走科技引领长江航运发展之路。

大胆创新管理方式。管理方式创新是促进长江航运发展的有效手段。必须着力推进航运法规建设，完善管理体系，提高服务水平，引导市场向统一、规范、竞争、有序方向发展，努力构建“安全、畅通、节能、高效、和谐”的长江航运。

（三）挖掘内在潜力，发挥比较优势

长江是大自然赐给中华民族的黄金水道，具有得天独厚的资源优势。但由于水运的通达性不强，综合运输体系不尽完善，又使长江黄金水道没有得到有效的利用。为了充分践行“面向全长江、服务全社会”的宗旨，长江航运人日以继夜、殚精竭虑地用智慧和行动，挖掘内在潜力，发挥比较优势，使长江航运做出更大的贡献。

实践表明，“三源一通”（资源、能源、水源和交通）是布局现代工

业，特别是基础工业最基本的条件。沿江地区现有经济技术基础比较雄厚、资源丰富、水源充沛、交通方便、江海沟通、城镇密集、市场开阔，对于建设沿江工业走廊具有得天独厚、得水独厚的综合优势。尤其是大能耗、大耗水、大运量的工业企业，在沿江或资源邻近地区建厂，使丰富的自然资源和充沛的水能资源相结合，充分利用水运优势，将大大降低成本，带来巨大的经济优势和社会效益。

长江水运与其他运输方式相比，具有运能大、能耗小、成本低、占地少、污染轻的比较优势。一是，长江航运成本低、运输能力大。据分析，美国内河运输成本仅为铁路的1/4、公路的1/15。我国尽管内河建设投入较少，船舶技术装备较差，但内河运输的实际成本仍然是最低的。二是，长江航运占地少、能耗低、污染小。兴建每公里铁路占用土地约30亩，每公里高速公路占用土地约60亩，而内河航运利用天然河道，基本不占耕地，航道整治的疏浚吹填甚至还可造地。据研究，美国内河、铁路、公路的单位能耗比为1:2.5:8.7；我国上海市内河运输单位能耗为公路的1/5。在环境成本方面，德国单位运量需要付出的治污费用，水路、铁路、公路之比为1:3:14[①]。三是，长江航运综合开发优势明显。长江干线宜昌以上属山区河流，与水电、水利等方面结合，实施梯级渠化，综合开发效果显著。宜昌以下属平原河流，与堤防建设、洲滩及岸线开发、河道综合治理等方面相结合，也能取得良好效益。

无论是过去、现在、还是将来，长江航运人都将以高度的责任感和使命感，抓住机遇，凝聚力量，主动作为，合力推进长江黄金水道建设，全心全意地履行自己的宗旨。

① 黄强.《坚持科学发展观，充分发挥黄金水道作用》：《中国水运》，2004年第11期。

四、长江航运精神

长江航运精神是悠久的长江文化历史精华在当代的凝聚，是蓬勃发展的长江航运历史在当代的延续，更是长江航运人艰苦卓绝的奋斗精神在当代的体现。长江航运精神是一个有着丰富内涵的与时俱进的概念。它在继承中发展，在发展中继承，既具有传统性，又具有时代性，是历史传统精神、时代精神的有机统一。经过千百年的锤炼，在当代最终形成了长江航运精神特质：同舟共济，扬帆奋进。

（一）同舟共济的精神品质

长江航运文化依“水”而生。长江航运的行业特点使长江航运文化天然体现着水的意韵，水的品格。长江航运人在与江水、船舶、港口等的相处中，领悟人生哲理，形成了长江航运人特有的同舟共济、扬帆奋进的文化精神。

长江航运事业如同航船，把长江航运人汇集成坚强集体。同甘苦，共命运，情相融。精诚团结亲如一家，危急关头众志成城。密切协作，打造和谐团队；万众一心，共图航运大业。心齐力量大,人和行业兴。长江航运人稳操巨轮向彼岸，不负江河万古流。

“黄金水道”是孕育长江航运精神的基石。万里长江，发源于青海省唐古拉山脉主峰格拉丹冬雪山的西南侧，正源是沱沱河。它从冰川丛中走出来，宛如一条金色巨龙，向东迅跑，时而盘旋于巍峨的雪山峻岭之间，时而翻滚于高峡深谷之中，以雷霆万钧之势，一泻万里，浩浩荡荡地奔入东海。长江在流经6380多公里之后，平均每年将约1万亿立方米的水量输送入海，水量之大，相当于中国第二长河——黄河的20倍，占全国河流入海总水量的1/3以上，为欧洲最大河流伏尔加河的4倍①。长江干流自古以来就是中国东西航运的大动脉，水量丰富，航道终年不冻，形成了一个西通川黔，东出海洋，北及豫陕，南达桂粤的纵横水网，对发展航运事业十分有利。现在长江干流和各大支流通航机动船的里程占中国内河通航里程的7/10，长江水运量占全国内河运输量的8/10，而且长江干流与海洋相通，江海联运，不仅便利了长江流域与中国沿海各地的交往，而且也密切了与海外的联系。

正是这滔滔的长江，她孕育了长江航运人同舟共济，扬帆奋进的精神。长江，心怀坦荡，纳百川为一流，形成强大合力，浩浩荡荡，势不可挡，这种“团结”的品质，已为长江航运人所秉承。历史上的长江，急流险滩，航运十分艰辛。古诗云：“蜀道难，难于上青天。”沟通巴蜀与中东部的长江上游段，又称川江，历来因其急流险滩和两岸的崇山峻岭而被人们叹为“绝地”。在千百年的木船航运时代，纤夫是险滩的唯一征服者。每当船过险滩、溯江航行时，都需要纤夫拉纤。所有人必须步调一致，齐心协力拉船过滩，船工号子便应运而生。负重前行的船工们为了战胜急流险滩，创造了具有峡江特色的川江号子。它表现的是船工百折不挠的坚强意志，齐心协力的团结精神，改造自然的胆识智慧，不畏艰险，人定胜天的豪迈气概。船行时川江号子不再有用武之地，但是，川江号子作为一种历史遗产文化，它所蕴含的顽强拼搏、百折不挠的进取精神，仍然具有强烈的生命力，是长江航运文化精神的延续。

（二）百折不挠的时代风貌

长江绵延万里，千回百转，滔滔东去。正是这滔滔奔腾的长江，培育出长江航运人咬定青山不放松，不达目的不罢休的时代风貌。正是这种百折不挠的精神，激励着长江航运人求发展不畏千山万水、创和谐不惜千言万语、勤服务不怕千辛万苦，创造一个又一个奇迹。

共和国诞生后，长江航运发生了翻天覆地的巨变。党和政府把长江作为水运发展的重点，中国第一个国民经济五年计划中规定：长江运输主要是保证四川的粮食外运，扩大西南地区同全国其他地区的物资交流，并担负长江中下游煤炭和其他主要物资的运输。经过长期的重点建设，现如今，长江干、支流通航水道有700多条，总长度近8万公里，占全国内河航线的3/5以上。其中通航100～300吨级的航道有840余公里，300～500吨级的航道1500余公里，1000吨级的航道2500余公里。

共和国成立前，长江沿岸只有17个残破不堪的港口和70个码头，装卸、搬运全凭工人肩挑背驮。50多年来，长江航运人对港口采取了改造、建设以及不断增添机械装卸设备等措施，港口面貌也发生了深刻变化。如今，重庆、武汉、南京和上海等沿江港口在国民经济总体布局中正在扮演着不可或缺的角色。为了充分发挥长江水深、江阔、航行条件好的优势，长江中下游港口陆续兴建了一批万吨级泊位，在长江干线上先后建成了巴东、池州、张家港等新港口。长江货运量得到大幅度增长。长江水系已成为我国内河航运最发达的地区，全水系完成的货运量占全国内河货运量的2/3以上[②]。

对此，相信人们会赞叹长江航运人“敢教日月换新天”的勇气和力量，会感叹长江航运发展的速度，惊叹长江深刻的变化。长江航运精神是一种开拓进取、奋发有为的精神。从源头那一滴滴水汇集成波涛汹涌的大河，长江像一位激昂伟岸的父亲，用他那有力的浪涛为儿女开辟一条通向远方的航道。正如长江激荡着奔向大海，长江航运儿女也以开拓的精神，乘风破浪，扬帆奋进，奔向世界，展现长江航运人的力量，展现中国的力量。

（三）扬帆奋进的动力源泉

同舟共济、扬帆奋进的长江航运精神是中国文化精神的浓缩，是长江航运人精神风貌的体现，更是长江航运未来发展的精神动力。以同舟共济、扬帆奋进为内核的自强不息伟大精神，是长江航运人赖以生存和发展的精神支撑。在新的时代条件下，长江航运人继承与弘扬同舟共济、扬帆奋进的长江航运精神，就能为创新长江航运事业、促进长江航运和谐发展提供强大的动力。

“中国黄金水道、世界内河一流”是长江航运人的理想之帆。扬帆，就是放眼世界，志存高远，关键时刻敢于亮剑。奋进，就是锐意进取，勇于创新，立足岗位追求卓越。鼓征帆，挥豪情，建功业，拼搏奉献创一流，直挂云帆济沧海。新的世纪，面向全长江，服务全社会成为长江航运人的发展宗旨；“中国黄金水道、世界内河一流”，成为长江航运的发展愿景。长江航运人继续展现长江儿女的宽广胸怀，继续展现“舍小家，保大家”的长江文化精神，继续展现长江航运人同舟共济、扬帆奋进的精神风貌，开创长江航运的美好未来。

长江是永不衰亡的民族之魂，激励中华民族从远古走向未来，从中国走向世界，以同舟共济、百折不挠、乘风破浪、扬帆奋进的长江精神屹立于世界民族之林。

长江绵延万里，浩浩荡荡，浊浪穿石，势不可挡。这种不屈不挠的精神，鼓舞着历代长江航运人驾航船、闯险滩、搏急流，置生死于度外，视艰险为坦途，谱写了一曲曲荡气回肠的航运之歌。在实现长江航运又好又快发展的征途上，不乏挑战和困难，长江航运人有信心和勇气沉着应对，坚韧、坚定、坚强地拼搏前进。

长江气势磅礴，气概豪迈，风生水起，涛声天外。昭示着长江弄潮儿不仅要有胆识，还要有智慧，善于学习、勤于思考、勇于实践，识水性、辨风向，立潮头，劈波斩浪，不断开创发展上升的新局面。

长江航运人正高扬起前进的风帆，放眼世界，奋力拼搏，锐意进取，追求卓越，把握长江航运发展千载难逢的战略机遇，用勤劳和智慧，在万里黄金水道上挥洒豪情、写意人生，开辟长江航运的美好未来。

① 孙尚清.《长江经济研究》：第1页.中国展望出版社，1986年。

② 周家华主编.《聚焦长江航运》：第10页.长江出版社，2006年。

五、长江航运核心价值观

行业核心竞争力来自于行业的核心价值观。古希腊哲学家亚里士多德认为："价值观是通过人们日常的习惯、技能和行为反映出来的人类的品行和美德"①。行业核心价值观是员工普遍认同的、指导行业发展和员工行为的根本原则，它集中反映了管理者为有效发展行业，大力倡导并身体力行的主要思想理念。

长江航运有着几千年的光荣历史，长江航运人在长期的航运实践中形成了一系列内涵丰富、特色鲜明的价值理念。面对日益发展的长江经济，面对日益激烈的市场竞争，面对客户理性和多元化的选择，长江航运人也形成了与长江航运使命及战略目标相适应的核心价值观，那就是服务。长江航运人坚持把服务作为最高价值标准，反映了贯彻落实科学发展观、全面建设小康社会对长江航运的时代要求，是社会主义核心价值体系在长江航运的生动体现。为满足社会经济发展和人民群众需要，提供安全、便捷、诚信、文明的服务，是长江航运人庄严的承诺。

（一）安全服务恪尽职守

安全服务理念是长江航运安全生产、安全服务在思想观念和综合管理上的综合反映。它包括安全价值观、安全判断标准、安全能力、安全行为方式和安全监督与评价等。确立安全服务理念的目的，就是要提高从业人员的安全文化素质，形成健全的长江航运安全生产和安全服务体系，提升长江航运人安全生产、安全服务的技能。

1. 安全是长江航运发展的基石

常言说，行船走水三分险。长江航运的特点决定了安全问题始终伴随着长江航运人的职业生涯。可以说，安全是长江航运的根本，是长江航运全部工作的第一要素。

安全生产和安全服务，事关人民群众生命财产安全，关系到长江航运事业的持续发展，关系到社会经济改革、发展、稳定的大局。安全生产、安全服务是长江航运发展的重中之重，更是港航企业的生命线。作为长江航运综合管理部门以及长江港航企业，时刻都要增强安全工作的责任感和使命感。

随着长江航运的快速发展，长江航运安全面临着许多新情况、新问题。主要包括繁忙的长江航运与航道建设滞后的矛盾；繁忙的运输生产，安全与生产的矛盾突出；运输生产的新领域、新航线不断扩大和增多，船舶安全风险增加；企业规模不断扩大，安全管理跟不上；企业包袱沉重，设备老化严重，安全隐患多。在安全航运形势严峻的情况下，一些人航运安全意识淡薄、一些企业安全行为不够规范、安全舆论氛围还不浓厚，也使长江航运安全面临更多的问题。因此，必须把长江航运安全文化建设作为航运文化的核心价值理念，大力推进安全文化建设，为促进长江航运安全生产，建设和谐长江航运提供精神动力、舆论支持和行为保证。

2. 长江航运人的安全文化

长江航运人历来重视安全。在长期的生产管理实践中，形成了具有特色的长江航运安全文化。如长期坚持的“安全第一、预防为主、综合治理”的安全生产方针；一贯倡导的“以人为本”、“安全发展”、“本质安全”的理念；牢牢把握的“六区一渡”、“四客一危”、“四船一链”、“两期四节”的监管重点；建立并逐步完善的“政府统一领导、部门依法监管、企业全面负责、群众参与监督和全社会广泛支持”的安全工作格局和水上巡航搜救一体化的快速反应机制；各港航企业和管理部门普遍建立的安全工作目标责任制，深入持久开展的“安全生产月”、专项整治和“安康杯”等竞赛活动；不断加强职工安全技能培训和安全设施建设等，使职工从被动服从管理制度的执行状态变成自觉按安全规定操作的主动行为，逐步实现从“要我安全”到“我要安全”和“我会安全”，从“接受安全”到“享受安全”的转变。

3. 构筑长江航运安全服务理念

总结长江航运人安全生产与服务的实践经验，构筑长江航运安全文化理念，从根本上讲，就是树立“安全第一，预防为主”的核心安全理念，注重安全工作的规律性，不仅要切实做好自身安全，更重要的是要保护整个运输过程的安全。通过构建完善的长江航运安全文化体系，健全长效安全管理机制，大力营造安全生产环境，加强安全监督检查，彻底消除各类影响安全的隐患，使长江航运成为本质安全的行业。

（二）便捷服务畅通高效

便捷是经济社会发展对现代运输业的要求。对于长江航运来讲，便捷服务就是要畅通高效，满足多样化的运输需求。

1. 确保畅通是便捷服务的关键

长江干线航道是长江航运发展的基础，是长江航运人服务社会，服务群众的手段。没有畅通长江航运就会中断，更谈不上便捷和高效。

长江航运发展进入了一个历史性的“黄金发展机遇期”，也进入了一个“矛盾凸现期”。特别是长江航运发展的压力大，矛盾多，任务重，被社会所广泛关注。加快长江航道建设步伐，确保长江干线航道安全畅通，已经成为充分发挥黄金水道作用，促进长江流域经济发展的关键和当务之急。

2.“一切为了畅通”是共同的心声

保障长江航运畅通是长江航运人不变的追求。长期以来，由于长江航道的天然状况没有得到根本改变，航道工人为了确保长江大动脉的畅通、船舶航行安全，一直处于一种“战天斗水”的状态之中。在几十年治理长江航道的奋斗历程中，航道职工日守孤洲，夜伴长灯，以荒山野岭为家，与汹涌恶浪为伴，无怨无悔。他们坚守“一切为了畅通”的信念，矢志不渝地为长江航运奉献便捷顺畅、高效安全的通航环境和人性化的优质服务。

3.“一心服务船方”是高效的保证

在长江航运中，船舶周期长短是决定运输效率重要因素。千方百计为船方提供高效便捷服务，加快船舶周转，彰显着长江航运的核心价值理念。长江航务管理部门积极推进联合执法，在船舶比较集中的港口、锚地设立水上政务中心，使船员可以就近一次办理多项航运行政管理手续。在三峡通航管理中，由于船舶待闸时间较长，船舶上生活用品的补给比较困难，长江三峡通航管理部门和长江海事部门就在坝上、坝下待闸锚地增设了交通船和生活供给船，定时定点接送，给辖区水域船员的安全出行提供便捷服务。长江三峡通航管理部门运用科技手段，通过科研攻关，推行了船闸运行调度优化系统和过闸船舶远程申报系统，不断缩短船舶待闸和过闸时间，受到船员和旅客的赞誉。为缓解船员枯燥的业余生活，他们还在坝上所有锚泊趸船上建立起“船舶之家”，提供报纸、图书、健身器械等，使船员感受家的温馨。

“一切为了畅通，一心服务船方”，是长江航运人所有工作的基本准则和最高标准，是长江航运人对利益相关者的庄严承诺，也是长江航运人的理想与胸襟所在。

（三）诚信服务公平正义

诚信，是一种基本道德。由于人本主义管理学的发展，人性的复归，人的价值在整个社会中的提升以及市场的激烈竞争，诚信在管理中的地位越来越重要。诚信不但是个人立业之本，更是一个长江航运生存发展的基石。

1. 诚信是中华民族的传统美德

诚信是做人立身之本。孔子说：“人而无信，不知其可也[②]”。中华民族一直把“诚信”作为做人处事的道德标准。由此看来，诚信是一个人立足社会、立足岗位的根本。无论是家庭教育还是学校教育，都告诉人们要做诚实的人。一个人要做好人，一个经济活动要运作有效，一个社会要繁荣昌盛，没有诚信做基础是不可能的。诚信，是做人的起码准则。如果每个人都能守住诚信，那么，我们这个社会就是无限美好的诚信社会。只有树立了忠诚于祖国、忠诚于人民、忠诚于事业的信念，才能运用各种本领建设祖国、服务人民、奉献社会。

2. 诚信服务是长江航运人的优良品质

诚信是一个企业、一个经济组织生存和发展，永远立于不败之地重要条件之一，诚信更是长江航运成为世界一流行业的重要前提。这是实践经验的科学总结。

诚信既是长江航运人对传统优秀文化的继承，更是自身优良品质的外在表现。镇江港务集团将诚信作为企业精神，即守承诺、讲信用、言必信、行必果。要求所有员工说老实话、办老实事、做老实人。在与客户交往中，有章必循，有诺必践，塑造出负责任的港口形象。宜昌港务集团确立了做人如“锚”，做事如“帆”的企业精神，真诚做人、努力做事的精神风貌反映在港口经营服务中。南京港务集团以“诚纳四海”为宗旨，率先提出了“货主满意就是我们的质量标准”的经营理念。

芜湖港一个“石头也能漂起来”的故事为诚信服务的魅力做了最好的注释。那还是在1996年，一位货主经芜湖港中转煤炭出现了混堆问题，发誓今后再也不从该港中转，除非石头能漂起来。港口领导得知后，以此事为契机，举一反三，推动标准化管理，并登门向货主道歉，承诺今后所有到港的煤炭都严格实行分别堆存，下决心要让石头漂起来。半年后，该货主悄悄到现场进行观察，发现果然如此，于是又成了芜湖港的合作伙伴。港口人通过这件事深有感触地说，只要心诚“石头也能漂起来”。

回顾长江航运的发展历程，在强手如林、竞争日益激烈的情况下，之所以不断发展壮大，原因之一，就是长江航运人走了一条“以诚信为本”的经营之路。一是企业自身建设讲“诚信”。按照建立现代企业制度的要求，制定和完善以诚信为本的行政管理、劳动人事、销售管理、生产管理、财务管理、后勤管理、质量管理、新产品开发管理、技术工艺管理、投资管理以及信息化管理等制度。管理部门与企业坚决按制度办事，行业上下形成令行禁止的好风气。二是，对客户讲“诚信”。企业的发展离不开客户，“客户是上帝”绝不是一句空话。像长江航运这样的服务型、外向型企业，建立长期稳定的客户网络是至关重要的。总之，长江航运人的优势就是“诚信”。按期交货，履行承诺，重合同、守信用，是长江航运人最重要的信条。

3. 以诚信为本，以诚信服务推进长江航运新发展

在当代，社会诚信体系建设的现实意义和深远的历史意义，已成为全社会的共识。长江航运人还必须进一步加强自身诚信建设，只有这样，才能顺利实现长江航运新一轮的发展目标。为此，长江航运文化建设，要确立“以诚信为本”的核心价值观。

一是，通过进一步提高社会诚信体系建设的意识，使长江航运人进一步认同做人、做事必须讲诚信，认同“一处失信，处处受制；处处守信，事事便利”的道理。二是，制定以“诚信”为经营思想的战略发展规划。三是，按照社会“诚信”体系建设的要求，进一步建立和完善业绩管理与激励机制。四是，按照诚信的要求，进一步加强财务管理工作。五是，进一步抓好航运生产等各环节的诚信建设工作，准确生产，按时交货，严把质量关。六是，加强信息和统计报表工作的管理，一切对外披露的信息，对上报告的统计资料都要真实可靠。七是，进一步建立和健全诚信奖惩机制和责任追究机制。

立足长远，着眼当前，突出重点，扎实工作，不断推进长江航运诚信体系建设，在全体长江航运人中形成“人人讲诚信、事事讲诚信、处处讲诚信”的氛围。以诚信为本，切实推进长江航运新一轮发展目标的实现。

（四）文明服务热情周到

文明是行业进步的标志，服务是长江航运的宗旨。文明服务已经深深植根于长江航运人心中，体现在长江航运人的行动上，并将永远是长江航运人的座右铭。

1. 文明服务树立良好的行业形象

长江航运系统有行政执法职能的单位，长期以来坚持实行公示制，自觉将执法行为置于社会监督之下。结合工作实际，以文明执法为重点，经常召开运输企业和船民座谈会，广泛走访和征求航运单位的意见，发放征求意见书，听取意见和建议，寻找差距，切实防止和杜绝各种侵害群众利益的不正之风。长江航运人在追求文明服务中，不断完善规章制度、标准化、职工教育、现场管理、班组建设等基础管理工作，从基层抓起，从基础抓起，实行科学管理、严格规范。普遍实行社会服务承诺制和公示制，推广文明用语，实行主动服务，用请进来、走出去的方法，多次与服务对象交流，倾听人民群众的意见和建议，杜绝了服务态度“冷、横、硬”，服务环境“脏、乱、差”等不良现象，树立了良好的行业形象。

长江干线航道养护费城陵矶征稽站建站10年来，加强执法队伍的建设，努力提高征稽队伍素质，树立良好的执法形象，真正做到了“常在河边

走，就是不湿鞋”。在船舶单位中留下了良好的印象和口碑，多次被评为先进征稽站。洪湖航道征稽站人员为了增加航养费的征收政策、执法程序以及征稽员执法承诺的透明度，修建了公示牌，将执法主体、执法范围、执法程序、征费标准、监督方式、执法承诺以及征稽员姓名、相片、职责全部公示。并印发执法服务承诺表近100份，散发给过往船舶以及缴费单位，虚心、诚恳接受协议单位与社会船舶的意见。

2. 时时处处想着方便人民群众

长江三峡通航管理局强化基础，规范管理，实现管理和服务的有机结合。8块分别设在机关大楼、通航管区和综合管理站的行政执法公示牌，将港监、公安、航道3个行政执法主体、执法人员、执法依据、执法内容、执法程序及执法结果进行公示，让执法对象明确无误地了解行政执法过程中的各项内容，接受船舶单位和船员的监督，增强了透明度，避免了暗箱操作。该局还不定期地向船公司发放了无记名调查表，调查涉及航道畅通、调度指挥、过闸顺畅、规费征收、文明执法等10项内容，反馈情况良好。在具体的船舶安全检查、船舶签证、水上项目审批、海事调查和调解、船舶违章处罚、规费征收、治安案件查处、消防安全管理等行政执法过程中，执法人员都着装、持证上岗，严格程序，依法办事，不徇私情，不滥用职权，不违规操作。该局的全部执法活动，未有一起案件引起行政相对人申请复议和提起行政诉讼。作为行政执法主体的三峡海事处，汇编了各项海事业务工作规范，建立起了辖区范围内乡镇船舶数据资料库，规范了《水上安全监督工作日志》、《水上安全监督巡航记录》、《水上安全监督业务台账》等3本台账的记录，对辖区内发生的水上安全监督行政处罚案件、水上交通事故案件、船舶安全检查情况等原始资料，按一事一档的要求，进行了汇总，并整理成册。

为了让过往船舶有一个良好的治安环境，洪湖港派出所加强航区水域的巡逻检查，积极探索建立防范机制，组织民警深入到沿江船民渔民中，在各汽车渡口建立治安信息点，发放警民联系卡100多张，并选任了一批有正义感、责任心强的渡工和船民、渔民为治安联络员，加大情报信息的收集力度，水上治安的防范收到了很好的效果。

3. 文明服务在行业文明创建活动中不断取得成果

长江“文明样板航道”创建活动，深入扎实、载体丰富，精神文化建设与物质文化水乳交融，互相促进。在长江三峡、洪湖、澄通、宜昌、武汉等5个已成为全国“文明样板航道”的航区中，通航环境、航行秩序和水上治安状况明显改善，航道尺度和标位保证率稳定维持在较高的水平，用户满意率接近100%。长江航运“文明窗口月”活动历久不辍，“有诺必践，诚实守信”、“用情服务，用心沟通”成为长江航运人的座右铭。“服务承诺制”、“首问负责制”、“责任追究制”等规章制度的建立进一步完善了文明服务的机制。长江水上政务中心的设立更是体现了长江航运人便民、利民、为民的心愿，践行“三个服务”则是长江航运人的不懈追求。

① 转引自韩红军.《关于企业文化建设的几点认识》:《新西部》2007年第4期。
②《论语·为政篇》。

六、长江航运的基本理念

长江航运基本理念是长江航运人经过长期的理性思考及实践所形成的思想观念、精神向往、理想追求和哲学信仰的抽象概括。它包括服务理念、安全理念、发展理念、协作理念、经营理念、人才理念等一系列理念。

（一）发展理念

长江航运文化的发展理念，决定长江航运的发展方向，影响长江航运的发展进程，左右长江航运的战略选择。在新世纪，长江航运人的发展理念是：乘势而上，好中求快，统筹协调，联动发展。

1. 乘势而上，时不我待珍惜机遇

进入新世纪以来，长江航运发展势头十分强劲，货运量及港口吞吐量均以两位数的速度增长。基础设施建设效果明显。长江干流中下游航道系统整治已逐步铺开，部分卡口水道得到治理；沿江港口布局日渐合理；运力结构调整取得成效，船舶大型化、专业化趋势明显；水上安全及信息化建设进展很大，支持保障能力显著加强。长江各重要支流航运建设也取得很大成就。

长江流域是我国经济发展的命脉，连接我国经济最发达的江、浙、沪等沿海发达地区和具有巨大发展潜力的皖、赣、鄂、川、渝、湘等中西部地区。而长江水道作为长江流域最主要的运输通道之一，在我国国民经济中的战略性作用更加突出地显现出来。随着我国经济发展重心的逐步西移，特别是中西部地区经济呈现出强劲的发展势头，长江流域的经济结构和物流需求正在发生积极变化。上海大小洋山港的建设，也会对长江水运市场格局产生深远影响。同时，我国内贸运输的迅速发展以及相关政策出台，为长江水道的综合开发与利用创造了更广阔的空间。因此，长江航运人必须审时度势，主动作为，因势利导创造条件，时不我待珍惜机遇。善于把发展的可能转化成现实，把发展的潜力转变为优势。

2. 好中求快，遵循规律科学发展

在长江航运发展中，要始终不渝地坚持科学发展观，这是当代中国经济社会发展的重要指导思想。科学发展观的一个重要内涵就是经济社会必须实现又好又快发展，好字当头，好中求快。对于长江航运来说，就是要依托长江沿江经济发展，运用现代物流理念，以航道建设为基础，以港口物流中心（园区）建设和发展为核心，以信息系统发展为先导，建立物畅其流、成本低廉、便捷高效、安全可靠、节能环保、层次分明、结构合理、与沿江经济发展相适应并适度超前的专业化、社会化及现代化长江航运物流服务体系，形成节约能源资源、保护生态环境的数字航运、智能航运、绿色航运。

长江航运实现又好又快的发展，首先，必须充分认识长江航运的地位，切实树立长江航运优势战略。加大临江产业带布局和产业结构调整力度，加快完善沿江运输通道，使长江航运更好地与其他运输方式协调发展，改善港航企业生产条件。其次，继续深化航运体制改革，创新机制，增强航运活力。进一步完善长江航运管理体制，逐步建立符合长江航运特点的航运市场管理制度，与国际接轨。港航企业要着眼于提高服务质量、拓展服务功能、提升服务档次、创新机制，努力发掘长江航运新的增长点。再次，加快长江航道治理步伐，完善长江航道网络。按照交通部批准的《长江干线航道发展规划》要求，“深下游、畅中游、延上游”，从根本上改善航行条件。同时，结合水电及航运梯级建设，采用渠化、整治等措施，逐步提高支流航道等级，以长江干线和江南运河为主轴，其他骨干航道为骨架，基本实现干支通畅、江海直达、水陆联运。第四，提高三峡坝区通过能力，充分发挥三峡工程综合效益。第五，建设武汉长江中游航运中心，完善长江航运总体格局，实现长江沿线互动、联动。第六，按照安全、经济、环保、美观的要求，大力推进船型标准化，优化长江船舶运力结构。第七，树立“大安全”管理理念，建立长效管理机制，提高安全管理现代化水平，确保长江航运安全形势持续稳定并逐步实现根本好转。第八，打造数字航道，发展智能航运，用信息化带动长江航运现代化，全面提高长江航运生产效率，提升长江航运服务和管理水平。

3. 注重统筹协调，坚持联动发展

航道、港口、船舶是水运的三大要素，三者缺一不可，只有整体联动，协调发展，才能形成共赢的良性大发展局面。如果说港口是散落在长江的一颗颗钻石，那么航道就是把它们穿在一起的金链。因此，在服务水运、服务经济方面，港口与航道有着共同的利益追求和价值目标，需要进一步加强合作，以达到互利双赢。当前，长江航道与港口在各自发展过程中，已经建立了较为密切的联系，航道推动了港口与水运的发展，而港口水运的发展又有力地带动了航道的发展。以长三角港口为例，长三角港口之所以能够健康快速发展，与长江下游航道水深好、条件配套是密不可分的。随着长江下游黄金水道建设的加速,长三角港口建设也呈现又一轮新的勃勃生机。随着上海港建设国际航运中心战略的确立和“长江战略”的实施，长江航道与长三角港口的关系更为密切，长三角港口群的辐射力、影响力已大幅扩展到整个长江流域。

长江流域形成上、中、下游分别以重庆、武汉、南京和上海为中心的区域经济发展态势，区域经济梯度性、互补性特征明显。发展长江航运还必须开展区域经济合作。一是，通过充分发挥市场配置资源的基础性作用，进一步优化地区经济结构与布局。鼓励沿江开发走开放型的道路，积极推动跨地区、跨行业、跨国经营的联合，促进区域经济健康持续发展，加大各个区域中心城市的辐射力度。二是，通过加强地区经济合作与协调，实现优势互补、共同发展。三是，通过共创良好发展环境，降低地区经济发展成本。通过构建区域大交通、促进统一大市场建设、区域信息资源共享、建设相互融通的区域经济功能与服务体系、促进人力资源有序流动。

（二）经营理念

长江航运经营理念是长江航运人根本的经营管理思想，是长江航运人设定的长江航运事业发展方向、共同信念和企业追求的经营目标。长江航运人的经营理念是：需求是源，质量是锚，管理是舵，创新是帆。

1. 需求是源

在社会主义市场经济条件下，市场是长江航运生存发展的根本。长江航运发展的出发点是市场，落脚点还是市场，市场需求决定长江航运的存在与发展模式。

在长江航运事业中，顾客是长江航运赖以生存和发展的“衣食父母”。在市场经济大潮中，谁赢得顾客，谁就赢得市场，谁就能够有所发展。谁率先占领市场和征服消费者，谁便获得长足发展的动力。正如马克思在《资本论》中所说的：从商品到货币是一次惊险的跳跃。如果掉下去，那么摔碎的不仅是商品，而是商品的所有者[①]。因此，长江航运能否在市场立足并在消费者心里落地生根、茁壮成长，很大程度上取决于是否适应市场和消费者的需求。

针对市场凸显的这些特点，长江航运应始终坚持以市场与消费者需求为导向，以打造富有魅力的长江航运品牌为目标，围绕市场需求，在航运服务开发和营销上注重收集市场信息，主动关注和满足消费者需求。洞察市场，科学决策，顺势应变发挥经营优势，努力实现长江航运的经济效益和社会效益双赢。

2. 质量是锚

服务质量决定长江航运的形象，服务质量决定长江航运的出路。服务质量是长江航运生存和发展的根，只有根深蒂固才能枝繁叶茂。服务质量是长江航运发展的固本之锚，有了固本之锚，长江航运才能赢得市场，使企业永远立于不败之地。服务质量是长江航运的生命，有了优良的服务质量，长江航运市场的信誉就高，市场占有量就大，长江航运就可以获得较好的经济效益。服务质量是长江航运走向国际市场的通行证。著名的美国波音公司董事长威尔森有句名言，从长远看，无论在哪个市场上，唯一经久的价值标准是质量本身[②]。这是对产品与服务质量在市场竞争中的地位和作用的精妙评价，发人深思。

因此，长江航运发展要牢固树立质量意识，建立严格的质量标准体系。要始终拿起优质服务的有力武器，采取先进的管理方法、科学管理手段，以优质服务赢得客户，以过硬的服务占领市场，用优良的服务树立长江航运品牌形象。

3. 管理是舵

企业的顺利发展和持续经营在于企业是否有一个坚实的管理基础，在于企业各方面因素的协调。因此，发展长江航运事业一定要强化基础管理，克服薄弱环节。管理是长江航运发展要素的有机组成部分。随着市场经济的不断孕育和高新技术在各个领域的广泛应用，对长江航运管理提出了更高更严的要求。谁能在驾驭企业管理上技高一筹，谁就将在激烈的市场竞争中赢得主动。鉴于此，在长江航运新的发展阶段，务必以建立现代航运企业制度为出发点和落脚点，认真探索和研究长江航运企业管理的新路子，促使长江航运的管理工作步入规范化、科学化轨道。

长江航运管理要坚持以人为本。以人为本就是要把人本管理放在突出位置。注重人本管理，首先要加大人本管理投入，注重在培养和提高长江航运员工的素质上下功夫。要借鉴被世界企业界誉为“经营之王”的松下幸之助的管理方法，“松下是制造人的，兼之制造电器[③]”。长江航运事业首先是培养高素质的人，然后再由高素质的人提供优质的产品与服务。人本管理抓好了，势必起到事半功倍的作用。其次，在人本管理中坚持量才录用，做到人尽其才，才尽其用，各展所长。再次，要善于用制度管人。没有规矩不成方圆，长江航运企业需要建立一套行之有效的规章制度，使之有章可循，有规可依。

长江航运事业的发展还要加强航运企业家队伍建设。一个精明称职的航运企业家首先应当是管理的行家，而恰恰在这个问题上，长江航运中小企业经理尚有相当大的差距。作为长江航运企业的管理者要正视这一现实，面向未来，学无止境，切不可陶醉于现有的一点管理经验，拘泥于目前的管理手段。要善于学习和借鉴外国航运企业的先进管理经验，博采众长，为我所用。它山之石，可以攻玉。只有加强学习，不断更新知识，才能使自己领悟到管理科学的奥秘，才能在长江航运企业管理的长河中乘风破浪，扬帆奋进。

4. 创新是帆

和谐长江航运是长江航运人的时代主题，而创新则是实现这一时代主题的重要加速器。创新是什么？对于长江航运企业来说，创新是富含氧气的新鲜血液，是长江航运企业前进的不竭动力，是长江航运企业克难制胜的法宝，也可以说是长江航运事业持续进步和发展的“金钥匙”。用长江航运人的话来说，创新是长江航运事业乘风破浪、扬帆奋进的“动力之帆”。

长江航运发展的创新，首先是观念的创新，思路的创新。思路决定出路，应学会创造性思维，打破常规，突破传统观念，敢于去想，具有强烈的“问题意识”，具有敏锐的调查力和丰富的想象力，学会求异思维、反向思维、替代思维、模仿思维和想象思维。善于接受新知识，敢于冒风险，提倡敢想、敢干、敢创造。其次，创新还表现在长江航运企业的组织机构适应市场变化，以市场和客户为中心来决定组织机构。再次，创新直接表现在采用航运新技术、开发航运新业务。不断推出航运新业务、培育航运新增长点，保持长江航运企业旺盛的生命力。

（三）安全理念

“生命的价值高于一切”，是一条最基本的社会伦理，每个人都应自觉遵守。长江航运人作为国家经济的管理者、服务者，更应该成为践行社会伦理的典范。党中央提出树立科学发展观，要始终把最广大人民的根本利益作为一切工作的根本出发点和落脚点，从这个意义上讲，安全已经成为构建和谐长江航运的一大主题。长江航运确立的安全理念是：关爱生命，责重于山。

1. 航运安全，责重于山

长江航运安全事关人民群众的根本利益，关系到长江航运改革、发展和社会稳定大局。因此，长江航运的发展不能以牺牲精神文明为代价，不能以牺牲生态环境为代价，更不能以牺牲人的生命为代价。任何时候都要把安全航运作为一个重要理念纳入长江航运发展总体战略中。发展长江航运是政绩，安全航运也是政绩。搞好安全航运工作对于巩固社会安定，为国家经济建设提供稳定的政治环境，对于保护劳动生产力，均衡发展各部门、各行业的经济劳动力资源，具有重要的作用；对于增加社会财富、减少经济损失，具有实在的经济意义；对于生产员工的生命安全与健康，家庭的幸福和生活的质量，有直接影响。

2. 安全是长江航运发展之本

有了安全航运，长江航运人才能以休闲的心情浅唱低吟“秋水共长天一色”；有了安全航运，长江航运人才能以坚定的意志，放声高歌“长风破浪会有时，直挂云帆济沧海”；有了安全航运，长江航运企业才能像三春的桃李红红火火。因此，构建和谐长江航运，必须以人为本，关爱生命，牢记安全。始终把人民生命安全和国家财产放在首位，以提高安全保障和救助能力为重点，尽职尽责地服务人民群众平安便捷出行，确保长江航运安全发展。

3. 安全航运的根本在于责任心

航运安全靠什么？靠责任心。在航运管理中的每时、每分，安全隐患随时都像凶残的野兽那样张着血盆大口，盯着我们脆弱的肉体，一旦我们放松警惕，它就有机可乘。因此，只有强化安全意识，明确责任落实责任，增强责任心，航运安全才不受威胁。只有增强责任心，航运安全才有保障，生命才会更加美丽。

4. 实施长江航运安全理念的途径

在长江航运及其管理中，要实施“责任重于泰山”的航运安全责任理念，首先，要领导重视，领导亲自抓，领导带头执行。安全好不好，关键在领导。不重视安全、不抓安全的干部是不称职、不成熟的干部，这也是单位的重大隐患。安全工作是一个单位整体管理水平的标志性指标，是每位员工履行岗位职责的最低标准，必须全面推行安全责任追究制，实行航运安全一票否决。其次，航运安全靠人。航运人必须有一定的安全素质，即道德修养、责任心、业务技能、健康的身体等。再次，航运安全靠投入，为航运安全提供必要的、良好的工作环境。第四，航运安全靠制度，用科学的制度规范员工的行为。航运安全靠机制，建立健全奖惩机制，逐级落实安全责任。航运安全靠管理，建立航运安全管理体系，重视过程控制，实现规范化管理。

总之，航运安全是一个系统工程，必须常抓不懈。要坚持“安全第一、预防为主、综合治理”的方针，时刻以如履薄冰的危机感、责重于山的使命感，完善安全防范机制，严把安全的每道关口，实行全员、全方位、全过程动态管理，使长江航运成为安全的行业。

（四）协作理念

协作是指在目标实施过程中，部门与部门之间、个人与个人之间的协调与配合。协作就是优势互补，协作就是优势再创，协作就是竞争发展。因此，构建协作理念，实行协同发展，已经成为当今世界经济发展的潮流。长江航运人总结长江航运发展实践，提出的协作理念是：长江一家人，行业一盘棋。

1. 团结协作就是竞争优势

当今世界，开放和竞争已成为经济发展的主流。企业要在激烈的市场竞争中立于不败之地，做到持续生存和稳定发展，惟一可行的办法就是建立持续的竞争优势。竞争优势有很多表现形式，无论是在企业内部，还是在企业外部，竞争优势更多地体现为一种协同效应。协同使企业长期保持竞争优势。协同效应是指企业在战略管理的支配下，企业内部实现整体性协调后，由企业内部各部门的功能耦合而成的企业整体性功能，它远远超出企业各部门的功能之和。企业整体协调后所产生的整体功能的增强，被称为协同效应。它可以简单的表述为“1+1>2”，即公司的整体价值大于各部分的价值之和。恰恰是这种隐性的、不易被识别的价值增值，为企业带来了长期而稳定的竞争优势。

2. 长江航运的系统性决定了长江航运的协作性

长江是一个整体，长江航运系统是一条链，协调发展对长江航运来说尤为重要。如果做到资源共享、统筹规划、协调发展，就能够体现出长江航运的优势。在协同管理平台中，长江航运可以更有效地对各种分散存在或被分隔的资源进行整合，并让它们在统一管理和调配下进行优化，从而发挥这些资源最大的价值，积极服务沿江经济社会发展、服务沿江人民。因此，长江航运系统日益增强大局意识，树立“长江一家人、行业一盘棋”的协作理念。

3. 构建“长江一家人，行业一盘棋”的协作理念

通过推行“长江一家人，行业一盘棋”协作理念，实现行业管理以人为本，体现协作精神。寓管理于服务之中，以制度与文化熏陶并举，纪律约束与精神激励共存，维护长江公平和谐的航运秩序，使长江航运更加繁荣昌盛。通过推行“长江一家人，行业一盘棋”的协作理念，形成大局观念和整体意识，兼顾各方利益，实现上下联动，左右互动，内外协同。实现政令畅通、运转协调，严谨规范、协调高效。

4. “长江一家人，行业一盘棋”协作理念的推进路径

首先，要大力宣扬“长江一家人，行业一盘棋”的协作理念，形成“长江一家人，行业一盘棋”的良好氛围，发挥各级政府和社会关注、建设长江航运的积极性。其次，要建立长江航运合作协调机制，整体联动，齐抓共管；加强与长江涉水管理部门的协调，为长江航运快速健康发展创造良好的外部环境；完善和加强长江水系航运规划联络员工作机制，强化定期信息沟通渠道，共同推动长江航运跃上新台阶。再次，长江航运的发展应从综合利用水资源和发展的高度来通盘考虑。中央及地方政府要充分认识内河航运的地位和优势，采取切实措施，沿水运干线实施产业布局。按照“统一规划，分步实施”的原则，加强基础设施建设，集中力量建设长江等水运主通道，加大航道整治、疏浚力度，加快建设集装箱等专业化码头，提高港口的技术装备水平。以建设全国统一的综合航运体系为目标，加快沿江运输通道建设。实行“放开搞活”的方针，建立有利于内河航运发展的投融资体制，鼓励全社会各方面投资内河航运事业。贯彻水资源综合开发利用的方针，建立集中有效的水资源综合管理体制，推动水资源综合开发利用。加强法制建设，建立健全内河航运法律法规体系，为长江航运发展创造良好的法制环境。

（五）人才理念

人才是一个国家、民族发展的命脉，从世界各国振兴史看，每一次成功的经济追赶，都伴随着人力资本的先行追赶，人力资本追赶是经济追赶的先导。“小康大业，人才为本”。胡锦涛总书记指出，必须从全局的战略高度充分认识实施人才强国战略的重要性和紧迫性，自觉增强大局意识和忧患意识，以高度的政治责任感和历史使命感，把实施人才强国战略作为党和国家一项重大的紧迫任务抓紧抓好[④]。长江航运人提出的“人人皆可成才，有用就是人才”的人才理念，是长江航运人对当今时代特点的深刻把握，是长江航运人对建设长江航运、发展长江航运、建设长江航运人才战略的深刻认识。

1. 长航大业，人才为本

人才是成就长江航运事业发展的中坚，事业发展又是造就人才的摇篮。长江航运实施人才兴业战略，大力培养造就各类高素质人才，是全面落实科学发展观、建设和谐长江航运战略目标的重要保证，是实现长江航运兴旺发达的根本大计。实施人才兴业战略，是抓住和用好21世纪头20年重要战略机遇期和长江航运发展新的机遇期，应对日益激烈的交通运输竞争的必然要求。放眼航运事业，人才资源是最重要的战略资源。航运事业的竞争，说到底就是人才的竞争，谁拥有了人才优势，谁就拥有了竞争优势。长江航运人要掌握人才竞争的主动权，就必须加强和改进长江航运人才工作，进一步形成育才、聚才和用才的优势。

2. 抓人才，一靠事业、二靠感情、三靠待遇

事业（事业的前景、发展空间和平台），感情（关心人），待遇（生产生活）是抓住人才的手段。要在长江航运事业发展中培养人才，在建设长江航运事业中造就人才。要在长江航运发展的实践中培养人才，鼓励优秀人才脱颖而出，鼓励人才有理想、有激情，投身长江航运建设的火热实践，服务于人民，奉献于长江航运。坚持抓人才工作与抓长江航运事业发展相结合，让人才创新有机会，干事有舞台，发展有空间，使长江航运事业发展与人才工作相互协调、相互促进。

3. 尊重人才、关心人才、爱护人才，形成人才辈出的局面

要带着深厚的感情抓人才队伍建设，对人才心怀极端的热忱，对人才工作极端负责任。树立以人为本的管理理念，把人才放在长江航运适当的岗位上，让人才的创造性得到最大限度发挥。树立大人才观，不拘一格，坚决打破长江航运部门、地域的界限，破除门户之见，不求所有，但求所用，在更加广阔的范围内选才和揽才。应坚决打破论资排辈的传统观念，确立“德才兼备，重在实绩”的选才用才标准，把实践作为衡量人才的根本标准，作为发现和识别人才的根本途径。要信任和爱护人才。金无足赤，人无完人。海纳百川，有容乃大。对人才不能以偏概全、求全责备。坚持唯才是举，充分尊重人才的个性，扬其所长，避其所短，体现爱才之心、识才之智、容才之量、用才之艺。

4. 激励与约束，创新人才机制

政策与策略是党的生命。通过政策调动一切积极因素，特别是人的积极性。重视待遇留人，给干事的人以实惠。进一步探索有利于长江航运团队建设和发展的内部管理和考核机制，走出一条具有长江航运特色的人才队伍建设的路子。深化分配制度改革，从注重提高个人待遇向更加重视支持人才成长和发展转变，鼓励优秀人才脱颖而出。

国以才立，政以才治，业以才兴。长江航运建设的宏伟事业需要千万人才，呼唤千万人才，造就千万人才，为各类人才脱颖而出、大显身手、施展才华提供广阔的舞台。

（六）工作理念

新的世纪，长江航运人创新服务，用心工作，提出“把务虚的事做实，把务实的事做好”，使服务理念适应现代社会的要求。

1. 把务虚的事做实，把务实的事做好

虚与实，这是一个笼统庞大的辨证关系。虚，是相对实而言的；实，也是相对虚而言的。它们二者相生相存，没有实的存在，虚便表现不了；没有虚的印痕，实也无法存在。长江航运服务同企业的生产经营管理相比较是虚的，但是它的每一项具体工作、具体活动、具体服务都是实的；长江航运服务处在运筹、决策、运作阶段的表现形式是虚的，但是它的效应、效果是实的。这就是长江航运创新服务理念的虚与实的辨证关系。

长江航运创新服务，就是要把务虚的事做实。具体说，务虚就是要解决好对内外形势的基本认识，解决远虑与近忧的问题，解决思路与方向性问题，解决工作重点确定问题。务虚必须立足点要高，注重全面性，找准驱动点，重视关键性、影响性、基础性问题。要以实为基础务虚，以实为目标务虚，以实的需要务虚，以实的方法务虚。

进入新世纪以来，长江航运面临千载难逢的发展机遇。抓住机遇，发展长江航运事业，必须充分认识长江航运的地位，切实树立长江航运优势战略。必须坚持科学发展观，全面提升长江航运的整体水平和服务质量，形成布局合理、技术先进、管理科学、高效畅通、安全有序的现代化长江航运体系，实现长江航运跨越式发展。这就需要长江航运人着力从纷繁的现象中发现工作规律，善于用科学理论指导长江航运发展实践，高瞻远瞩谋划长江航运发展大局，脚踏实地落实任务，把务虚的事做实，把务实的事做好。

2. 把务虚的事做实，就是要求真、求新、求实、求好

首先是认识上求真，就是在思想上要追求新的东西，追求实在的东西。要承认客观存在，一切从实际出发，防止主观主义；要尊重客观规律，把握规律性，减少盲目性，避免唯意志论；要正视客观真实，尊重事实，不回避、不隐瞒、不造假；要为民谋利，这是最大的真，最根本的真。探求长江航运发展规律、探索长江航运管理工作规律的目的，就是实现好、维护好、发展好最广大人民的根本利益，体现“以人为本”。

其次，在思路上求新。因循守

旧，难以克难制胜，更难以在竞争激烈的航运市场开发中稳步前进。进一步解放思想，在长江航运发展观念、思路上求新思变，始终保持不甘落后、奋发有为的精神状态；创新工作、创新思路，着眼于新发展、新变化，在工作思路上求新求突破；在思路上求新、内容上求新、形式上求新、方法上求新、角度上求新、工作目标上求新。以新的战略眼光，站在新的高度，纵观长江航运发展的趋势，策划新的创意，力创一流长江航运品牌，为社会提供优质的航运服务。

再次，在举措上求实。关键是突出一个“实”字，就是做到计划要切实、措施要实用、目标要实在。举措求实，就是细化和完善工作方案；抓好重点环节，不留死角。工作要体现“特、实、细”，即立足于长江航运发展实际，抓出特点，形成亮点，不搞“大而全”。工作措施要实在、具体、细化，不搞“花架子”，做到任务措施明确、具体可行，同时将发展规划中的重点工作任务融入年度计划和月度计划，再分解到岗位个人目标，落实各级责任。

第四，在效果上求好。通过求真务实，紧紧围绕落实发展长江航运战略的各项工作，提高长江航运工作的高效能，实现航道更畅通、航行更安全、水域更清洁、服务更文明、发展更科学、效益更高、更好。

3. 把务实的事做好，就是要形成“严、细、实”的工作作风

把务实的事做好，就是要以“严、细、实”的态度对待每一项工作。首先是要“严”。“态度决定一切”。严就是对自身工作要求要严格，执行工作规程要严格，执行纪律要严格。严格要求，关键是强化责任抓落实，增强责任意识，把抓落实摆在工作的突出位置，敢于负责，善于负责，从不落实处、难落实处着手，反复抓，抓反复，一级抓一级，层层抓落实。尤其加强督查抓落实。对每一项工作都做到有部署、有检查，通过开展经常性督查、跟踪性督查和阶段性督查，不断加大督促检查和奖惩力度，做到以查促改，以查促干，形成抓落实的强大推动力，从而使每一项工作都能落到实处。

其次是要“细”。“细节决定成败”。细节不是小事，是非常大的事，在管理问题上一定要高标准、严要求。一个现代化的长江航运企业必须以非常坚实的、非常可靠的、非常完善的细节管理工作为支撑。像定置化管理，就是安全生产的一项非常基础的工作，一个螺丝刀，放在哪里，怎么放，要严格按照定置标准。细节管理要做到“凡事有据可查，凡事有章可循，凡事有人监督，凡事有人负责”。通过细致工作，明确责任主体、目标要求和落实期限，将工作任务细化、量化、具体化，将责任和压力逐级分解、逐级传导，构成抓落实的责任链条，形成千斤重担人人挑，个个肩上有责任的工作格局。

再次是要“实”。“扎实的工作就有效果”。工作要实，就是要把每一项工作落到实处，在成果上取得实效。这就需要对待工作必须做到扎扎实实，下真功夫，下大力气。重实际，就是面向实际，面向群众，面向基层，深入实际，深入基层，深入群众，了解实际。重实践，就是在实践中发现真理，检查真理，纠正错误，完善真理；说实话，一是一，二是二，不弄虚作假；不说大话、空话；求实效，不搞花架子，不搞形式主义，不看风使舵，不看说的如何，而要看实际效果。总之，把负责任意识贯穿于工作的每一个环节，雷厉风行，精益求精，实现工作目标责任化，工作过程精细化，工作节奏快速化，工作成效最佳化。

① 马克思.《资本论》：第1卷.第124页.人民出版社，1975年。

② 转引自李继红.《全面实施品牌战略三要素》：《商业时代》，2003年第13期。

③ 转引自李明芳.《中国企业培训中存在的问题及对策》：《继续教育》，2006年20卷12期。

④ 转引自周济.《人才为本，人才强校》：《光明日报》，2004年3月11日。

第五章　刚柔相济的长江航运制度文化

西方学者曾经做过一个比喻：制度管理就像一座漂浮在大海里的冰山，露出水面的部分，占$^{1}/_{3}$，大体相当于规范、标准等有形管理；隐在水中的部分，占$^{2}/_{3}$，大体相当于组织成员对制度的接受度、认同感、认知率等无形管理。这个比喻十分形象、深刻。制度是有形管理部分，制度文化是无形管理部分。制度是管理的载体，重视科学标准和规范的作用；制度文化则重视内在精神价值的开发、集体感受和各种非正式规则、群体氛围的作用。制度可以造就一个结构框架合理、运转程序规范、执行严格的标准化行业；而制度文化管理可以赋予这个行业以生命活力，为之提供精神源泉和价值动力，引导其发展方向，并创造经营个性和管理特色。长江航运制度文化建设的过程，是一个信仰、道德、理念、规则和行为不断强化的过程，不是一朝一夕所能实现的，它是在长江航运文化积累和沉淀过程中形成的一种凝聚力量。

一、长江航运制度文化的涵义及特征

（一）严谨规范的制度体系

所谓制度文化，是行业为了实现自身目标，围绕行业核心价值观对行业员工的行为给予规范和约束的文化，是要求全体职工共同遵守的，按一定程序办事的行为方式及与之相适应的组织机构、规章制度的总和。

制度文化体现了行业管理的刚性原则，是支撑行业发展的相对稳定的制度安排，它是保障行业正常经营、协调各方面关系、保证团结协作、调动各方面积极性和创造性、制约各种消极因素和越轨行为的必要手段。它既有相对独立性，又是连接物质文化与精神文化的中间环节。缺少制度文化，行业难以形成良好的运作机制，内外层文化建设也很难持久和落到实处。加强行业制度文化建设，关系到行业文化能否有生命力，能否持续发展，也是一个行业是否成熟的重要标志。

制度本身是一种文化形态，它依据一定的行业核心价值观，是行业精神文化固化于制度的行为规范。那么文化理念是如何渗透到制度建设之中的呢?

文化与制度之间是一种蕴含与互动的关系，文化中蕴含着制度，制度中也体现了文化，没有文化的制度与没有制度的文化都是不可想象的。文化形成制度，即文化观念是制度形成的依据，制度要反映文化的要求；制度强化文化，即制度对文化观念特别是对新文化的巩固与发展有重要作用。行业制度文化是行业文化的重要组成部分，制度文化是一定精神文化的产物，同时它对于行业文化具有强化作用。

行业制度文化是行业文化的重要组成部分，制度文化是一定精神文化的产物，它必须适应精神文化的要求。人们总是在一定的价值观指导下完善和改革行业各项制度，行业的组织机构如果不与行业目标的要求相适应，行业目标就无法实现。卓越的行业总是经常用适应行业目标的行业组织结构去迎接未来，从而在竞争中获胜。

制度文化又是精神文化的基础和载体，并对行业精神文化产生反作用。一定的行业制度的建立，又影响人们选择新的价值观念，成为新的精神文化的基础。行业文化总是沿着精神文化——制度文化——新的精神文化的轨迹不断发展、丰富和提高。

物质文化是制度文化存在的前提，一定的物质文化能产生与之相适应的制度文化。行业的组织机构是提高管理有效性的最重要方法之一。

制度文化还要随着物质文化的变化而变化。行业劳动环境和生产的产品发生变化，行业的组织结构就必然做出相应的变化。制度文化是物质文化建设的保证，没有严格的岗位责任制和科学的操作规程等一系列制度性约束，任何行业都是不可能生产出优质产品的。同时，行业制度文化也是行业行为文化得以体现的保证。

总之，行业制度文化作为行业文化中的人与物，人与行业运营制度的中介和结合，是一种约束行业和员工行为的规范性文化，它使行业在复杂多变、竞争激烈的环境中处于良好的状态，从而保证行业目标的实现。

（二）文约文丰的长江航运制度文化

长江航运制度文化是长江航运人在“同舟共济，百折不挠，乘风破浪，扬帆奋进”的长江航运精神文化指导下，在长期的生产、经营、管理和服务过程中，不断总结和提炼出来的相对固化的规章制度的总和。它具有强有力的行为规范要求，带有强制性约束，规范着长航的每一个员工。长航系统各单位和部门的操作规程、行规行纪、安全责任制、考核奖惩制度等都是长江航运制度文化的内容。

长江航运制度文化作为长江航运文化的重要组成部分，既是精神文化的产物，又是物质文化的工具。它一方面构成了员工的行为习惯和规范，另一方面也制约了精神文化与物质文化的变化。制度文化是长江航运文化的运行主导系统，是长江航运精神依附的体制平台。制度文化提供了观察和理解长航人行为和活动的钥匙或模式。

长江航运制度文化就是要创造一种氛围，形成一种默契，达成一种预期，而要沟通与形成默契，就只有靠一套科学合理的制度来维系。长航推行制度文化建设以来，建立和完善了多种规章制度，从上到下严格执行，一丝不苟，久而久之，员工养成了习惯，形成了良好的行为规范和文化理念。

"选择了海事，就是选择了责任"，"社会满意，就是海事的追求"①，这是芜湖海事人常说的话。他们把海事与责任划等号，力争干对干好，追求岗位创业绩最优。长此以往，这个理念就慢慢形成了制度文化。镇江港行业文化的成功也与成熟的制度密不可分。"文化是基石、市场是命脉、质量是生命、创新是源泉"，这是镇江港人的座右铭②。镇江港人在各项工作中自觉秉承"求实、诚信、创新、争先"的行业精神，在近几年取得了十分出色的经营业绩。其成功机制有二：一是竞争机制，从根本上保证镇江港行业文化的进取性。二是信用机制，从基础上确保镇江港文化的亲和性。可见，行业文化是制度和机制长期坚持和积累的结果。

长江航运制度文化作为长江航运文化的重要组成部分，体现了长江航运行业的价值理念，规范了长江航运的行业行为，并为长江航运的精神文化、物质文化和行为文化提供了制度保障。它具有以下鲜明的特征。

1. 严格的规范性

行业制度是行业文化的内容之一，它对人的行为具有一定的强制性或约束力。行业制度在规范员工行为、树立和传播行业形象、协调行业相关人之间的关系、保持各方面的利益均衡等方面具有重要作用。而行业制度文化是行业管理所达到的一种境界，它体现为"有法必依，执法必严；言必信，行必果；制度面前人人平等。"制度就是行业的法规，行业的一切生产经营活动都要在制度的规范内进行。在全体员工的认同下，规范约束所有员工的行为，使生产经营有条不紊地进行。同时，它还可以弱化管理者和被管理者的矛盾，为行业高效管理提供有力支撑。

长江航运制度文化具有严格的规

范性，体现在它一经制定后就具有公认、权威和稳定的特点，必须认真执行和落实，任何人都不能违规办事，否则，就要受到相应的处罚。例如2005年上半年，五矿镇江分公司两辆车子因交通违章被罚了3000元，此外，汽油费、修理费超全年预算，照此发展下去如何得了。但怎样才能把车子很好地管起来呢？综合办主任王金萍经过十多天的调研，制定了《车辆使用管理办法》，规定公司员工在使用车辆前必须填写《出车单》，私自用车将受到处罚，严格考核油耗和公里数，交通违章罚款一律自理。此项《规定》出台之初，曾有人仍习惯性地私自用车，结果被罚了100元，同时被警告下次再出现类似情况将被永久剥夺用车权。这样一来，再也没有人敢私自用车了。同时因为交通违章罚款要自理，大大增强了员工开车的责任心。2005年，车辆每月的油耗由1000元降到700元左右，交通违章罚款也连续多月为零[③]。

每个单位都有很多制度，缺乏制度约束的行业肯定是混乱的行业。而对于一些行业，如果有制度而不严格执行，行业将会在顾客面前失去信誉，管理者在员工面前失去威望，行业内部也将陷入虚伪、投机与混乱状态。加强行业制度文化建设，就是要加强行业整体以及员工个体遵循的行为规范建设，从中反映出行业崇尚什么、反对什么，即行业信奉的价值理念，反映出行业的做事方式与风格。有了规矩才能成方圆。有了规章制度，行业活动才有章可循、有法可依。可见，制度文化具有规范制约功能。它要求制度被坚定不移地执行，谁不执行就要受到相应的惩处。另一方面，它提倡人们不断提高执行制度的自觉性，使这种“外在文化”不断内化为“内在文化”。

长航公安局镇江分局特别强调，规范管理是强化组织纪律、提高战斗力的重要保证。为此，他们出台了《民警岗位责任月度考核办法》，从最基础的内容抓起，从小事抓起，对民警的言行举止进行考核，考核结果和个人收入挂钩。分局大多数民警都曾因迟到、着装、卫生等小问题被减发岗位津贴。目前，这种不规范现象正逐步减少，制度与考核机制促使民警保持了良好的习惯[④]。

2. 普遍的适用性

制度是严肃的、稳定的，尽量不要朝令夕改。执行制度不仅要持之以恒，而且要一视同仁，绝不允许有特例。制度决定人的行为，只有公正的制度才能焕发人们的激情。如果在一个行业中大量存在不按规章制度办事的现象，就表明行业制度不再具有普遍适用性，行业信誉系统就遭到严重破坏，人与人之间不讲信用，领导的威信将被大打折扣。

从制度的执行力度来看，普适性是制度管理充分有效的前提，行业中的任何人都要受到制度的约束。行业违背普适性原则的行为，主要表现在两个方面：一是，制度对决策层管理者无效，这一点在民营行业比较突出。二是，决策层管理者对于下属不执行制度表现出极大的宽容，以致使“老实人”吃亏。理论上讲，制度不被执行可能是因为制度本身的局限（如缺乏公正）、制度本身存在的规定性与选择性、稳定性与变化性的矛盾引起的，但从某种意义上说，制度的严格执行比制度更为重要。

长江航运制度文化具有普遍适用性，主要体现在制度无论是对管理者还是被管理者，都具有同等威力，都必须严格遵守，在制度面前人人平等，任何人违背制度的规定和约束，都要接受同样的惩罚。尤其是领导者更应该以身作则，在遵守制度规定方面起模范带头作用，这样，员工就会在榜样的引导下干得出色。例如，长航公安局南京分局浦口派出所，在所长乔乃明的领导下，治理队伍推行“严管厚爱”的四字方针，建立了31种规章制度，并有配套措施做保障，每年所里都和民警签订警风行风责任书，与每月考核挂钩，领导带头执行成为制度得以落实的最有效保证。“工作要求要严，劳动纪律要严，自身要求要严”，这是乔乃明经常对民警们讲的话。他对民警出现的违纪苗头从不放过并及时予以坚决制止，哪怕是民警收了一盒价值不过二三十元的茶叶，他知道后，都坚决要求退回并在大会上予以严厉批评。在严格要求部下的同时，乔乃明对自身的要求更严，在原则问题上从不让步。一次，他率领民警去疑犯家抓人时，疑犯父亲是一位知名画家，他把乔乃明请进画室，指着墙上价值不菲的藏画说：“乔所长，你喜欢哪幅画尽管拿走。”乔乃明说：“感谢你的好意，名画有价，但法律无价”。为了严格公正执法，杜绝人情案，他经常对民警说：“只要是来说情的，你们就往我身上推，说乔所长一律不准。”为此，他得罪了很多人[⑤]。

浦口派出所的制度制定后得到了普遍执行，尤其是领导的率先执行和典型示范，给全所民警树立了良好的榜样，为打造一支纪律严明的高素质队伍起到了引导作用。也正是由于制度的有效实施产生了积极的影响，2006年浦口派出所被公安部评定为一级公安派出所，2007年乔乃明被交通部长江航务管理局评为“十大杰出人物”，2007年被人事部、公安部授予全国特级优秀人民警察称号，浦口派出所被授予全国公安优秀基层单位，辖区职工群众满意率均达100%[⑥]。

“工欲善其事，必先利其器”[⑦]。再好的精神理念文化，没有制度的执行力作保障，只能是形同虚设，毫无益处。只有人人尊重制度，遵守制度，没有特权行为的出现，制度才会较好地被执行并发挥出巨大的潜能，保证行业有序地运转，产生良好的经济效益和社会效益。

3. 持续的激励性

行业真正有价值、有魅力、能流传下来的东西，很大一部分是文化，尤其是被员工认同的制度文化。行业制度只有真正被员工接受并自觉遵守，它才变成了一种有力量的文化，才能使行业成为制度共守、利益共享、风险共担的大家庭。行业制度文化建设必须在激发职工的内动力上下功夫，培育和创造一种符合行业实际、催人向上、开拓创新、永争一流的团队精神。

例如，芜湖港储运有限公司的薪酬制度就具有激励性。公司通过建立“薪酬、情感、机会”三层激励机制，使员工分享企业成长带来的收益，为每位员工营造实现个人价值的舞台，为员工营造事业成就感和团队归属感。为适应企业不同时期的发展要求，这个公司先后进行了3次薪酬改革。2007年，全港薪酬制度分为年薪制、绩效工资制及固定工资制度3个标准，真正实现了员工薪酬与岗位、绩效、责任挂钩，盘活了人力资源。同时，建立了机会激励和情感激励机制。对对企业有突出贡献的人员给予重奖，对有突出成就的员工根据企业发展需要给予送外培训、深造机会[⑧]。薪酬制度这一做法的成功之处在于：一是公开化、制度化的表扬与奖励，使员工每天都有新的目标、新的进步，不断追求更新更高的提升和超越。二是制度面前人人平等，通过制度约束，帮助职工养成一种习惯、一种自觉、一种内在需要，以主人翁精神为行业发展竭忠尽智。

行业规章制度不是一成不变的。在全球经济一体化形势下，行业需要调动每个员工的积极性、创造性，弘扬创新精神，健全规章制度，有序地工作，这是行业文化能够适应市场变化的关键所在。必须建立催人奋进的制度，没有鼓励创新制度的行业文化必然导致行业的麻木和老化。所以，行业规章制度要与时俱进，不断充实、修改、补充和完善，鼓励职工以行业发展为目标不断创新。

芜湖港自1997年以来，把树立、宣传先进典型作为行业文化建设的特色内容之一，大力弘扬港口先进人物爱岗敬业、尽忠职守、追求业绩、精益求精的精神。港口连续7年开展“双十佳”评选活动，评选出的“十佳集体”、“十佳明星员工”是在广泛征求全港员工意见和民主选举基础上，优中选优，具有广泛的群众基础。当选的员工既有几十年如一日奋战在生产一线的普通工人，也有各自专业领域不断开拓创新的管理人员。大力弘扬劳模精神，更好地发挥先锋标杆作用，从而形成全港员工学习先进、赶超先进的浓厚文化氛围，加强了员工的行业文化信仰，为港口发展奠定了坚实基础。

4.浓郁的人文关怀

如果制度设计是一种符合“人性”化的要求，那么，它就一定能够焕发员工的工作激情和无限潜能。然而制度只是一种硬性措施，有的规定有时还显得过于原则。一个制度可以约束和命令员工每天干满8小时，但永远做不到让员工在8小时之内都尽心尽力、高效率地工作，而制度文化能做到这一点。为了更加有效地贯彻落实制度，健全行业制度文化，必须坚持柔性管理原则，即以制度为准绳，通过人文管理来落实制度；反过来，让制度管理保障人文管理顺利进行。刚柔相济，恩威并施，从而形成一种制度文化。制度管的是人，管人必须从心灵的沟通开始，了解员工的思想动态，鼓励他们畅所欲言，不让制度成为禁锢员工思想的枷锁。

江阴港以尊重和满足人的需求为出发点，他们的用人制度充分体现出人性化的特色。他们倡导“以制度塑造人、以创新培育人、以目标激励人、以诚信凝聚人”的管理理念。一方面重视公司人才的可持续性发展，投入大量经费对员工进行教育培训，优化公司人力资源结构；另一方面，重视对人才的使用，按照“以人为本，唯才是举，人尽其才”的原则，公司将能力强、工作表现突出的员工充实到重要的工作岗位，将工作责任心差的员工通过再教育考试合格后重新上岗。

改制6年，公司没有一个员工因为改制而被推向社会。坚持“健康至上、和谐发展”的方针，公司每两年组织员工参加健康检查，并为他们建立个人健康档案，先后有5位员工因为体检发现病征较早而及时得到治疗，至今仍健康地工作在岗位上。在对待外来务工人员上公司的做法也是十分人性化，积极改善他们的住宿环境、提高他们的工资收入，并为他们购买商业保险，使他们享受劳动保护，他们可以平等地参加公司先进评比和各类技术培训，其中已经有4人表现突出获得公司嘉奖[9]。

虽然社会上有些行业大张旗鼓地宣传要“以人为本”，但从具体管理制度中一点也看不出“人本”的迹象，制度处处为人才设置陷阱。这种止于“知”和“说”的做法，显然不可能形成良好的行业文化氛围。但江阴港真正坚持了以人为本的发展理念，积极营造“事业留人、待遇留人、感情留人”的亲情化氛围，一系列人性化的制度措施和做法，保证了企业长期稳定发展。同时，员工也获得了同步发展，这就大大提高了员工对公司的忠诚度和归宿感。

2006年，长江南京航道局开展党、政、工、团共建一个家活动，坚持以建家凝心，以建家聚力，在建设发展之家、民主之家、温暖之家、学习之家上下工夫，推动又好又快地发展，为构建和谐航道发挥积极作用。在建“发展之家”中，注意调动和发挥广大职工特别是工程技术人员的积极性和聪明才智，鼓励大胆革新，主动作为，完成了“航标灯自馈电式充电装置”等3个科研项目，上海航道处航霞轮《大系留力沉石的研制》荣获“全国质量信得过班组”最高奖。在建“民主之家”中，注意抓好职代会制度和局务公开制度，提高了职工的参与意识，维护了职工的权益。在建“温暖之家”中，开展了以“奉献一片情，温暖职工心”为主题的迎春送温暖活动，走访慰问困难职工、劳动模范、伤病职工，切切实实把“进千家门、知千家情、解千家难、暖千家心”的工作落到实处。建设“学习之家”，鼓励职工自学成才，岗位成才，对获得大专、本科学历的职工进行奖励，提高职工的文化素质，提升班组管理水平，涌现出像上海航道处航霞轮、安庆航道处贵池站那样的一批“创新示范岗”，涌现众多“学习型职工”[10]。

行业文化建设真正人性化的做法应该是去挖掘、获取真正来自一线员工内心的一些声音。行业变革创新的思维和力量主要来自一线的优秀员工，同时，行业文化不能被关在象牙塔里，必须走进员工生活。因此，在界定理念层面的内容时，请一些专家帮助出些主意是非常必要的。

芜湖港储运有限公司为提高全体员工对公司文化的认识，推动员工做行业文化的实践者，公司管理层认真倾听群众的声音，形成企业文化共建、共享、共进的良好局面。员工根据自己的体会并结合本班组特点，纷纷撰写“班组文化宣言”。例如，裕溪口分公司机械一队斗轮装船机班组提出“设备运行讲安全，精益求精常保养；节能降耗求台效，人人监控亚健康。”朱家桥分公司机械一队皮带机班提出“提高技能，用责任心保障安全；树立信心，用感恩心创造财富”。还有木材分公司生产经营部调度组提出“诚信服务，科学调度；安全生产，重于泰山！”等等[11]。这些宣言简明易记，朗朗上口，和芜湖港的行业价值理念相一致。而这种让全体员工参与到行业文化建设中来的做法，促使全体员工成为创立行业文化的积极推动者、虔诚崇拜者、快乐执行者，通过把行业文化理念根植在思想中、传承到血脉里、倾注于行动上，不断提升港口整体素质和核心竞争力。

5. 切实的可操作性

所谓可操作性，就是制度对行动产生具体的指导作用，因此，制度的内容不能笼统、含糊、大而空，不能只是泛泛的条文而要有指导性。

建设行业制度文化是将文化理念转化为员工自觉行为的关键，也是把行业倡导的价值观转化为具有可操作性的管理制度的重要一环。制度是否具有可操作性，往往决定着制度的生命力。一些行业的管理制度，条目确实很多，这一款、那一款把管理的方方面面都概括了，几乎没有什么遗漏。再细细的分析一下，具体怎样操作，有没有实际操作的价值，这是值得研究的。一些行业制度得不到有效执行，原因主要有：第一，制度定位过高，超出了员工接受能力和素质要求，造成多数员工达不到要求而失去信心。第二，制度体系缺乏系统性，政出多门，前后矛盾，让员工左右为难，无所适从，最终产生逆反心理。第三，制度过于文字化，或者意义含糊。如有的企业在厂务公开有关制度中规定，凡关系员工切身利益的事项要公开，凡关系单位发展的重大事项要公开，凡能够公开的一律要公开，但操作起来，有时还是不清楚具体有哪些事项要公开。第四，制度定得过于繁琐，一般员工很难准确掌握，因此也不可能照章行事。第五，制度定得太死，缺乏必要的灵活性，让人难以遵守。

长江航运行业的目标责任机制、考核评估机制、监督约束机制和表彰激励机制都必须具有可操作性。例如，江阴港的成功之道就包括建立可操作的制度文化。早在1998年，当时的江苏省江阴港务局就制定了《安全管理新机制》，明确了各岗位、各部门安全职责，各货种、各技术设备安全操作规程，各专项事项的安全管理规定，建立了横向到边、纵向到底、专管成线、群管成网的安全生产网络。2000年底，公司以建立ISO9000质量管理体系为契机，对各项管理制度、各类工作程序及相关的记录表做了集中的清理和规范，建立了质量手册、程序文件、作业指导书等质量管理体系文件，统一了质量记录格式，并通过了专业机构的认证。2006年，公司根据规范行业管理的要求，再次对公司的各项管理、规范进行了梳理，颁发了包括7册、11个部分、118项制度在内的《江苏江阴港港口集团股份有限公司管理制度汇编》，从制度层面上保证了公司各项工作均有章可循。在此基础上，公司每年根据绩效考核体系对各部门、单位及其负责人实施考核，从而保证了各项管理制度的执行，激发了员工的工作责任心[12]。

行业制度文化建设要按照有用、管用、好用的原则，视情况对制度进行修改、完善，为行业建设奠定良好的可操作的制度基础。

综上所述，长江航运制度文化是长江航运的精神理念和核心价值观的固化形式，具有规范性、普适性、激励性、可操作性和人文关怀的鲜明特征。长江航运制度文化是长江航运文化创新的重要保证，是长江航运文化精神的传播载体，是创新活动的平台，它不仅制约着长江航运的价值理念、长江航运精神、长江航运形象与长江航运的发展目标，而且还塑造着长江航运人正确的价值观念，引导长江航运人准确、有效地“内化”行业规范，使个人行为更加符合行业的基本要求。总而言之，制度有活力，长江航运人才能表现出持续不断的活力和旺盛的创造精神。

① 芜湖海事局.《文化力、责任感——芜湖海事文化建设情况汇报》：第7页.2007年.内部资料。

② 镇江港务集团有限公司.《文化手册——镇江港务集团有限公司》：第13页.2006年.内部资料。

③ 镇江港务集团有限公司.《文化手册——镇江港务集团有限公司》：第88页。2006年.内部资料。

④ 长航公安局镇江分局.《抓好警营文化建设 增强持续发展能力》：2007年.内部资料。

⑤ 中共交通部长江航务管理局编.《风华正茂——长航十大杰出人物风采掠影》：2007年.内部资料。

⑥ 长航南京分局蒲口派出所.《蒲口所2007年行业文化建设情况汇报》：2007年.内部资料.

⑦《论语·魏灵公》。

⑧ 黄强、王镭主编.《扬帆奋进——长江航运文化建设成果集锦》：第138~139页.长江出版社，2007年。

⑨ 江苏江阴港港口集团股份有限公司.《弘扬企业文化，建设和谐港口》：2007年.内部资料。

⑩ 引自《长江南京航道局建家工作汇报》：2007年.内部资料。

⑪ 芜湖港编.《芜湖港员工文化手册》（2006年）：第52~59页.内部资料。

⑫ 江苏江阴港港口集团股份有限公司.《弘扬企业文化，建设和谐港口》：2007年.内部资料。

二、长江航运制度文化的构成

制度与文化两者之间是一个相互作用的关系，特别是处于重要战略转型期的行业，文化的反作用力更为明显。制度与文化是同质的和一致的，有什么样的文化，就会建构什么样的制度；有什么样的制度，也会助长什么样的文化。

长江航运制度文化是在长江航运精神文化的指导下，将文化理念渗透到制度建设中，从而形成独特的、充满活力的长江航运制度文化。长江航运制度文化是个体系，具有十分丰富的内容，主要包括外部制度和内部制度两大组成部分。外部制度，是指国家针对长江航运行业出台的一系列法律、法规，用来规范和约束行业行为，为行业发展保驾护航。具体包括国家制定和颁布的安全法规，例如《中华人民共和国安全生产法》、《中华人民共和国内河交通安全管理条例》、《内河交通事故调查处理规则》等；廉政法规，例如《中国共产党纪律处分条例》、《领导干部廉洁从政若干准则》、《中共中央、国务院关于党政机关厉行节约制止奢侈浪费的若干规定》等；管理规定，例如《中华人民共和国港口收费规则》、《交通部长江航务管理局工作规则》、《长江三峡库区船舶定线制规定》等。国家制定的有关长江航运的法律法规，非常详细和具体，可操作性很强，在此无须一一列举。这些外部制度在管理和规范长江航运行业的行为活动上，在保障其正常发展上，都起到了十分重要的作用。

但是，哲学上讲外因是事物发展变化的条件，内因才是事物发展变化的根据，所以，长江航运的内部制度极其重要。长江航运的内部制度主要包括长江航运行政管理制度、经营管理制度、安全管理制度和廉政制度4个组成部分，它们相互配合、密切联系，有机地构成了长江航运制度文化的科学体系。

（一）精简高效的行政管理制度文化

长江航运行政管理制度是行业各单位、各部门为求得最大效益，在长江航运管理和生产改革实践活动中制定的各种带有强制性义务，并能保障一定权利的各种规定或条例，包括行业的人事管理、财务管理、民主管理、运输管理、港口管理、海事管理、航道管理、治安管理、无线电管理等规章制度。长江航运行政管理制度是实现行业目标的有力措施和手段，它作为职工行为规范的模式，能使职工个人的活动得以合理进行，同时又成为维护职工共同利益的一种强制手段。因此，长江航运各项管理制度，是各单位、各部门进行正常的生产经营管理所必需的，它是一种强有力的保证。

优秀行业文化的管理制度必然是科学、完善、实用的管理方式的体现。行业管理的主要对象是人，人不同于物，人是有感情、有思想、有理念的。作为行业的一员，行业发展就是员工自己的发展，为了自己的利益，员工只有自觉地维护行业的利益，这种精神就是行业文化的精髓所在，其实也就是设定制度的目的。然而行业的管理者与被管理者的矛盾，是行业管理的一个突出问题。被管理者的地位和身份往往使人们不能满意，他们期望实现自己的价值，希望自己是行业的主人，而行业文化正是将他们的愿望变成为现实的良方。如今，已经不是领导者单纯地下达命令或独断地推行业务，必须充分认识自己权力的来源和清楚地了解员工的心理。他们必须认识到：上级的权威是由下级赐予的，一个政治家拥有自己的选民，一个企业家同样有自己的选民——“员工”，他们虽无权直接“选举”总裁，但可以在工作做得好还是坏中做出选择。传统的理性管理，强调的是制度的“硬”管理。这些制度虽说是行业最基本的价值观和行为规范的反映，但是，由于它对行业成员行为的调整范围有限，而且它具有“刚性”特征，很少顾及人的复杂的实际情况与全方面的需要，因此不具备提升行业成员的积极性、主动性功能。行业文化却是在“硬”管理的基础上拓宽了管理的“非制度”因素，实行“软”约束。

由此可见，长江航运行政管理制度与长江航运行政管理制度文化存在辨证统一关系，管理促进文化，文化又影响着制度的制定和实施。可以设想，强调制度“硬”管理的目的，是要使员工真正树立主体意识，让员工站在主人翁的角度进行生产和生存。

现代化的生产方式和生产设备要求形成一套现代化的行政管理制度，根据科学原理构建的行业组织结构具有保证系统高效率地发挥作用并使系统得到发展的潜力。那些在自身运动中已经落后了的，已经多少觉察到不能满足管理对象需要的组织结构则可能成为系统的障碍。为了保证行业运营各子系统经常保持协调一致，必须经常改变组织机构以适应之。如果把行业视为一个生物有机体，那么，组织机构就是这个有机体的骨骼，组织机构是否适应行业生产经营管理的要求，对行业生存和发展有很大影响。因此，这些组织结构的质量及其各部分的相互作用在很大程度上决定着能否及时地履行管理职能。正确处理行业制度文化和其他行业文化的关系，对于提高行业管理的质量具有重要意义。

（二）诚信务实的经营管理制度文化

行业核心价值观与经营管理制度是一个问题的两个方面，价值观只有转化为管理制度才具有生命力，同时，任何管理制度都是在某种具体价值观的指导下制定的，因而都有文化的底蕴。

长江航运经营管理制度文化就是在长江航运精神文化的指导下，长江港航行业在长期实践中形成的生产经营管理制度。主要包括：生产调度制度、营销管理制度、质量管理制度、用工分配制度、财务管理制度、人力资源管理制度等等。这些制度都体现了长江港航行业的行业文化，通过建章立制，完善管理，把长江航运服务理念和行为准则制度化、规范化，从而达到促进行业经营管理服务水平提高的目的。

管理是为经营服务的，如果“为了管理而管理”，离开了经营需求，那么，管理本身就没有意义。而制度化是有效管理的依据，不同的行业有不同的管理模式，而且同一行业在不同时期也有不同的管理模式。行业管理模式分为：亲情化管理模式、友情化管理模式、温情化管理模式、随机化管理模式和制度化管理模式。从对这几种管理模式分析来看，现在的行业管理模式所选择的目标性规则，应该是制度化管理模式或者以制度化管理模式为基础，适当地吸收和利用其他几种管理模式的某些有用因素。

1. 经营责任制度

社会主义市场机制将企业推向市场，参与竞争，南京港根据市场需求组织生产和销售，开始由生产型向经营型转变。企业实行公开招标，确立承包经营责任制度，经营主体进行独立核算、自主经营、自负盈亏。同时对企业财产实行承包风险抵押，根据全年的各项经营指标进行二级分解，由局长与各级承包单位的责任者签订承包合同。南京港口集团制订了7个激励机制和约束机制，如，《关于组织货源的奖励办法》、《关于开展多种经营的若干政策规定》、《管理费、业务费管理规定》等。经营责任制的实施，使港口经济运行环境逐步得到改善。南京港口集团对具有经营能力的生产单位和部门，采取经营目标责任制和个别单位自负盈亏的两种考核形式，对科室管理部门量化年度工作管理目标，按照实施阶段的完成实绩进行考核。加大了各级经营部门责任的考核力度。《各二级单位、科室月度工作考评办法》的出台，职工社会劳动保险、医疗、福利等方面规定的明确，激发了员工工作积极性和经营责任感。

2. 劳动用工制度

江阴港以转换企业经营机制，增强企业活力为中心，形成了《江苏省江阴港务管理局岗位技能工资实施方案》。方案以劳动责任、劳动技术、劳动强度、劳动条件四要素为评价基础，以岗位技术工资为主要内容，实行岗变薪变的原则。在工资分配上向苦、脏、累、险和高技术岗位倾斜，从而达到调动职工劳动积极性，提高劳动生产率和企业经济效益的目的。方案设立岗位工资17级，技能工资为17级33档。江阴港还制订了《江苏省江阴港务管理局劳动合同制实施办法》，与职工协商签定劳动合同。实行劳动合同制度后，江阴港职工无论长期工、短期工、临时工、季节工都与港务局签订了劳动合同，明确了双方的权利、义务和合同期限。由此取消了干部与工人、固定制职工与合同制职工、全民职工与集体职工的身份界限，由局对各类人员按劳动合同实行统一管理，建立起新的劳动用工运行机制。1998年，出台了《关于减员增效、下岗分流的实施办法》，引进“今日不爱岗，明日要下岗；今日不努力工作，明日要努力找工作”的竞争机制，按照“公开、公平、公正”的原则，执行上岗靠竞争、群众测评分、使用部门择优录取的方法，搞好企业改制，增强企业活力，促进企业良性发展。

3. 质量管理制度

企业的质量管理小组（QC小组）是全面质量管理的重要支柱，是衡量企业推行全面质量管理工作的重要标志。港口对外开放后，随着全面质量管理和企业方针目标管理的深入开展，芜湖港领导注重推荐QC小组活动，在生产单位选择技术改革课题，开展质量攻关活动。芜湖港从提高企业整体素质的要求出发，积极寻求新的突破口，决定在全港组织开展ISO9000系列贯标工作。为此，芜湖港对质量体系覆盖的所有部门、单位进行全员培训，还组织专门人员收集、编制质量体系文件，包括质量手册、程序文件、作业指导书、质量记录等文字资料的制订、修正及汇编。在芜湖港ISO9002质量体系《程序文件》中第一次明确了芜湖港质量方针和质量目标。芜湖港质量方针是：优质服务是宗旨、科学管理作根本、货运质量为生命、顾客满意即标准。芜湖港质量目标：一是，建立满足GB/T19002标准要求的质量体系，确保其有效运行。二是，质量指标：杜绝重大、大货运事故；货损货差不超过万分之二，货物赔偿率不超过万分之十；顾客满意率在95%以上。随着ISO9002质量体系的审核认证成功，意味着芜湖港的质量管理水平又上了一个新台阶。

4.财务管理制度

1995年，江阴港财务监督制度出台，建立了局财务核算中心，取消了各级单位的银行账户，由局财务统一管理，对外结算由局财务统一把关，成本分级核算，以局下达的各单位可变成本为全局财务成本的控制手段，使二级单位的可变成本有明显下降。同时，根据国家财务部颁发的《行业财务通则》、《行业会计准则》、《运输行业财务制度》为依据，结合港内具体实际，制定了《江阴港务管理局财务管理办法》，全面系统地规定了经济核算内容、财务开支、材物料领用、消耗、财务运行操作、报告审批程序等，并成册下发，使财务管理步入了规范化轨道。1997年，局设立了清收领导小组，并采取专职集中办公形式，清收应收账款，加强了资金管理和资金周转。1998年，财务成本控制手段得以加强，根据全年“增收节支”目标，实行了把营收与支出相结合进行责任考核的办法，全年完成较好的二级单位有：装卸公司、船舶公司、客运站，可变成本分别比核定下降17.5%、39.35%、8.6%。同时，还重点对“三费”（即业务招待费、电话费、差旅费）管理定额进一步作出修订和规范，纳入各级部门、科室的责任制，增强了各级部门领导的把关意识，使超支现象得到遏制。

行业是一个系统，在它下面还有许多子系统，每个子系统承担着不同的责任，充当着不同的角色，员工在一定程度上可以选择具体角色，但却无法选择角色要求。角色要求的差异，意味着处于不同角色位置的人在理念上要有差异。也就是说，在行业统一的价值观指导下，不同的职能部门和子公司都要提出符合自己角色要求的经营理念，同时还要制定与本部门和子公司经营理念相对应的管理制度。建设先进的行业经营管理制度文化，是行业深化改革、加快发展、做强做大的迫切需求；是建设高素质员工队伍、促进人的全面发展的必然选择；是行业提高管理水平、增强凝聚力和打造核心竞争力的重要举措。镇江港务集团把行业文化推进与强化行业管理、促进行业发展结合起来，大大提高了行业经营管理效率。

管理活动是提升行业经营管理水平的重要途径。镇江港务集团坚持将管理活动纳入行业文化建设的范畴，认真践行了各项理念。一是，按照建设一流港口的目标，建立了员工基本行为规范和8类员工专项行为规范，做到有章可循，有规可依，夯实行业管理的基础。二是，开展了以“整理、整顿、清洁、清扫、素养”为主要内容的“5S”推进活动，加强“三标六清”，对现场秩序进行整顿和规范。三是，大力推行“一站式”、“零缺陷”服务，简化报港提货程序，为客户提供快捷、便利的超值服务。四是，加大港区防尘、防污、防噪声整治，实行环保生产，同时进行设备更新和改造，优化生产工艺，强化生产组织，提高生产效率。通过以上整治措施，镇江港务集团的港口管理已经从经验管理转变为科学管理，并初步建立起现代行业制度。镇江港综合通过能力现居长江港口第4位，全国港口第19位。

从镇江港务集团行业管理现状来看，经营管理制度文化的作用日益凸现出来，效果也十分明显。通过加强经营管理制度文化建设来进一步激励、教化、引导员工，这是长江航运行业发展的一个明显趋势。因此，在强化制度、强化规范、推进科学管理的基础上，不失时机地加强长航行业经营管理制度文化建设，提升管理层次和品位，做到实则泻之，虚则补之，保障血脉相通，才能在较短时间内全方位地提高长江港航行业管理的水平，尽快实现从传统管理到现代管理的提升，从经验管理到科学管理的制度型行业的升华。

（三）以人为本的安全管理制度文化

如果说生命是花，那么安全就是衬托千娇百媚的绿叶；如果说生命是一幅画，那么安全就是抒写诗情画意的笔；如果说生命是河流，那么安全就是守护河水奔流的长堤。安全，作为人性的需要，无时无刻都存在于人们的生活中。

安全对于生命是重要的，对于行业是重要的，对于每一个从业人员更是重要的。但是，一说起“安全”，很多人会觉得是老生常谈，觉得是多余的话。在他们眼中，到处是“安全生产预防为主”、“隐患险于猛火，防患于未然”、“安全第一”的警示，谁还不知道安全的重要性。然而，每天都有很多人倒在“安全门”外。人们总是相信自己所谓的经验，原谅自己的疏忽，甚至放纵自己不遵规守纪的行为，最终，一失足成千古恨。在生命的面前，一切话语都显得苍白，在痛不欲生的亲人面前，再多的悔恨都显得为时已晚。

“为了看看阳光，我来到世上”[①]，巴尔蒙特的这句话揭示了人的生命的真谛，一天也没有忘记过。作为一个个体，为什么不爱惜自己的生命？为什么把自己的生命当作儿戏？人们努力工作，追求幸福的生活，追求人生的价值，都必须以生命为载体，没有了生命，谈其他又有何意义？安全生产，就是呵护生命。

为了保护人们的生命安全，各单位、各部门不厌其烦地举行“安全生产月”活动，开展多种形式与内容的宣传活动，它所起到的作用也就是一些提示。每一个阶层的人都有自己的职业生涯，每一个人都需要在这生涯中平安健康。推动这样一项人性化的事业，调动人心的力量，更是具有不同寻常的意义。所幸，安全文化已成为安全生产五要素之首。制度使人不能犯错，而文化使人不想犯错。文化在潜移默化中释放着巨大而无穷的能量，构成人类物质与精神创造的巨大张力。其中，安全文化的重要指认标记，就是人们在职业生涯中拥有那道体面、优雅、雍容、自信的风景。文化的特别魅力，必将在安全生产的过程中展示其独特风采。

长江航运为了实现打造平安航道、建设和谐长江的目标，积极倡导“关爱生命、责重于山”的安全理念，并且形成和建立了长江航运安全管理制度，制定了以各项安全法规、条例、制度为主要内容的制度文化，发展和完善了安全文化体系，形成了安全文化建设的有效机制。长江航运安全管理制度是长江航运多年来实践和历史教训的总结，主要包括长江航运安全管理的组织机构与网络、安全生产法规与制度、航运安全管理制度、水上交通安全管理制度、治安消防管理制度和应急管理制度等等。长江航运安全管理制度文化要求安全第一、严字当头、重在落实，其目的是保障安全生产、提供安全服务、打造平安长江。长江航运系统十分注重提高从业人员安全生产意识，积极树立具有示范作用的文化建设典型，形成了一批航运安全文化成果，通过文化的力量推进平安航道建设，对推动长江航运事业发展作出了重要贡献。

长江海事部门在海事文化建设中突出安全中心工作，不断总结探索，形成了较为系统的安全文化体系。例如，形成了“116”客渡船安全管理新机制。这是做好安全工作的“牛鼻子”

工程。在开展“渡船平安行动”中，建立了六项安全管理制度，包括监管责任及过错追究制度、渡口渡船定期巡查和检查制度、船员业务知识培训教育制度、渡船禁航制度、定期汇报及联系制度、安全评先制度。对于“学生渡”，长江海事部门构建了由当地县乡政府牵头，交通、教委、学校、船东和海事齐抓共管的责任机制。图5-1，图5-2为长江海事局执法人员在精心维护“学生渡”安全。

图5-1　长江海事局执法人员在精心维护“学生渡”安全

图5-2　长江海事局执法人员在精心维护“学生渡”安全

在建立安全管理规章制度，促进安全文化建设方面，长江南京航道局也具有十分明显的典型性。该局教育全体员工充分认识安全就是最大效益，安全就是生产力，把握安全生产工作的真正内涵。他们提出了“红着脸抓安全”、“增强职工安全意识是安全生产之根，提高职工安全技能是安全工作之本，强化安全管理是安全生产之基”等口号，积极建立安全管理制度，加大安全工作力度，落实安全防范措施。要求干部职工增强安全无小事的意识，以航道畅通、生产安全为天职，做到“生产讲安全，安全促生产”，保证“不安全不生产、生产必须安全”。每年初，单位领导都分别与职工及职工家属签订《全员安全生产（工作）责任书》，形成职工、职工家属和分管领导安全责任共担制度，营造心理防治安全事故的氛围和格局，竭力防止和杜绝安全事故。该局坚持局与各航道处、航道处与航道站船层层签订安全生产责任状，分解落实安全生产责任制，把安全指标细化、量化、标准化、具体化，全面落实到安全生产中去。该局还实行了安全生产风险抵押制度，在经济上给予制约和束缚，以增强安全责任人的风险意识。为此，2007年该局把安全风险抵押金数字提高到了2006年的3倍。除了追究责任和推行严厉的惩罚措施之外，还结合安全生产实际情况，制定了《安全管理系统》、《水路交通突发公共事件应急预案（试行）》及安全管理规章制度，编纂了《事故应急预案集》。这些安全管理制度的出台和完善，为进一步加强对航道安全多种突发事件的监控防范和处理提供了保障，真正实现了“事故型”管理转为“事前型”防范。在制度保障下，安全管理水平明显提高了。

辛勤付出换来的是硕果累累。长江南京航道局先后荣获2006年度全国交通行业质量管理小组优秀行业、长航局行业文明建设先进单位、长江航道局文明建设先进单位、纪检监察工作先进集体和社会治安综合治理优胜单位等称号。局属九江、安庆和芜湖航道处分别荣获江西省第十届、安徽省第七届“文明单位”称号；上海航道处辖区长江“澄通段”通过上级的复查验收，继续保持“全国文明样板航道”称号。

荣誉背后是对生命的珍惜和对安全的重视。行业、社会之所以花那么大的力气开展多方面全方位的安全宣传，是通过这些安全警示教育，安全知识的普及，增强全体人员的安全意识和素养，唤起每一位热爱生活、有仁爱之心的社会公民，担负起为家庭幸福、社会稳定、国家兴旺的神圣责任。生命就在我们的手中，让我们携起手来关爱生命，关注安全，让安全永驻心中。

（四）清正廉明的廉政制度文化

廉政文化是人们关于廉政知识、信仰、规范和与之相适应的生活方式、社会评价的总和。一个社会、一个民族的廉政文化状况，决定着这个社会和民族的廉政状况和水准。中共中央关于《建立健全教育、制度、监督并重的惩治和预防腐败体系实施纲要》提出：“大力加强廉政文化建设，积极推动廉政文化进社区、家庭、学校和农村……增强全社会反腐倡廉意识，形成以廉政为荣，以贪为耻的良好社会风尚[②]”。胡锦涛总书记在党的十七大政治报告中指出：“坚持深化改革和创新体制，加强廉政文化建设，形成拒腐防变教育长效机制、反腐倡廉制度体系、权力运行监控机制[③]。”为长江航运创新党风廉政建设和反腐败工作，推进廉政文化建设指明了方向。

当前，各地廉政文化建设如火如荼，形势喜人。廉政文化是党风廉政宣传教育方式、方法的创新；使反腐倡廉宣传教育工作有了新变化、新思路；使廉政教育从文件走进文化，从会场走向广场，从机关走向社会，从而改变了廉政教育严肃有余、活泼不足的局面。一首好歌，可以鼓舞几代人，可以产生震撼人心的精神力量。生动活泼的廉政文化教育，让人们在欢快愉悦的氛围中，潜移默化地感染熏陶，使人们的思想认识、价值观念和道德准则渐渐得以净化、教化和升华。

长江航运系统积极响应党中央的号召，大力加强廉政制度文化建设，围绕权力运行和行风监督形成了教育、监督、惩治并举的惩防体系。这主要包括：自律性制度，如，关于加强领导干部自身建设制度、重大问题申报制度、礼品礼金登记上交的规定、廉政谈话制度等；控制性制度，如，关于“三重一大”事项实行集体决策的规定、重点工程派驻纪检干部的制度以及工程招标投标、设备采购等源头设置防线制度等；责任性制度，如，党风廉政责任制、干部失察追究制等；处罚性制度，如，党纪、政纪处罚条规等。这些制度的制订，使长航系统防腐倡廉工作真正做到有章可循，违章必究，用严格的制度、严明的纪律规范党员干部的行为，促进党员干部特别是领导干部管好自己、管好家人、管好部属，构筑起一道“不可为”、“不敢为”的法制防线。

为了贯彻中共中央关于《建立健全教育、制度、监督并重的惩治和预防腐败体系实施纲要》，长江海事局把芜湖海事局作为系统内廉政文化建设试点单位，明确了“确定一个目标、喊响二个口号、围绕三个建设、抓好四个环节、落实五个层面”的廉政文化建设思路。即：建设廉政芜湖海事的目标；喊响廉政海事是生命线，海事禁令是高压线的口号；加强理念、制度、形象文化建设；抓好有组织、有阵地、有活动、有成果的四个环节；落实读书思廉、教育促廉、文化倡廉、制度保廉、家庭助廉的五个层面。当然，抓廉政文化建设，最重要的是抓廉政制度文化建设。廉政文化建设要深入开展下去，有赖于建立长效机制和保障制度。为此，芜湖海事局以“惩防体系”为主线，着力把廉政制度建设融入海事管理和内部管理中，以规范海事执法行为和加强权力制约为主要内容，用制度固化了权力运行流程，彰显了制度文化的作用，较好地落实了《惩防体系实施纲要》④。

建立一个切合实际、便于操作的制度文化，是廉政文化建设取得实效的关键。长江通讯管理局在廉政制度文化建设方面，制定了以下几个行之有效的制度：一是自律性制度。各级领导干部按照“三个代表”重要思想和科学发展观要求，积极改造世界观，在利益面前安心下来，管住自己和亲属。要求别人做到的，自己首先要做到。通过每年逐级签订《执法责任书》、岗位责任制和考核奖惩制度，严格约束执法人员的行为，而且还实行执法公示制和执法过错责任追究制，以确保不发生违纪行为。二是监督制约机制。通过发扬民主和认真听取员工的意见，加强对党员干部的监督约束，坚持民主评议领导干部制度，深化局务处务公开监督管理办法，使领导的思想道德状况、工作状况和廉政状况置于广大员工的监督之下；通过严格执行民主集中制，实行重大问题集体讨论，发挥班子成员相互监督作用，防患于未然。三是考核奖惩制度。将责任制和追究制有机地统一起来，对成绩突出的予以表扬和实行重奖，对工作不落实的予以严肃批评和追究责任，给予相应的处罚。通过以上几个方面的制度，廉政文化建设发挥了积极作用。

长江航运系统各单位、各部门在进行廉政文化建设过程中，积极引导广大党员干部树立正确的世界观、人生观、价值观，坚持正确的权力观、地位观、利益观，常修为政之德、常思贪欲之害、常怀律己之心。通过丰富教育内容，创新教育形式，把廉政文化建设活动搞得有声有色。特别值得一提的是他们自己创作的警言警句、廉政格言妙语，生动活泼，内涵深厚，起着十分重要的警示作用。例如，重庆海事局的“警镜长照、警水长洗、警巾长擦、警钟长鸣”，“腐败有如污染，正本方能清源，应时时自省，须日日把关”[⑤]。又如，长江宜昌航道局的“花以洁为美，人因廉而威。清正在德，廉洁在志”，“廉政心中有，不怕鬼敲门。心中永保明亮镜，航船永不触暗礁。征稽船舶千万艘，两袖清风行万里。行得正，走得远，为人民，垂千古[⑥]”。诸如此类的格言警句不胜枚举，它们都是长航人自己编写出来的，这不仅是他们智慧的结晶，也是他们人生观、价值观的体现和升华，为长江航运形成廉洁高效的行业之风起了重要作用。

健全完善的制度是党风廉政建设和反腐败工作的可靠保证，具有根本性、全局性、稳定性和长期性。只有认真贯彻和落实各项制度及配套措施，用制度管人管事、规范行为，才能逐步形成长效管理机制，从源头上有效地预防腐败现象的发生。芜湖海事局在党风廉政建设过程中，制定了各项规章制度而且很好地贯彻执行，在反腐倡廉工作中取得了好成绩。如，在县处级领导干部廉洁自律自查活动中，自查率100%；在中层干部廉政档案登记活动中，归档率100%；在信访举报查处工作中，办结率100%。在执法过程中，2005年共拒收礼品礼金54110元、拒吃请92次、收到锦旗10面、感谢信6封[⑦]。芜湖海事局廉洁自律、以身作则、办事公道、依法行政、执政为民，群众满意率高，树立了海事部门良好的社会形象，形成了风正清明的廉政效益，弘扬了“务实、廉洁、高效”的长江海事作风，为构建和谐海事起到了积极的示范作用。

长江航运系统各部门、各单位为了实现社会满意度和职工满意度这两个目标，纷纷大力开展廉政文化建设活动。在领导的重视和员工的支持配合下，各单位建立起了系统完备的廉政制度，并在制度防腐方面形成了一套宝贵的经验。具体包括以下内容：一是抓关键，完善反腐倡廉的领导机制和工作机制。领导廉洁自律、以身作则，可以形成反腐败工作的整体合力。二是抓重点，深入开展纠风工作。标本兼治，综合治理，逐步加大行风建设力度，尤其重视执法队伍管理建设和抓好专项治理活动。三是抓源头，确保核心环节不出问题。反腐败工作必须从源头做起，廉政建设也要重视源头的整治，特别是工程开工前后的监督管理十分重要。还有一个腐败的源头是金钱的使用和管理，需要科学的收支预算和定期检查财务，在资金使用上严格把好审核关，确保财务公开、透明和民主化管理。四是抓制度，整体推进反腐倡廉工作。廉政制度建立之后还应该不断完善，提高制度的质量，切实发挥其治本功能，形成长效管理机制。

总之，长江航运制度文化具有十分丰富的内容。以上4个方面从理论和实践的层面概述了长江航运制度文化的丰富多彩和独特魅力。它们相互联系、相互配合，有机地构成了长江航运制度文化的科学体系。这一体系具有5个鲜明的特点：一是，具有科学性、实践性和群众性。二是，以人为本，体现人文关怀，既要给人以约束力，更要给人以推动力，为职工自我升华、自主管理打好基础。三是，创新性。必须十分注重推进行业体制、机制创新，使行业政策、机制建立在公开、公平、公正的原则基础之上，把传统的人治管理变为科学合理的制度管理。四是，知识性。重视建立学习型行业组织，不仅要让管理层知识化，而且要让所有员工知识化，将个人创新、协作创新纳入行业的日常管理和绩效评估中，使学习和创新持久化、制度化，为形成高品质的、有竞争力的强势行业文化奠定基础。五是，发展性。长江航运制度文化是一个开放的体系，随着时代和实践的发展而不断发展，在实践中得到丰富和完善。

三、长江航运制度文化建设保障机制

长江航运制度文化是一个完整的体系，制度文化建设具有长期性、渐进性和复杂性。从整个长江航运行业来看，面广、点多、线长，单位部门各不相同，性质职能各异，发展状况不平衡。因此，长江航运系统内各单位在进行制度文化建设过程中，需要结合本单位实际情况，因地制宜，积极探索，建立各具特色的制度文化。作为一个动态的发展过程，长江航运制度文化建设需要有力的保障机制来确保其顺利实施，并始终朝着正确的方向前进。

（一）激活制度文化的创新意识

长江航运制度文化建设要紧跟时代步伐，放眼世界，继承和弘扬中华民族优秀传统文化，以开放的心态，从世界文化中吸取营养，紧紧围绕长江航运的发展战略，开展文化创新，在思想认识、工作方法、管理措施和活动载体等方面与时俱进，不断创新，利用先进手段，增加文化内涵，使长江航运制度文化建设始终体现时代特征、行业特点和地域特色。

创新是一个民族进步的灵魂，是一个国家兴旺发达的不竭动力。牢牢把握时代脉搏，不断探索新思路，推出新

① （俄）巴尔蒙特.《巴尔蒙特诗选》：张冰译.第102页.人民出版社，1993年。

② 《建立健全教育、制度、监督并重的惩治和预防腐败体系实施纲要》：《人民日报》，2005年1月3日。

③ 《十七大报告辅导读本》：第53页.人民出版社，2007年。

④ 黄强、王镭主编.《扬帆奋进——长江航运文化建设成果集锦》：第146~150页.长江出版社，2007年。

⑤ 重庆海事局编.《重庆海事廉政文化手册》：第46页.2007年.内部资料。

⑥ 交通部长江航道局编.《廉政警语》：第32页.2006年.内部资料。

⑦ 中华人民共和国芜湖海事局.《2006率先发展报告》：第27~28页.2006年，内部资料。

举措，是长江航运制度文化建设增强活力、保持旺盛生命力的一条重要经验。行业文化建设是行业文明创建工作的一个新的课题，只有以创新为动力，才能抓出成果，提高整体水平，才能交出圆满答卷。

1. 要创新思路

一是，在理念上坚持“三个服务”，即服务沿江经济、服务和谐社会、服务流域百姓。二是，在目标上实现“三个发展”，由先进典型向先进群体发展，由规范创建向品牌创建、和谐创建发展，由表层、中层文化建设向核心文化建设发展。三是，确立平等、高效和科学发展的观念。

为整合执法资源，更好地便民利民，长航系统坚持“水上执法一盘棋，政务联合一体化”，创立了联合执法新机制。联合执法管理新模式，就是变现有水上现场巡航和登船行政执法的长江海事、航道、公安、通信等部门的各家分头执法，为长江海事一家执法；将现有长江海事政务大厅更名为长江水上政务中心，变海事一家对外办理行政许可、收费、处罚等事项，为长江海事、航道、公安、通信多家集中联合办公。这是长航系统执法模式的一次重大变革。

交通部在总结前期试点工作基础上，根据新的形势和要求，形成了《关于长航系统联合执法工作的指导意见》。提出长航系统联合执法应坚持“依法行政、资源整合、便民利民”和在长航系统内建立“水上执法一盘棋、政务联合一体化、水上专项联合执法”的执法管理模式总体目标。根据《长航系统联合执法实施方案》，各区段联合执法领导小组制定了本区段联合执法具体实施细则、有关工作制度和执法工作程序。按照统一制度流程、统一颜色标识、统一礼仪规范的要求，完成了相关制度建设、办公场所（趸船、船艇等设施设备）配置和执法人员培训等工作。联合执法新机制大大简化了服务程序和服务对象，带来了和谐的管理与和谐的服务。

宜昌水上政务中心联合执法运行以来，执法人员充分利用政务大厅政务公告栏和电子滚动屏及触摸屏公示等渠道，广泛宣传和发放政务受理指南及宣传传单，将联合执法的宗旨、程序、要求进行公告，为联合执法的启动实施营造了良好的氛围。同时，依托船舶签证、船舶登记、行政许可等海事执法工作，将航道、公安及通信相关执法内容延伸到公司和船舶管理上。特别是对新船舶，实施船舶登记、电台执照、航养费统缴同步办理，减少了管理对象往来奔波和长时间等待之苦，达到了一站式服务的目的，获得了广大船员、船公司人员的一致好评。

联合执法，是长航系统内各单位

按照交通部的统一部署，积极进行管理创新和体制机制创新的一项重要举措；是进一步贯彻、落实“合力建设黄金水道、促进长江经济发展”精神，体现“长江一家人、行业一盘棋”的迫切需要；是实现便民利民，切实提高长航系统服务长江水运、服务沿江经济发展能力的必然要求。联合执法工作的稳步实施，对长江航运事业又快又好发展起到巨大的推动作用，对长航系统体制机制改革以及公共服务能力建设产生深远影响。图5-3，图5-4为长航系统的联合执法服务。

图5-3　长航系统的联合执法服务启动仪式

图5-4　长航系统的执法人员在进行联合执法服务

2. 要创新载体

根据时代要求和当前形势，精心设计丰富多彩的主题活动，扩大社会影响，提升长江航运行业新形象。每年至少组织一次有较大社会影响力的文明创建主题活动，并在培育特色文化，打造服务品牌，推出先进典型上下功夫。行业结合各自特点，创新载体，发挥整体合力，提高整体效率，展示整体形象。海事部门以“安全畅通、有效监管、优质服务”为载体，带动监管、服务区、养护、海事管理、联合执法等沿线各要素的联动。航道部门以“文明航道、文明客运航线”为载体，带动航道管理与养护、锚泊服务区、船闸、港航管理站、水上综合执法、水路客运站、客船等沿线各要素的联动。港口运输行业以“文明运输、绿色通道、诚信服务”为载体，带动客、货、管理层和管理对象层的联动。长航公安局和各分局以“文明执法、严格执法”为载体，带动安全、监管、执法部门和管理对象层的联动。

创新是行业发展的动力之帆，竞争力来自创新力。长江航运制度文化建设不断进行制度创新才有生命力，才不会被时代淘汰。

（二）增强制度文化的认同感

制度从制定到落实，关键之处就是看它能否得到大家的认同。只有具有亲和力的制度、被大家认同的制度、只有执行力的制度，才能充满生机和活力。那么，如何增强制度文化的认同感和亲和力呢?

第一，要审视制度的内容是否从“以人为本”入手，抓住行业制度文化建设的活力点。制度是靠人去执行的。加强对员工的培养和教育，应是制度建设中的重要内容。而加强对行业员工诚实守信的教育，就显得更为重要。要十分关注员工自身价值的实现，注重其创新能力的培养和提高。行业应当每年对不同的工作岗位提出不同的知识更新要求，通过培训、考试、考核和业绩评估等形式，着力提升员工的能力水平。同时，管理者还应创造适宜的工作环境、工作条件以满足员工的尊重需求和自我实现的需要，采用适当的激励手段调动员工的工作积极性和创造性。

第二，要从审视制度是否以行业的根本性需求出发入手，抓住行业制度文化建设的基本点。制度必须从行业的根本性需求出发，是对行业根本性需求的维护。如事关行业生存的各种问题，如服务质量、客户关系、网络运行等，都必须通过制度加以明确规范。只有从制度层面来确保行业利益高于一切，员工自觉地维护行业利益，行业才有长久依托的群众基础。把员工对制度的认同和对行业利益的认同紧密联系在一起，使员工认识到遵守制度就是维护行业利益，而行业的利益也就是员工自身的根本利益，从而增强员工的归属感。

第三，要从审视制度是否使各个直接参与者的利益得到平衡入手，抓住行业制度文化建设的支撑点。制度作为公正的体现，不但要求其形式是公正的，而且要求其内容是公正的。为此，要使在制度约束下各个直接参与者的利益得到平衡，体现权利与义务的对称，使制度得到全员认可。制度执行的最好效果，就是在无歧视原则下产生的普遍认同心理，这也正是制度执行中的难点问题。制度的制定者和执行者都必须和普通员工一样，严格遵守制度的各项规定，不能有任何特权行为，同时，制度必须满足绝大多数员工的利益需求。

（三）提升制度文化的执行力

在现实生活中常常可以看到这样一种现象，一方面是各种新的制度不断出现，另一方面，新制度出台后往往是热闹一阵就归于沉寂。制度是靠人来执行的，如果执行总是被打折扣，再健全再完善的制度也只是墙上画虎，成为摆设。一般而言，人们不缺乏制度建设与创新的能力，但缺乏制度的贯彻与落实的本领。大致来看，原因有三。其一是利益的驱使，对自己有利的就执行，不利的就推三阻四。其二是那些上不得台面的“潜规则”，常使违反制度者得益，执行制度者受损。其三是讲关系、遵旧俗的习惯，难免使那些讲规则、讲公平、讲公正的制度遭遇各种各样的麻烦。

随着长江航运事业的发展，没有与之相适应的制度创新不行，而制度执行不力更不行。制度执行与制度创新都不可偏废。在某种意义上说，制度执行力是一种对规则、制度的高度认同、忠诚与敬畏，是制度文化的核心。有了制度执行力的强大，才会有制度创新生命力的强大。制度管理的目的不是约束人、束缚人，而是激励人、培养人、关怀人和发展人，管理的理想境界是实现人的高度自律。在弹性管理思想运用过程中，探讨弹性与制度管理的最佳功效，既体现人文性，又体现法制性，实现弹性管理与制度管理的有机结合，不断完善各项规章制度，并逐步内化为员工的自觉行为，只有这样才能使制度文化得到很好的执行。

但是，如何提升制度文化的执行力呢？首先，必须从审视制度的责任是否明确落实入手，抓住行业制度文化建设的落脚点。制定严格的责任追究制度和惩罚规定，是行业制度得以贯彻执行的根本保证。如果没有严格的责任追究制，就会使各项合理的规章制度形同虚设，这个行业也就没有什么凝聚力和战斗力可言。惩罚规定是责任追究制度的补充，它既是治理违法违规、偷懒、弄虚作假的直接手段，又是树立正气、打击歪风邪气的有力武器。这种制度规定是必须的，也是有效的。例如，长航公安局南京分局蒲口派出所的花与刺栏目、镇江分局的奖勤罚懒、奖优罚劣机制等，不仅对警员起到了约束作用，而且还起到了激励作用。这样的制度才是有效的制度才是受欢迎的制度，因而才具有权威性，也才能真正被很好地贯彻和执行。

其次，就是要慎重地进行制度建设。草率地建与废，常常导致人们对制度的不敬畏与不尊重。现实生活中出现了问题和矛盾，应该通过制度建设加以规范。有的地方出台的法规和规定，未能充分考虑客观条件、前因后果，结果往往是朝令夕改，这本身就是对制度的不尊重，削弱了制度的严肃性和权威性。制度建设需要较长的过程，这恰恰是倡导人们放弃旧思想、接受新观念的过程，也是让人们在制度文化氛围中接受熏陶的过程。制度建设的慎重，受其本身所必须遵从的程序、规则的制约。比如，制度不能“闭门造车”，而应当建立在充分调查研究和了解民意的基础之上。公共制度建设要有公共决策机制，制度建设必须最大限度地做到科学化、民主化，最广泛地听取各方面意见，允许充分讨论。制度生效前必须有一个缓冲期，这正是让新制度成为普适价值的重要阶段。实践证明，这样建立起来的制度，执行的效果会好得多。

由于制度具有根本性、全局性、稳定性和长期性，因此，长江航运行业各领域，各单位和各部门，都要充分遵从制度建设的特点和规律，既要建立和健全完善制度，又要在培育制度执行力上下功夫。这样，制度才会产生真正的威力，对长江航运的生产和生活产生久远的积极影响。

长江航运精神文化的核心价值观必须转化为制度，否则，行业文化变革不可能成功。在将价值观转化为制度的同时，一定要关注制度与价值观的联系，防止二者脱节。从当前行业文化建设进程来看，只有把制度文化建设放到重中之重的位置，使行业有了应变各种环境的个性文化底蕴，行业才能真正做大做强，最终成为“百年老店”。这既是长航人对昨天的总结与传承，更是对今天的鞭策和对明天的引领。

长江航运制度文化建设是一项长期的系统工程，在这条不断探索、不断实践的道路上，目标如同一本永远读不完的书、一幅永远绘不完的画、一首永远唱不完的歌、一条永远走不完的路……它需要长江航运人以饱满的时代精神来共勉！

第六章　豪放文雅的长江航运行为文化

长江航运行为文化，是指长江航运人在生产、经营、管理中产生的实践性活动形态，是行业经营作风、精神面貌、管理运作机制的动态体现，也是行业精神、行业价值观的折射。对内，它直接反映行业员工的素质，管理水平，文化修养；对外，它通过员工的行为，反映一个行业的整体形象。长江航运行为文化，是长江航运人在经营、管理、服务过程中发生的行为意识及其合乎规范的实现过程，是长江航运理念系统的动态性和过程性展示，对培育长江航运行业文化起着重要作用。

一、长江航运行为文化的要素、作用和功能

文化是人们的行为方式和行为结果的积淀。行为文化作为大文化概念的一个组成部分，它由价值取向、行为方式和行为环境三个基本要素构成。行为方式是人们活动的途径、式样、手段的综合表现，而人们选择行为方式的标准就是价值取向。行为方式总是受到行为环境的约束和影响。价值取向是行为文化的核心，行为方式是行为文化的表现，行为环境则是行为文化生长的土壤。行业环境通过对行业员工行为方式导向和约束，反作用于行业员工的价值取向，不同的行业环境培养不同的价值取向，行为环境由此决定了价值取向的形成。

（一）隐显交融的行为文化要素

行为文化的主体是行业的主管部门和行业实体，其中主要是企业。而企业的行为文化是通过企业每个员工表现出来的。企业行为包括企业决策管理层（领导层）行为、企业先进人物行为和企业职工行为。长江航运行业行为文化要素包括以下几点：

1. 行业价值观

长江航运的价值观是长江航运内部绝大多数人所共同认可的，对自身存在和发展的意义及对社会的态度等问题所形成的基本观点，它所回答的是行业“追求什么”、“为何追求”、“如

何追求”等问题。崇高的行业价值观既可激励员工、凝聚力量，使他们为行业发展贡献自己的智慧和力量，并把维护行业利益和促进行业发展看作是自己最有意义的工作，又可树立良好的行业形象，提高行业的整体竞争力。正是因为有了行业自己的价值观，行业才有自己特殊的思维方式和行为方式，并构成行业的独特个性，从而塑造行业的特有形象。行业价值观尽管很抽象和概括，但又具体生动，具有很强的实践性。行业价值观体现在具体行动中，时时制约和规范着长江航运人的行为。对长江航运人而言，它同样具有很强的实践性和现实性。

2. 行业行为规范

行为规范是一种约定俗成的、日久成规的非正式制度，虽然不具备正式制度的强制性，但仍然是一种权威性和规范性都很强的行为准则。长江航运行业道德、行业作风、行业礼仪等等都是典型的行业规范，都具有很强的约束作用。长航运人的工作与行为通过一系列制度与规范达到统一，行业则通过行为规范进行规范化管理、标准化管理、制度化管理，对职业道德规范、文明礼仪规范、岗位责任制度、工作标准、安全标准化操作等方面进行系统化管理控制，最大限度地发挥员工的积极性。规范与制度作为行业内两种相辅相成的行为准则，只有结合起来才能做到刚柔相济，相得益彰。长江航运行业在发展进程中，形成了有行业特色的行为规范，并充分利用这些行为规范来指导长航运人的行为。

3. 行业文明礼仪

礼仪就其本质而言，是社会的道德规范。人们生活在世界上，如何在社会生活中约束自己的行为，按照良好的道德标准要求自己，都离不开礼仪，离不开用“礼”来检验、规范人们的言行。礼仪使人们学会约束自己，也使人们知道该如何约束自己。礼仪是人们的行为准则，一切社会交往都必须以礼仪作规则。人不能离开社会而存在，从家庭生活到社会实践，从人们的思想感情交流到工作、生活中难题的解决，都是在群体中进行的。在人际关系的健康发展中，礼仪占有重要的地位，它有力地维护着人们的尊严和社会道德面貌，在友好的氛围中建立友善的人际环境。礼仪是沟通人际关系的必要条件，它不仅在交往中能够有力地进行道德示范，而且能够给人以精神上的安慰、情绪上的鼓舞。长江航运是以“面向全长江，服务全社会”为宗旨的服务型行业，在日常工作中接触社会上各行各业的人，礼仪在行业发展中自然具有重要作用。主要包括：仪表礼仪、电话礼仪、介绍礼仪、握手礼仪、乘车礼仪、名片礼仪、会议礼仪、接待礼仪、外事礼仪和日常礼貌用语等，这些礼仪的正确使用，体现了长江航运人的文化素养，展现了长江航运业的文明风采。图6-1为长航公安干警文明执法形象。

图6-1　长航公安干警文明执法形象

4. 行业行为方式

行为方式过程包括三个基本环节：确定目的和形成动机、实际的行动、行动后的效果和评价。长江航运既是历史悠久的传统交通运输方式，也是不断发展的具有巨大潜力的现代交通运输方式。长江航运特定的作业方式、交往样式、生活环境等决定了长江航运行为方式的鲜明独特性。

5. 行业行为环境

行业环境包括行业的技术环境、人力资源环境、金融环境、市场需求环境等，是行业发展所依存的客观环境，直接影响行业的效益和生存。此外，还有政策、法制、社会评价、社会信誉等主要由人为因素控制的社会发展软环境。这些软环境对行业文化的影响看起来较为隐性、间接，然而实际上对行业竞争力的形成和可持续发展具有潜在而深刻的影响。在激烈的市场竞争大环境下，长航系统着力为长江航运人创建优美的工作环境，高满意度的工作生活环境，不断提高长航运人的物质文化生活水平，使长江航运人充满责任感、使命感、幸福感和归属感，对内极大地增强了行业凝聚力，对外明显提升了长江航运的行业形象。

长江航运通过多年努力，形成了行业独特的价值取向。长江航运以“面向全长江，服务全社会”为宗旨，以将长江航运建设成“中国黄金水道、世界内河一流”为行业愿景，以“合力建设黄金水道，促进长江经济发展”为行业使命。长江航运行为规范的制订和实施，为行业员工行为环境的逐步优化提供了必要保障。而领导干部和行业模范人物的行为方式则为行业人员行为树立了榜样。通过“学、树、创”活动，行业模范员工的行为方式得到全面宣传，行业员工的行为方式不断朝着模范员工靠拢，最终在行业内部形成优秀的行为文化。

（二）启迪养成的行为文化功能

长江航运行为从内容上看主要包括两大类：一类是行业生产经营方面的活动，如航道建设、客货运输等；另一类是行业内部人的行为活动，如人际关系的协调活动、宣传教育活动、文娱体育活动等。在长江航运行业发展、壮大的过程中，行业的行为文化起到了非常重要的作用。具体表现在以下几个方面：

1. 示范作用

榜样的力量是无穷的。行业模范人物的身体力行、率先垂范，激励员工自觉地不断进取、追求卓越和超越自我。长江航务系统从来就不缺少良好示范行为的典型。例如，南通港口集团姚港港务分公司维修队队长、党支部书记严汉圣，在港口设备维修管理岗位上工作20多年来，一直致力于提高设备运行质量的可靠性，团结和带领周围职工，刻苦钻研设备修理技术，大力推行小改小革，向技术改进要效益，为码头机械的经济运行提供了可靠的保障。姚港港务分公司年设计吞吐能力840万吨，占南通口岸货物中转量的半壁江山，其散货作业线的自动化程度为长江沿线港口之最。虽说公司拥有大型港口生产机械设备50余台，但当年由于资金等原因，致使出口双线改为单线，各类备用设备被取消，港机维修设施严重不足。在这种困难环境下，严汉圣带领大家一心扑在繁重的维修工作上。面对刚走出校门的一群年轻维修工，他以自己的一言一行去感悟他们，以朋友般的热情去帮助他们，以师长的姿态把技术毫无保留地传授给他们，以一名基层管理者的身份严格要求他们。如今，当年的“娃娃兵”已经成长为一支拉得出、打得响的“维修尖子兵”。其中，有8名维修工从技校生成长为技术精湛、独当一面的技师，还有一名晋升为高级技师①。

2. 导向作用

行业模范人物是行业的中坚力量，是行业的宝贵财富。行业的模范人物集中体现了行业价值观。他们敬业爱岗，无私奉献，并以自己的模范行为影响和感染周围的人们。在行业模范人物身上集中体现的行业精神、行业宗旨、行业价值取向和职业规范，对员工队伍具有导向、示范和激励作用。行业先进典型的代表性、导向性、示范性，使先进典型可亲、可近、可学，通过模范人物宣传行业文化，可使抽象的行业文化理念深入人心，转化为员工的实际行动。在长航系统第十一届“文明窗口月”活动中，“长航十大杰出人物”先进事迹报告团从2007年4月18日至24日，先后在武汉、南京、重庆、宜昌等地进行巡回报告。通过报告会，进一步深化“学、树、创”活动，践行“三个服务”，切实在长航系统兴起学先进、比先进、赶先进的热潮，激励广大长航运人为长江航运新一轮发展建功立业。长江南京通信管理局注重挖掘典型、塑造典型、宣传典型、推广典型、重奖典型。近年来，该局积极开展学习新技术、创造新业绩、争当新型劳动者的“三新”竞赛活动，学习许振超、王树明、李斌、陈刚毅精神，创“三个一流”等活动，推选了经营、科技、党务等先进典型，用身边的鲜活事例和人物进一步凝聚和激励职工的精神和干劲[②]。

3. 约束作用

行业道德、行业作风、行业礼仪、行为规范等等都具有很强的约束作用。员工工作与行为通过一系列制度规范达到统一。例如，长江航务管理局（以下简称长航局）在建设行业文化过程中，对员工行为提出了一系列规范性要求，主要体现在“五遵”、“五心”上。“五遵”是：遵守安全规章，确保安全无事故；遵守质量规则，在产品（服务）质量上精益求精；遵守操作规程，严格按照规程规范操作；遵守技术规范，认真落实技术规范要求；遵守协作规约，严格按规约办事。“五心”是：爱心——珍爱岗位，善待客户；诚心——以诚待人，赢得客户；热心——热情好客，奉献真情；耐心——服务讲文明，有理让三分；公心——对所有服务对象一视同仁。又如，马鞍山海事处对工作人员提出了“六不让”准则：一不让经办的事在自己这里拖延；二不让该处理的文件在自己这里积压；三不让执法差错在自己这里发生；四不让来办事的同志在自己这里受冷落；五不让任何机密从自己这里泄露；六不让单位形象在自己这里受损害。芜湖港口有限责任公司总裁、芜湖港储运股份有限公司董事长孙新华对全体员工提出了要求：热爱港口、尽忠岗位，崇尚文化、知礼感恩，创新创造、精益求精，诚信重诺、品牌服务，勤奋节俭、居安思危，持续学习、追求卓越，讲感情、讲诚信、讲效益，重安全、重标准、重实效。制定行为规范，使从业人员的行为规范化，从而提高了行业生产经营效益，在客户中树立了良好的行业形象。

4. 协调作用

行业作为一种经济组织，构成社会的一个系统，而在这一系统中还有它的内部子系统。要保证这个系统的和谐运转，使行业的各个方面形成合力，为行业的总体目标发挥各自的积极性，需要多层次的协调工作。行业行为文化促使行业员工形成共同的价值观，在行业的经营宗旨、指导思想、道德规范诸方面逐步形成共识，同时，在行业的对外交往中，行业行为文化能形成融洽的协作关系。正是通过行业的行为文化，有效地在行业生产、经营等行为中提升了协调功能。例如，安徽鸿运轮船公司根据船队轮船人员长期在外而家属在家的实际，认真开展后勤文化建设活动。为解决员工子女的学习问题，公司专门组织职工家属到条件较好的名校进行咨询，帮助他们为孩子们选择更合适的学校就读。公司还设立基金，专门资助考取大、中专的学生，每年发放“贤内助”奖等，营造了一种浓厚的团结友爱、积极向上的企业文化氛围。正是通过公司的这些行为，很好地协调了员工工作与生活上的矛盾，稳定了员工的“大后方”，解决了一线员工的后顾之忧[③]。

优秀的行为文化使行业行为规范化，使行业向着可持续发展的目标发展，对社会负责任，获得良好的社会声誉。以优秀的行为文化规范行业领导和员工的行为，使员工能够为行业发展着想，通过强化员工的主人意识，促进员工提高工作效率和产品（服务）质量。长江航运系统正是通过建设优秀的行为文化，使行业得到健康发展，创造了良好的行业风气，使长江航运“面向全长江，服务全社会”的宗旨在行业行为中得到体现。

① 交通部长江航务管理局.《风华正茂——长航十大杰出人物风采掠影》：第69页.2007年.内部资料。
② 参见交通部长江航务管理局等主编.《长江航运文化建设推进会材料》：2007年.内部资料。
③ 参见交通部长江航务管理局等主编.《长江航运文化建设推进会材料》：2007年.内部资料。

二、长江航运道德规范

长江航运道德规范是长江航运道德体系的内容之一，是长江航运人应当遵循的行为准则。它是长江航运人的道德行为和道德关系中普遍规律的反映，是当今社会对长江航运人行为的基本要求的概括，是长江航运人的社会经济关系在道德生活中的体现。

（一）富有行业特点的道德规范

长江航运道德规范是社会主义市场经济原则和道德规范在长江航运行为和关系中的具体表现，它是长江航运人在工作劳动中应遵循的行为规范的总和，反映着长江航运事业的特殊要求。

长江航运道德规范是指长江航运人在经营、管理、服务活动中，从思想理念到工作行为所必须遵循的航运服务的道德规范和服务技术要求。具体来说，长江航运道德规范是：热爱长江，勤勉敬业；遵纪守法，廉洁奉公；团结协作，诚信务实；爱护设备，善待环境；文明服务，奉献社会。

（二）提升行业形象的道德风尚

加强航运职业道德是建设社会主义精神文明的需要，是促进长江航运事业自身发展的需要，是进一步加强管理和规范长江航运市场的需要，是美化航运事业、美化社会、美化人民生活的需要。提倡长江航运道德规范，提高长江航运人的素质，对于做好长江航运工作、树立良好的长江航运道德风尚，具有积极意义。

1. 有利于推动社会主义精神文明建设

长江航运人只有不断提高服务水平，改善服务态度、提高服务质量，才能够更好地满足顾客对长江航运的需求。长江航运事业的从业人员每天都同广大顾客接触，一言一行，一举一动，处处都体现着自己的道德风貌，而这些言行的本身，又无时无刻不在影响着大众，影响着整个社会的道德风尚。如果长江航运事业的广大职工都能按照长江航运道德规范去做，文明礼貌、热情周到地服务顾客，日积月累就会形成一个强大的推动力，形成行业道德与社会公德之间的良性互动，从而促进社会主义精神文明的提高。

2. 有利于长江航运事业自身建设和发展

长江航运人遵守职业道德规范，不仅对整个社会有影响，对本行业影响更大。不断改进和提高长江航运事业的道德标准，是长江航运事业自身建设和发展的客观要求。开展多种形式的职业道德教育势在必行，特别是在市场经济条件下，集体、合资、个体航运事业迅猛发展，行业内的竞争格局已经形成，这就更要求长江航运人自觉遵守职业道德，不断提高自身素质，使长江航运事业沿着健康的道路向前发展。

3. 有利于落实对外开放的国策

对外开放是我国的一项基本国策，随着国际经济、文化、技术交流的日趋频繁，长江航运开展的国际货物运输业务、接待来访的国际友人、海外侨胞客运服务业务与日俱增。如何在开放的经济环境中成长发展，已经成为长江航运事业发展所面临的一个重要课题。世界上有200 多个国家和地区、60 多亿人口，分属2000 多个大小不同的民族，由于各国地理位置、气候条件、历史沿革、社会制度不同，他们有着各自独特的风俗习惯。在为来自世界各地区的国际人员提供服务时，要做到文明接待、礼貌服务，就要了解各国的国情和民俗，懂得他们的生活方式、生活习惯、喜好和禁忌，树立“宾客至上、一视同仁”的服务道德观念，采取正确的服务方式，以精湛的服务技艺和文明礼貌的服务态度为外国顾客和友人提供优质服务，展示我国长江航运事业的风貌。

（三）立足行业实际的道德建设

1. 热爱长江，勤勉敬业

母爱是纯洁的、神圣的。长江像母亲一样滋润着流域的每寸土地。长江流域自然资源丰富，人口众多，经济发达。流域内山川雄伟，风光秀丽，名胜古迹遍布各地，是中国重要的旅游分布区域，历来为世人所关注。母亲的力量是巨大的，长江就像母亲一样，对新时代的发展起着不可估量的巨大作用。

长江源远流长、宏伟博大、多姿多彩，长江古老悠久、气势磅礴、力量无穷。以饱满的热情去赞美长江、热爱长江、开发长江、保护长江，就能表达中华儿女对这位伟大母亲的依恋之情。

长江航运人热爱长江的情怀是长江航运人献身事业、共同促进长江航运发展的思想基础和行为准则，也是长江航运人践行中华爱国主义的根本内容和要求。勤勉敬业是长江航运人热爱长江的具体化。长江航运人无论什么职业、什么岗位，都是长江航运的主人，都应为长江航运发展贡献力量。

长江航运事业是长江航运人生命中最重要的部分。敬业是一种人生态度，是珍惜生命、珍视未来的表现。对于工作岗位，不应有任何抱怨，应该持正确的态度去工作，每个职工都应该为构建和谐长江、和谐航运尽一份心、出一份力。敬业，离不开对自己工作的认真思考和奉献。明确自己的工作目标，为之付出，“不以善小而不为”。敬业，是一种工作态度，也就是我们常说的心态，端正态度远比做好一件事情本身的效用大得多。

装卸工是港口装卸运输工种中劳动强度最大、最辛苦的岗位，全国劳动模范罗友发却把人生的坐标定位在武汉港装卸岗位上不动摇，一干就是30多年。凭着对装卸工岗位的深深眷念和对工友的深情厚意，带出了一支能打硬仗、作风顽强的装卸工队伍。这就是长江航运人，不需要太多惊天动地的事迹，用自己质朴的信念丰富长江航运人的内涵；不用太多的豪言壮语，用自己勤勉敬业的实际行动来诠释长江航运人的荣誉与尊严。

2. 遵章守纪，廉洁奉公

当今的社会是法制的社会，遵纪守法已成为社会公共生活的一项基本要求。遵纪守法同时也是保证社会健康有序发展的基础。以遵纪守法为荣、以违法乱纪为耻，是社会主义道德体系的重要内容和基本要求，是维护社会主义法制和纪律的思想保障。长江航运人把遵纪守法作为义不容辞的职责和义务，努力为和谐长江、长江航运事业的发展做出自己的贡献。

长江航运事业的发展，是要靠法制、规章和纪律来保障和维护的。实践证明，长江航运事业的繁荣、国家的发展、社会的进步，与公民的遵纪守法意识和行为紧密相连、息息相关。为此，要在全体长江航运人中树立以遵纪守法为荣、以违法乱纪为耻的道德风尚，努力营造人人遵纪守法的良好环境，这样才能为长江航运事业有规范、有秩序地发展提供良好环境。

廉洁奉公是中华民族的传统美德，也是时代的呼唤。古往今来，有多少清正廉洁、务实为民的清官廉吏受到百姓的崇敬与爱戴，他们的形象深入人心，他们的故事久久传颂。一代清官包拯、于谦、海瑞的故事热映荧屏，久演不衰。沧海桑田，千年后的今天，人民公仆孔繁森、牛玉儒、任长霞的事迹震撼人心，激荡灵魂。可以说，无论时空如何转变，无论时代怎样发展，清正廉洁永远是时代的呼唤，勤政廉洁永远是人民的期盼。

在新世纪，在长江航运人的身边也涌现出一批批令人肃然起敬的优秀楷模。是他们，在勤政廉洁、亲民爱民的乐章中谱写了一个个动人的音符。是他们，在无私奉献、服务群众的书卷中书写了一首首不朽的诗篇。是他们，在廉洁奉公、清正公正的航运水道上扬起了一面面永恒的风帆！

恪尽职守、廉洁奉公是长江航运人的优秀精神之一，也是长江航运人的基本职业和道德要求。“公生明，廉生威”。长江航运人无论是管理者、执法者、经营者都要做到公平正义，廉洁自律，树立良好的行业风气。廉洁奉公，就是树正气，不断校正坐标，厚修养，讲廉耻，知荣辱，注意克服以人划线、任人唯亲的倾向；克服争功诿过、追名逐利的倾向；克服目光短浅、心胸狭窄的倾向；克服不讲原则、只讲人情的倾向。在任何时候都要以民为本，以事业为重，无私奉献，淡泊名利，不计得失，老实做人，扎实做事，清白为官，勤恳为民，始终保持政治上的坚定和思想道德上纯洁。

廉如微雨，滋润生机；廉如清茶，褪尽浮华。长江航运人倡导廉洁奉公，以廉洁从政为帆，以人民群众的期盼为桨，以党员干部的信念为舵，在社会主义荣辱观要求下，为构建和谐长江、和谐长航、社会主义和谐社会，守住灵魂，守住忠诚，用廉洁的工作实现自己的承诺：“廉洁奉公，无愧一生！”

3. 团结协作，诚信务实

“团结就是力量，这力量是铁，这力量是钢，比铁还硬，比钢还强……”这首诞生于抗战时期的歌曲，不但阐明了力量与团结的内在关系，更反映了中华民族团结一心、众志成城的坚强意志。在新的世纪，全面建设小康社会，实现中华民族的伟大复兴，同样离不开团结和力量。抓住战略机遇期，建设和谐长江航运，实现长江航运的世界一流，更离不开团结。

互相帮助和取长补短是长江航运人工作与生活必不可少的文化要素。团结协作能使一个个散沙似的个体，凝聚成一股巨大的力量，造就一个极富战斗力的团队，从而发挥巨大的能量。精诚团结，密切协作是长江航运人克服困难，取得成功的有效法宝，更是长江航运人共图长江航运发展，繁荣长江流域经济社会的可靠保证。

诚信务实是长江航运人实践行业宗旨、培育行业精神的道德沃土。构建和谐长江，发展长江航运事业，就需要长江航运人继续将诚信务实作为长江航运精神，即守承诺、讲信用，言必信、行必果。要求所有员工说老实话、办老实事、做老实人。在与客户交往中，有章必循，有诺必践，塑造出负责任的长江航运人的形象。在芜湖裕溪口煤港，分公司的每一位卸车工时时随身携带一把小刷子，在煤炭皮带传输机旁，总会有人细心地把坑道里的每一点煤屑都扫进去。虽然这里是煤炭的世界，过道里、车间里却非常整洁。裕溪口煤港在煤炭运输过程中，做到了零扣损，与国家规定的3%的扣损率相比，仅此一项每年就能节约煤炭10万余吨。芜湖港的诚信服务不仅吸引了许多新客户，而且也使许多失去多年的老客户又回来了，市场份额不断扩大，品牌竞争力不断提升，经济效益持续攀升。

4. 爱护设备，善待环境

设备是长江航运人赖以生存发展的物质条件，爱护设备是保证长江航运事业正常进行的前提，是航运企业、航运人道德品质、道德风尚的具体表现。爱护设备就是爱护自己、就是爱护未来。

长江航运企业设备的技术状况、技术水平是否先进，生产效率是否高，可靠性、安全性、节能性、耐用性、环保性、灵活性等是否符合航运生产的要求，关键不在技术，而在管理。管理要靠高素质的人来实施。因此，提高长江航运人爱护设备的主观能动性，提高职工管好、用好、维护好设备的自觉性，培养职工爱护设备、节约为本的思想，是长江航运部门一项十分重要的工作。

善待环境也是长江航运人责无旁贷的社会责任。保护环境是我国的基本国策，也是社会公德的基本内容之一。它涉及每个人的切身利益。善待环境不仅仅是指讲究公共卫生、美化生活环境等，还包括减少环境污染，维护长江生态平衡，合理开发利用长江自然资源等广泛内容。

长江是中国经济社会可持续发展的重要一环。作为长江航运人，要珍惜长江资源，保护长江环境，实现人与长江自然的和谐发展，充分发挥黄金水道的优势，为沿江经济可持续发展提供有力的、可靠的航运保障。

长江航运人赞同并执行以“维护健康长江、促进人水和谐”为基本理念的治江思路和“在保护中开发、在开发中保护”的基本原则。遵循自然规律、经济规律和社会规律，逐步实现流域管理和行政区域管理相结合的流域综合管理。长江保护与发展为国运所系，任重道远。善待长江、珍惜长江、保护长江，让长江永葆健康，长江航运人为此不懈努力。

5. 文明服务，奉献社会

航运业的竞争，是一种信誉的竞争，服务的竞争。长江航运服务体现的是长江航运管理水平，展示的是长江航运的文化内涵和员工的精神风貌，展现在社会公众面前的是一种长江航运人的品牌。

文明服务，是长江航运事业的立行之本。只有不断增强服务意识，转变服务观念，强化服务措施，从服务质量、服务手段、服务内容、服务态度、服务环境等方面入手，狠抓优质文明服务，形成“大服务”的格局，才能提高优质文明服务的整体水平。

长江航运服务是一种管理。长江航运行业在实施优质文明服务战略中要严格依靠制度管理。包括岗位规范、统一着装、仪表举止、文明用语、电话用语等，都必须形成制度，成为员工的行为准则，严格执行。

长江航运服务是一种文化。这一文化体系，包括员工爱岗敬业的服务精神，以服务为本的道德观、价值观，无私奉献、艰苦奋斗的务实精神，以及由此而产生的“一条船”思想和身为长江航运人的自豪感与认同感等等，培育长江航运服务文化，可以增强长江航运人的风险意识和效益意识，从而充分发挥服务文化的激励作用。

长江航运服务是一种精神。长江航运文明优质服务的核心内容，是引导职工树立一种正确的价值观念、职业道德、敬业精神，以航兴我荣为服务理念，以信誉第一、优质服务、廉洁守法为职业道德规范标准。确立和完善员工的文明服务意识和文明服务行为，树立客户第一、主动服务、整体服务的观念。

构建长江航运文明服务，关键要抓制度建设，完善工作机制，严格业绩考核，公开标准，奖罚兑现。文明服务体现出长江航运人奉献社会的追求。奉献社会是一种人生境界，是一种融入人生事业的高尚人格。奉献社会是长江航运人孜孜不倦追求的精神境界，既是长江航运人的一种道德倡导，又是长江航运人追求完美的道德实践。

奉献社会就是要展我所长、尽我所能、倾我热情、回报社会，就是要脚踏实地、不图虚名、不计报酬，用辛勤与真诚、劳动与汗水谱写奉献社会的乐章。奉献社会是一种主动自愿的、不计回报的行为，把奉献精神落实到长江航运事业的具体行动上，最经常、最广泛，也是最有效的途径就是：自觉主动地在本职岗位上恪尽职守，尽职尽责。

奉献不难做到，奉献就在长江航运人的身边。在日常工作中，长江航运人每个人无论岗位高低、能力大小，都在有意无意地奉献着，也在不知不觉中享受着他人奉献的成果。全国劳动模范陈蓉，长年累月工作在长江西陵峡话务员岗位上，没有公休也没有节假日，在默默奉献中实现自己的人生价值。她的业务辖段内以滩险水急著称,每年都要发生多起海损事故。一天下午，“涪陵801”轮与“奎门3号”轮在陈蓉家门前一不远水域相撞。听到剧烈的碰撞声，她意识到发生了海事。当时三斗坪正停电,她迅速开启了应急油机，以最快的速度用高频电话与遇险船舶取得了联系。“奎门3号”拖带的重载驳船被碰散了队，失控的驳船顺水下漂，三斗坪信号台因停电不能开机，陈蓉主动承担了与过往船舶联系的任务，让过往船舶在安全的地方抛锚，她还主动把船舶遇险的情况通知到有关部门，直到半夜零点20分，才接转完最后一个电话。

出生于航道世家的谷秀全，是川江一名普通信号员，她始终牢记全心全意为行轮服务的宗旨，多年来带领同事始终坚持向行轮“文明礼貌用语、提供航道安全情况、信号提示准确及时”。为了把工作做得更细致、更扎实，还主动上门征求意见和接受行轮监督，准确指挥了20多万艘船舶安全通过弯窄浅险航道,没有发生过一次安全事故，用自己的行动实现了“想行轮所想、急行轮所急，宁可自己千般苦、不让行轮一分难”的诺言。她被选为党的十六大代表，荣获“全国五一劳动奖章”，她所工作的信号台被誉为“水上窗口”、“文明使者”。

奉献并非是高不可攀的境界，它主要体现的是给予者的态度。长江航运人倡导奉献精神，旨在唤醒人们心底的勤勉、善良、友爱。构筑和谐长江、和谐长航，构筑美好社会，离不开长江航运人的努力，离不开长江航运人在各自的岗位上恪尽职守、兢兢业业奉献劳动成果。

三、长江航运仪礼规范

礼仪是人类为维系社会正常生活而要求人们共同遵守的最基本的交往规范和道德规范，它是人们在长期共同生活和相互交往中逐渐形成的，并因一定的风俗、习惯和传统等方式被固定下来的行为规范。“礼”者，敬人也。“礼”的意思是尊重人，即在人际交往中，尊重自己，也尊重别人。“仪”顾名思义，是仪式的意思，“仪”实际上就是尊重别人的表现形式。在日常工作和交往中，“礼”和“仪”互为因果，只尊重，不表现出来是不行的；表现，但不懂得如何尊重别人，也是不行的。礼仪不仅可以有效地展现一个人的教养、风度和魅力，还体现出一个人对社会的认知水准、个人学识、修养和价值。从组织行为角度来看，礼仪是组织文化、组织精神的重要内容，是组织形象的主要附着点。礼仪是提高个人素质和单位形象的必要条件，是人立身处世的根本，人际关系的润滑剂，是现代竞争的附加值。“不学礼，无以立”①，已经成为人们的共识。“内增个人素质，外塑单位形象”，正是对礼仪作用恰到好处的评价。

长江航运作为一个服务型行业，礼仪在企业中发挥着重要的作用，长江航运结合行业自身特点，在吸收中国传统礼仪精华的同时，借鉴国外航运行业中的礼仪规范，形成了独具特色的长江航运礼仪。

（一）统一规范的着装礼仪

长江航运行业所属的航道、港口、运输、公安、海事、通信等各个企事业单位的工作性质、特点各有不同，但又都在长江航运这个大行业内。因此各企事业单位除遵守长江航务管理局制定的行业礼仪规范外，还各自制订了符合本单位工作性质和特点的礼仪规范。

着装，是礼仪规范中的重要方面。穿着职业服装不仅是对服务对象的尊重，同时也使着装者有一种职业的自豪感、责任感，是敬业、乐业在服饰上的具体表现。员工在工作时往往会身穿面料、色彩、款式整齐划一的服装。在现代社会里，全体从业人员一律身穿制服上班，是各行各业的一种行业要求。长江航运系统下辖的各企事业单位对本单位员工的着装，提出了明确的规范和要求。

例如，芜湖港《员工文化手册》中明确提出了员工着装基本规范，包括：第一，员工应按照规定的季节时段划分，相应着春秋装或夏装；第二，员工工作期间保持仪表整洁，职业装清洁、整齐、服贴，衣扣完整并扣好，不披衣、敞怀，内衣袖口及下摆不外露。对员工职业装的穿着也提出了具体的要求：一是，西装着装的具体规范：左衣领上佩戴公司徽章；男士西装配穿衬衫、深色领带、黑色皮鞋；女士西装配穿衬衫、黑色皮鞋，裙装配穿肉色长袜；公司高层管理人员重要场合着西装；中层管理人员春秋季节和下列情形着西装：每逢星期一、出席港口重要会议、港口大型活动、外事接待等。二是，蓝色和桔红色工装着装具体规范：现场作业时着装要领口紧、袖口紧、裤口紧、鞋带紧；现场作业应佩戴安全帽，特种作业人员按岗位要求相应佩穿绝缘鞋、戴手套；在工作现场，女员工鞋跟高度不超过4厘米。三是，保安制服着装具体规范：佩穿黑色皮鞋，男保安鞋跟高度不超过3厘米，女保安鞋跟高度不超过4厘米；不在制服外加穿衣物或系围巾。四是，其他制服着装特殊规范：厨工着装依据行业要求，佩戴厨师帽；餐厅服务员、环卫工鞋跟高度不超过4厘米，餐厅窗口服务人员佩戴口罩。

成立于1975年的南京长江油运公司，是中国长江航运集团旗下专业从事石油及其制品运输的航运企业。公司提出了以“注意个人卫生、保持整洁大方”为要求的仪表、仪容规范：一是，要适时剪发，梳理整齐，不做奇形怪状的发型，不染过于张扬的发色。二是，指甲要经常修剪，女士可作必要的化妆，但不要浓妆艳抹。三是，要按公司要求统一着装，始终保持服装整洁、得体。公共场所不准只穿背心、短裤。四是，穿着西装时应着单色衬衫，长袖不得卷起，男士应穿黑色或深色袜子，女士应穿皮肤色袜子。五是，鞋子和配饰要保持协调，鞋面整洁，忌怪异鞋型，配饰不宜过于张扬。

（二）诚信谦和的用语礼仪

语言是信息沟通的桥梁，是思想感情交流的渠道。语言在人际交往中占据着最基本、最重要的位置。语言作为一种表达方式，能随着时间、场合、对象的不同，而表达出各种各样的信息和丰富多彩的思想感情。说话礼貌的关键在于，尊重对方和自我谦让。

在日常交际中，长航系统要求员工普遍做到“四有四忌”。“四有”指的是：第一是有分寸。这是语言得体、有礼貌的首要问题。要做到语言有分寸，必须配合以非语言要素，在背景知识方面知己知彼，明确交际的目的，同时要注意如何用言辞行动去表现。第二是要有礼节。语言的礼节就是寒暄，问候、致谢、致歉、告别、回敬这五种礼貌形式，是人们交际中最常见的礼节语言的惯用形式。第三是有教养。说话有分寸、讲礼节，内容富于学识，词语雅致，是言语有教养的表现。尊重和谅解别人，是有教养的人的重要表现。第四是要有学识。富有学识的人会受到社会和他人的敬重，而无知无识、不学无术的人将会受到社会和他人的鄙视。“四避”包括：第一是避隐私。隐私，就是不可公开或不必公开的某些情况，有些是缺陷，有些是秘密。在高度文明的社会中，隐私除少数必须知道的有关人员应当知道外，不必让一般人员知道。因此，在言语交际中避谈避问隐私，是有礼貌的重要方面。第二是避浅薄。浅薄，是指不懂装懂，“教诲别人”或讲外行话，或者言不达义、言辞单调、词汇贫乏、语句不通、白字常吐。第三是避粗鄙。粗鄙，指言语粗野，甚至污秽，满口粗话、脏话，不堪入耳。言语粗鄙是最无礼貌的语言。第四是避忌讳。忌讳，是人类视为禁忌的现象、事物和行为，避忌讳的语言同它所替代的词语有约定俗成的对应关系。社会通用的避讳语也是社会一种重要的礼貌语言，它往往顾念对方的感情，避免触忌犯讳。

长江三峡通航管理局在企业的《员工手册》中明确规范了员工的沟通礼仪。具体包括：一是，日常用语：日常生活中要善于用“您好”、“请”、“谢谢”、“对不起”等礼貌用语；在自己的工作区域内，到去拜访的单位都要主动与人打招呼问好。二是，接、打电话，在接听或拨打电话时，应先说“您好”并自报单位（部门）名称、个人姓名，拨错电话应礼貌表示歉意，电话铃响应及时接听。如果两部电话同时响起，应及时接听一个并礼貌请对方稍候，分清主次分别处理。接到打错的电话应客气告知。应答电话语音简明声音清晰，音调适度、亲切。对方欲通话之人不再现场，应主动告知对方再次联络的时间或是电话号码，代人受话，应记录并转告。三是，在接、发网络信息时，应遵守以下要求：接到网络信件，应及时回复，如需准备，要先回复说明原因，约定何时回复。发出网络信件要写明收件人、姓名、单位、问候与感谢用语，发件人、姓名、单位、网址、日期及电话，在出差时候注明代理人，方便联系。四是，在介绍时，应遵循以下原则：先将晚辈、职位较低的人介绍给长辈、职位较高的人，把男士介绍给女士，把本单位的人员介绍给外单位的人员。

一杯清茶，一声问候，一路风尘的游客踏上“神州”轮，就感受到船员们的热情。身着旗袍的迎宾小姐迎面递来的清茶、方巾，丝丝清香顿消旅途的疲劳和汗水，精神也清爽了许多。“神州”轮员工用真情、智慧和汗水塑造了“神州”品牌。“神州”轮由李鹏委员长亲笔题写船名，国家拨专款按照五星级游船标准设计建造，硬件设施堪称一流。自1995年投入营运至今曾先后接待了胡锦涛、江泽民、李鹏、吴邦国等党和国家领导人以及泰国文莱公主、日本前首相村山富士等知名人士。该轮双管齐下，在抓好硬件设施的维护同时，抓好软件服务质量，按照五星级游船的标准规范自己的服务行为。不论是接待中外政要，还是海内外游客，始终按照“真”、“细”、“优”、“新”的要求争创一流的服务。宜昌桃花村码头离公路边有800多米的距离，是一段盘山路，且无灯光照明，平时只能行驶小型旅游巴士，每次客人乘坐豪华大巴到桃花村码头登船时，船上就派服务员从码头一直迎送到公路边。遇到天黑时，打着手电筒为客人照路，对老人扶送上船。游客在“神州”轮的每一天，见到是船员甜美的微笑，听到是“你好”的亲切问候声。在客人众多的表扬信中有这样一句最普通的话：“那时已是凌晨3点钟，一下车看到身着旗袍的服务员还站在码头上迎接我们时，一种到家的感觉顿时淹没了我。”

俗话说，“言为心声，语为人镜”。说话有礼貌，能让帮忙的人帮得高兴，说话没礼貌却会破坏别人的心情。语言作为人们沟通感情、表达愿望、传递信息的工具，是人际交往的重要手段。《论语》中说：“言之无文，行而不远。”这说明语言交流一定要符合一定的礼仪规范。事实证明，语言礼貌与否，直接关系到交际的成败。行业员工通过灵活驾驭交际语言，可以为行业树立完美的形象。

（三）文明礼貌的交往礼仪

人总是生活在一定的社会关系中，进行各种各样的社会交往。社会交往是人们相互接触、加深了解、沟通意见的一种最普通、最常见的行为方式。良好的礼仪是社会交往的“润滑剂”，是保持人们社会交往和谐的基本原则，对社会交往起着重要的促进和规范作用。人与人进行交往，需要通过社交礼仪这一枢纽，达成彼此情感交流，改善和保持良好的人际关系的目的。员工作为行业的组成部分，与人交往的言行举止往往代表行业的形象。

长江航运行业作为一个服务型行业，在日常工作中频繁地与人交往，每个航运人的一言一行，都代表航运行业的形象。在商务、经营、生产活动中，作为行业代表，航运人的举止行为给客户带来的第一印象非常重要，直接影响到行业效益。在工作单位，良好的举止行为有助于形成明朗的气氛，能融洽地创造人际关系，良好的举止行为是同事之间工作关系的润滑剂。因此，根据行业实际和社会进步的要求制定员工基本行为规范，以此规范员工在人际交往中的行为方式，通过员工良好的行为方式，塑造良好的行业形象。

例如，长江三峡通航管理局在企业《员工手册》中对宴请仪礼和待客礼仪做出了具体规定，包括：入席时应听从主人安排，就座时应向其他客人表示礼让；主人开席致祝酒辞时，客人应停止讲话和其他活动，以示尊重；主人站起敬酒，客人应起立回敬，喝毕后坐下；客人没有到齐之前不宜先食，等主人招呼后再动筷。席间应尊重主人和其他客人，不可高声谈笑，喧宾夺主。喝汤不宜有声音，需要使用牙签时，应避席为之；喝酒适量，敬酒不劝酒，白酒、红酒、饮料自便。谈话文明，不讲不健康的内容。握手礼仪：参加聚会时应先与主人握手，再与其他人握手；男士不应主动与女士握手，待女士先伸手时才能相握；与长者、尊者、领导握手，应等他们先伸手时才能握手，原则上以双手握手为敬。奉茶礼仪：对来访的人员应主动热情地泡上茶水并双手递上；冲茶不必满杯，半杯多一点即可；客人茶水喝尽之前应及时续杯。呈、受名片礼仪：递呈名片应事先准备好，名片正面向上，以方便对方阅读的方向双手递给对方；接受名片时应双手接过，阅读后道谢；名片应收放在专门的名片盒里，不要顺手放在裤兜内，不要当面把玩名片和在名片上乱写乱画。

镇江港务集团有限公司以“真诚服务、永无止境”为服务理念，以优质的服务塑造公司形象，为客户创造价值，为员工提供舞台。镇江港本着“真诚服务”的理念，外部服务客户，内部服务员工。对客户的服务，以效率体现尊重与诚信，追求服务过程的完美和服务结果的满意。对员工的服务，就是在企业内部创建客户意识，不断改善企业流程，在提高效率的同时，提高员工的满意度。“永无止境”就是始终以真诚态度对待客户的选择和信任，注重每一个服务过程和细节的完美，在快乐中提供服务，在服务中享受快乐，通过超值服务，实现客户满意。公司在《员工文化手册》中对员工日常工作中的礼仪做出了明确规定，包括仪态礼仪、日常礼仪、宴请礼仪、接待礼仪、通讯礼仪、拜访客户礼仪、办公礼仪以及会议礼仪等。

①《论语·季氏篇》。

四、长江航运行为规范

行为规范作为行业文化的重要组成部分，旨在建立科学的行业运行秩序，规范行业组织行为和员工群体行为。它对于提高员工的思想、道德、心理和技能等方面，都具有十分重要作用。

行为规范有利于确立员工的核心价值理念，有利于增强员工的道德心理素质，有利于提高员工的业务技术水平。

（一）公正严明的执法行为

长江航运系统对执法人员行为规范作出了具体要求。执法人员现场执法时须做到“五要”、“五禁”：要着装整洁、仪表庄重；要出示执法证件，告知本人身份；要求真务实，客观公正；要程序规范，文明执法；要清正廉洁，秉公办事。禁酒后执法，禁滥收费滥罚款，禁故意刁难管理相对人，禁粗暴对待管理相对人，禁利用职务之便谋取个人不正当利益。

长江航运公安局在开展公安文化建设中，始终坚持文化育警战略，以培育民警“忠诚可靠、秉公执法、英勇善战、纪律严明、无私奉献”的新时期人民警察精神为公安文化建设的核心内容，以塑造长航公安警魂为公安文化建设的最终目标，积极探索公安文化建设的新思路、新方法，不断推进公安文化建设健康发展。长航公安局在坚持“文化育警”战略方针上，把时任公安部长周永康（现任中共中央政治局常委）针对基层所队内务管理提出的“人要精神，物要整洁，说话要和气，办事要公道”的要求作为开展基层公安警营文化建设的指针。通过创造温馨、和谐的警营氛围去感染民警、激励民警。基层单位是向社会公众展示长航公安精神的主要窗口，是公安执行管理、执法等职能的法定场所。长航公安局各分局窗口单位的建设正在逐步做到功能齐全、设施先进、布局合理，在外观设计上按照公安部统一标准进行规范。基层公安警营文化建设，主要是以制度化的管理模式来培养民警的职业道德规范。如南京分局将警营文化建设与队伍正规化建设紧密结合起来，按照科学发展观的要求，抓好制度建设，建立长效机制，全面组织实施。分局严格贯彻落实公安部“五条禁令”和内务条令，并以公安部“四统一五规范”（即统一考录制度、统一训练标准、统一纪律要求、统一外观标识，规范机构设置、规范职务序列、规范编制管理、规范执法执勤、规范行为举止）为要求，按照队伍正规化建设的阶段规划，加强制度化建设的步伐，形成了“工作讲规范，做事有依据，标识要统一”的工作格局，展示了长航公安作为国家公安行政机关的形象。

乔乃明是长航公安局南京分局浦口派出所所长，从事公安工作已经35年。在30多年的警察生涯中，他虽然没有什么惊天动地的壮举，但几十年来，他用一颗赤诚之心，履行着一名人民警察崇高而又神圣的职责，在平凡中取得了一个又一个不平凡的成绩。首先，乔乃明始终坚持一丝不苟的工作作风。1983年下半年，乔乃明带领3位民警筹备新生圩派出所。由于当时国家重点工程新生圩港区征地进港的农民较多，每户至少一人。他走遍了新生圩周边的每一家每一户，对进港区后职工家庭情况做到心中有数，为做好公安保证工作打下了坚实的基础。其次，乔乃明始终把以身作则作为不变的工作理念。对工作有激情、对岗位有热情、对同志有深情，这“三情”是乔乃明始终不变的工作理念。自2004年体制改革以来，在派出所侦破的115起刑事案件中，他带队侦破114起，只有1起刑事案件发生在他出差在外期间。在办案过程中，乔乃明既是指挥员，又是冲在最前面的战斗员，将最危险、最辛苦的活留给自己①。

维护水上安全秩序、防止水域污染是海事部门的神圣职责。造就一支政治强、业务精、作风正、纪律严的高素质海事执法队伍，依法行政，是履行海事神圣职责的要求。加强执法队伍建设，提高执法人员素质，是加大海事行政执法力度的关键。大力宣传水上交通安全法律法规，增强全社会法律意识和法制观念，是加大海事执法力度的基础。长江海事局在加大海事行政执法力度上，重点加强责任追究制的落实，如出现执法行为不规范，违反有关规定，造成工作责任的，在经过认真调查和核实后，事实根据确凿的，按照规定进行严肃处理。在执法过程中，执法人员要认真履行职责，切实做到有法必依，执法必严，违法必究；“以事实为根据，以法律为准绳”；敢于执法，善于执法，知难而进；同时加强文明执法，要求所有执法人员在执法中不得粗暴、不得野蛮、不得贪赃枉法、不得接受被管理相对人的宴请、不准办人情案和不准办交易案。长江海事局着力加强海事执法人员的法律和专业知识培训，提高海事执法人员办案水平。努力打造一支廉洁、勤政、务实、高效、政治强、作风硬、业务精的海事执法队伍。深入开展规范化建设，强化执法监督，严肃执法纪律，规范执法行为，继续加大海事执法的力度，努力为长江两岸经济社会可持续发展创造良好的外部环境[②]。

（二）诚实守信的经营行为

长江航运行业将经营行为规范规定为：合法经营、规范运作；诚实守信，质量至上。虽然只是短短的16个字，却涵盖了长江航运行业日常经营行为所必须遵守的方方面面。正是在这16个字的指导下，长江航运行业取得了良好的经济效益，行业得以健康发展。

诚信是中华民族的传统美德，是立世之本，同时也是一个行业的发展之基。诚信作为一种文化，亦是行业推行“服务文化”、增强核心竞争力的根本。南京港以“诚纳四海”为宗旨，率先提出了“货主的满意就是我们的质量标准”，“手续便捷，价格优惠，24小时服务”的经营理念。还通过歇人不歇机，换班吃饭等做法来确保装卸效率，为货主和船公司节约物流成本。

随着企业经营者对于企业文化的理解越来越深入，经营理念发生着潜移默化的变化，从原来的传统经营逐步向文化经营、品牌经营转变，企业的品位和内涵逐步得到升华。宜昌港务集团在制定“十一五”发展战略规划的过程中，始终以企业文化理念和企业宗旨、目标为指导，明确“将宜昌港建设成三峡航运中转中心，成为宜昌市及渝东鄂西交通运输、港口物流第一品牌”的发展定位，明确了“依托长江、创新求变、调整结构、拓展物流、打造品牌”的发展指导思想。近两年来，宜昌港务集团进一步加大招商引资力度，以港口的实力、内在的活力、品牌的魅力，努力培育集团新的经济增长点，积极吸引外部战略合作伙伴建设港口。香港中港印集团正是因为看到宜昌港务集团的战略发展前景和诚意，决定与宜昌港务集团合作建设配煤中心项目[③]。

华中航运集团有限公司在对企业自身进行调研画像的基础上，通过对市场形势进行认真分析和走访，了解客户的发展状况，最终提出了“以市场为导向、以客户为中心，强化管理、整合资源、增强企业核心竞争力”的经营理念。在这一经营理念的指导下，华航集团注重做到“三结合”（企业发展与宏观经济调整有效结合，当前利益与长远利益有效结合，企业利益与顾客主体地位有效结合）。2006年以来，华航集团在分析市场形势后，果断停封了部分老旧船舶，并通过入股的方式融资千万元，打造了7艘自航船。2007年，针对水运市场的震荡，经过认真思考，分析研究航运热后遗症带来的商机，华航集团适时租进了适应市场需要、吨位适中的干散货自航船，充实和扩大了公司运力规模，调整了公司经营结构。针对广大客户对服务质量和服务水平要求越来越高的现实情况，华航集团将客户与企业自身视为利益共同体，通过构建货源市场网络、港口市场网络、船东市场网络、海事公安支持保障网络，细分市场，在追求自身利益的同时，为客户量身定做个性化、专业化的运输解决方案，降低客户物流成本，不断为客户创造价值，靠一流的优质服务赢得了客户的信赖，成为武钢、新冶钢、上海宝钢等大型企业集团的指定运营商[④]。

安徽鸿运轮船有限公司根据本地船队以当地生产的煤炭外运为主的实际，将主业向两端延伸，摸索出一条煤炭代购、代运、代销一条龙经营路子。一端为江浙等地的用煤单位从当地煤矿代购煤炭，另一端主动为煤矿代销煤炭，中间由船队负责承运，进一步掌握了市场主动权。为规范职工行为，更好地为客户服务，为企业创造经济效益，安徽鸿运公司认真开展“四信建设”活动（对待企业发展要树立一个“信念”，对待客户要讲求“信用”，对身边同事要有“信任”，对待自己要有“信心”）。航运行业是服务行业，服务行业的核心理念就是要有信用，安徽鸿运公司奉行“优质服务，文明运输，保证质量”的宗旨，组织公司职工在运输管理的各个方面、各个环节为客户着想，以客户利益为重，坚持落实“优质文明服务八到位”，即，思想认识到位、组织落实到位、制度健全到位、奖惩到位、操作规范到位、外延服务到位、监督到位、思想交流到位。客户上船迎着一张笑脸，端上一杯热茶，敬上一支香烟。同时还从码头、港监、货主和新闻单位专门聘请了20多位行风监督员，诚信经营、文明优质服务已成风气，树立了良好的企业品牌形象，获得客户的一致好评[5]。

（三）科学有序的管理行为

行业的管理行为对行业文化的确立产生决定性影响。行业管理行为主要体现为：行业目标，行业制度，行业民主。

长江航务管理局在行业文化的建设过程中充分认识到管理行为对行业文化建设的重要意义，只有通过良好的行之有效的管理制度，员工的行为习惯才能自觉地向着管理者所期望的方向演进，才能进一步提高工作效率，促进行业发展。

第一，坚持以人为本，着力打造优秀的行业队伍。在激烈的市场竞争中，行业的兴衰在很大程度上取决于行业的人才状况，行业之间的竞争说到底是人才之间的竞争。把人才看作行业中最宝贵的财富，是长航局各级领导干部的共识。为了进一步实施新世纪“五二二人才工程”（5名在全国交通水运系统具有较高知名度的专家，20名中青年学术和技术带头人，200名45岁左右的高级专业技术人才），培养和造就一批学术、技术带头人，以此激励长航局系统广大专业技术人员在长江航运发展中发挥聪明才智。

江苏江阴港务集团股份有限公司长期坚持“以制度塑造人、以创新培育人、以目标激励人、以诚信凝聚人”的管理理念。一方面加大教育经费投入，开展多层次、多形式的教育培训，使公司的人力资源结构得到极大改善，员工的业务技能和市场意识得以提高。另一方面，按照“以人为本、唯才是举、人尽其才”的原则，公司将业务能力强、工作表现好的员工充实到重要的工作岗位，将工作责任心不够强、富余岗位精简的员工通过再教育考试合格后重新上岗。公司自改制以来，没有将一个员工因为公司改制而推向社会。

总之，长江航运行业始终坚持以人为本的发展原则，营造了“事业留人、待遇留人、感情留人”的亲情氛围，让行业从业人员与行业得到同步成长。

第二，完善分配机制，增强效益意识。分配是管理的经济杠杆，效益是企业生产经营管理的中心。企业要取得较好的经济效益，必须加强经营管理，完善分配机制，合理使用经济杠杆增强职工的效益意识。调整企业内部工资分配结构，充分体现效益优先、兼顾公平的原则。将工资收入水平与单位的效益、员工的贡献挂钩，形成收入能增能减机制、多劳多得机制。万州港口集团有限责任公司通过深化工资分配制度改革，取消了档案工资，实施了基础工资、岗位工资、效益工资并存的三个板块工资制度，适当拉开了干部与职工、机关与基层的分配差距，并且向脏、苦、累的一线工作岗位适当倾斜。通过这些措施，充分调动了员工的劳动积极性，为促进企业发展起到了很大的推动作用[6]。

第三，不断创新管理模式，及时总结管理经验。华中航运集团有限公司引入企业与员工利益共享和风险共担理念，以及管理者素质提高与被管理者能力增长有效结合的互动性管理理念。2005年7月，为了适应市场发展需要，华航集团采取项目股份制的形式，打造了7艘自航船，将企业效益与员工收入紧密联系在一起，提高了员工的工作积极性和主动性，增强了企业的活力和赢利能力。所谓互动性管理理念，就是改变过去管理者要求被管理者提高工作能力的单向管理行为，变为被管理者同时要求管理者提高素质和管理能力的双向管理行为。华航集团公司要求领导干部要自我加压，不断提高，强调干好干坏不再一个样，增强了干部职工的责任意识[7]。在建立企业管理的长效机制上，长江海事局总结出“1+5”的管理模式。所谓“1”，就是构建一个具有长江特色的海事文化；“5”，即5个基本要素，包括，运行一套结构严谨的长江海事管理体系，实施一套科学规范的长江海事议事规则，打造一支高素质的人才队伍，执行一个监督有力、奖惩分明的惩防考核体系，建设一组高效一流的长江海事信息网络。在这个海事管理长效机制中，海事文化是主导，管理体系是主线，议事规则是基础，队伍素质是关键，惩防考核是保证，信息网络是平台。芜湖海事局结合辖区特点，根据多年积累和摸索的管理经验，形成了一套以“三重点、五关键”为主要内容的安全监管规律，各海事处也从重点水域、重点时段、重点船舶及关键环节等方面总结出本辖区的监管规律，并将这些规律印制成册，纳入海事管理体系贯彻执行[8]。

通过管理模式的创新和管理经验的总结，长江航运行业管理效率不断提高，行业活力不断增强，对提高行业竞争力起到了很大的作用。

第四，从行业内部着手，强化内部管理。行业既要面向市场、适应市场的需要，又要强化内部管理，充分挖掘内部潜能。强化行业内部管理应突出重点，长江航运行业作为服务型行业，各单位、各部门着力于行业内部管理的规范化，取得了显著的效果。例如，长航公安局镇江分局不断完善基础管理，在规范内部管理上取得了很大的成效。他们结合公安机关《内务管理条例》，出台了《民警岗位责任月度考核办法》，从最基础的抓起，对民警的言行举止进行考核，促使民警保持良好的养成习惯。分局建立了健全的管理制度，一是围绕党委领导班子建设，建立健全了

《党委工作制度》，二是围绕党员和队伍管理，建立《民警教育培训制度》、《值班备勤制度》、《民警休假和体检制度》等四十多项制度。同时，规范了分局工作运行机制，使分局各项工作有计划、有目标，措施具体，按期推进，形成了不同周期的、稳定、规范的工作程序[9]。

（四）廉洁奉公的廉政行为

廉政文化是人类社会文明进步的结晶，对人的塑造起着极为重要的作用。廉政文化具有导向作用，能使人们在情感、心理、思想和行为上带有明显的倾向性；具有凝聚作用，能够培养人们共同的情感，形成共同的理想和组织纪律观念，保持思想上的一致性；具有审美作用，通过廉政文化的感染，使人们树立正确的审美观念，分清是与非、美与丑、善与恶；具有监督作用，激励人们去监督[10]，能够唤起人们的监督意识。廉政文化建设是党风廉政建设的一项重要内容，也是构建社会主义和谐社会和建立健全教育、制度、监督并重的惩治和预防腐败体系必须加强的一项重要工作。胡锦涛同志在中纪委五次全会上的讲话中指出："要把廉政文化建设作为建设社会主义先进文化的重要内容，并进一步完善反腐倡廉教育的工作机制，形成反腐倡廉的整体合力"[11]。行业廉政文化建设，是反腐倡廉宣传教育工作在新时期、新阶段的拓展和提升。长航局及所属各单位，在构建惩治和预防腐败体系、深化反腐倡廉工作的进程中，大力开展廉政文化创建活动，充分挖掘资源、创新方法，促进了长江航运党风廉政建设工作，使长江航运行业廉政行为走向规范，取得了明显的成效。

1. 加强教育，提升道德修养水平

加强思想教育，培养崇高的精神境界和良好的道德情操，是拒腐防变的基础。通过加强对干部职工的理想信念、荣辱观、党纪国法教育，引导广大干部职工正确认识新形势，坚持以理想、信念不变，应对复杂的社会环境，增强廉洁自律的自觉性。在日常教育中，注重将廉政知识的学习、教育作为党委中心组学习、职工月度政治学习的一项重要内容，并及时将中央有关党风廉政建设和反腐败工作的方针政策以及党纪政纪条规等宣传到干部职工。

例如，近年来长江海事局开辟了网上廉政教育专栏，拓宽了廉政宣传教育渠道。在专项教育中，突出节假日和5月份等重点时段集中开展专题廉政教育。如进行了"牢记宗旨、执法为民"，"整顿思想、整顿纪律、整顿作风"，"学习两个条例"，"学习党章"等教育活动。在抓好面上教育的同时，突出对领导干部、海事执法人员、重点岗位工作人员等开展宗旨、权力以

及职业道德教育。活动中还注重教育方式的多样性，如编发典型案例教材、观看警示片、参观反腐败成果展、举办廉政知识竞赛、廉政警示语（论文）征集等，强化了活动效果[12]。

“鉴于顾网林已作为在建的长江南京至浏河口段数字航道与智能航运建设示范工程的工作人员，为了防微杜渐，确保每位同志严格执行廉洁自律工作制度，为了您及家人的共同和睦、快乐生活，我们恳望通过您在百忙之中配合我们做好单位之外的廉洁自律防范工作。长江航道事业的建设与发展凝聚着职工的奋力与拼搏，但同时更离不开你们的理解与支持……”这是长江南京航道局南浏段数字航道建设工程实施领导小组兼现场管理办公室主任顾网林的妻子吴亚华在2007年4月16日收到的一封特殊来信。近年来，长江航道基础设施建设投资日益增大，为规范工程建设工作人员的廉洁行为，有效防止“工程上马，人员下马”，长江航道局针对航道基础设施建设工作人员这一特殊群体，持续不断地深入开展廉政教育工作，《致工程建设工作人员家属的一封信》就是创新廉政教育手段和方式之，实行“情感式的家庭近身教育”的一个有效方式。除此之外，还有收看警示教育片、参观监狱接受现身说法教育、灌输式教育、预防职务犯罪教育、廉政文化熏陶等多种方式。长江航道局明确规定：工程工期在一年以内的，应每2个月进行一次廉政教育；工程工期在一年以上的，应每季度进行一次廉政教育；建设单位全体管理人员、监理单位现场监理部全体人员、设计单位现场设计代表都是廉政教育的参加主体[13]。

通过廉政教育、学习，在广大干部职工中构建起一道牢固的思想道德防线，使所有员工自重、自省、自警、自励，从“要我廉”转向“我要廉”，做到依法用权，秉公办事，形成一支政治坚强、纪律廉明、业务精通、作风优良的航运行业队伍。

2. 健全制度，完善廉政行为管理

通过建立健全各项规章制度和行为规范，真正形成用制度规范员工行为，按制度办事，靠制度管人的有效机制。长江海事局结合实际，初步形成了具有长江海事特色的9类制度体系框架，为长江海事廉政文化建设提供了制度支持。例如，为进一步加强对领导干部权力的制约，制定了《长江海事局党风廉政教育联席会议制度》，完善了《中共长江海事局委员会工作规则》、《长江海事局工作规则》、《长江海事局“三重一大”决策程序规定》等。又如，为进一步加强对领导干部廉政教育工作的规范，制定了《长江海事局在干部工作中落实廉政谈话提醒制度的实施意见》、《长江海事局处级干部诫勉暂行规定》以及《长江海事局关于建立领导干部廉政档案实施意见》等，使长效机制逐步健全。

交通部对长江干线基础设施建设投资力度不断加大。以长江通信局为例，建设项目和建设资金逐年增多，截至2007年，基本建设在建项目共18个，基建计划累计投资额3.9亿。针对这种投资大、项目多的情况，抓好基础设施建设领域的廉政工作显得尤为重要。2007年，该局严格执行基建工程项目双合同，进一步完善廉政工作管理机制，使全局基建廉政管理工作不断得到规范。一是，完善基建管理和廉政工作责任体系。按照基建工程建设目标管理责任制的要求，层层签订目标管理和廉政建设责任书，使工程建设单位的领导和员工明确基本建设任务目标和廉政建设责任。二是，坚持“双合同制”。通信基础设施建设既涉及设计、施工与监理，同时又涉及土建、设备采购与安装，在分项签订合同的同时，长江通信局坚持签订《廉政协议书》，使双合同覆盖率达到100%。在合同谈判过程中，实行合同谈判人员签字登记制度，要求参加谈判的人员对合同条款负责。三是，坚持招投标制，增加招标工作透明度。2007年以来，长江通信局在汉口至南京数字传输系统工程和南京至上海数字传输系统工程的光设备招标过程中，将评标办法与招标文件一起印发，使投标单位在了解招标内容的同时，对评标办法做到心中有数，投标单位能够根据自己编拟的投标文件，对照评标办法，知道自己的基本得分情况，从而增加了招标工作的透明度。四是，完善合同管理，定期对合同执行情况进行检查。在长江通信局，无论是勘测设计、施工、设备材料采购和工程监理，都坚持按合同办事，严格执行合同条款，确保合同条款的严密性和执行合同的严肃性，定期对照合同内容，检查工程进展情况[14]。

近年来，长江航道局党风廉政建设和反腐败工作逐渐走上经常化、规范化、制度化轨道。该局立足于以制度约束人，以制度规范事，以制度堵漏洞，从3个层面推进制度设计，即在基本制度“三个规则、三个办法”（行政工作规则、党委工作规则、“三重一大”议事规则，党风廉政责任制实施办法、基本建设目标考核责任制实施办法、廉政监督办法）的基础上，建立工程、技术、财务管理等类别的具体制度。涉及到每一个具体工程时，该局还有相关守则和制度，从而实现了基本制度和具体制度的统一。这一制度体系既有惩戒性，又有激励性，既有实体性要求，又有便于操作的程序性规定。制度防腐体系的建立，不仅提高了长江航道局工程建设管理和廉政建设制度化、规范化的水平，而且也让航运企业和航道基础设施建设的参建单位从中受益[15]。

3. 强化监督，惩防并举，拒腐防变

通过思想教育，大部分干部职工增强了接受监督、模范遵守法律法规的自觉性。同时，长航系统还加强监督机制，以决策和执行为重点环节，以人财物管理为重点领域，逐步建立健全结构合理、配置科学、程序严密、制约有效的权力运行机制。健全监督程序，完善监督措施，有效防止权力失控、决策失误和行为失范，通过舆论监督、组织监督、法纪政纪监督等手段规范廉洁从政行为。

加强监督制约是基础设施建设领域中廉政工作不可缺少的重要环节。2007年初，长江通信局计划基建处主动将年度工作计划通报给纪检监察办公室，从而形成基建主管部门主动要求纪检监察部门参与做好基建工程管理重点环节的监督管理工作机制。在基本建设管理工作中，该局还充分发挥纪检监察、审计、财务等职能部门的作用，确保基建工程项目健康顺利实施。一是，加大对基建分管领导的监督。在通信局，除组织部门在班子考核时对领导干部廉政情况进行调查了解外，局纪委还规定，每年年终，各基建分管领导要根据年初签订的责任书向纪委述职述廉，以此增加基建领导干部的勤政廉政意识。二是，发挥职能部门的监督。审计部门认真履行职责，严格工程项目开工前的审计，确保工程项目具备开工条件；适时进行在建项目的审计，及时掌握建设资金的流向，把好资金使用关；细致做好竣工决算审计，确保建设资金使用的合理、规范。三是，建立内部制约监督机制。在工程建设管理中，该局实行项目负责人制度，每项工程项目都要明确项目负责人，发挥项目负责人在资金拨付、设计变更等方面的作用，由项目负责人提出，部门负责人和分管领导层层把关，杜绝个人说了算的现象。四是，纪检监察参与工程项目监督的范围逐步扩大，方式逐步创新。近两年来，纪检部门除参加基建工程项目的招投标监督外，监督范围还扩大到资质预审和重要合同的谈判。

长江航运各单位抓住易于滋生腐败的重点环节，建立了结构合理、配置科学、程序严密、制约有效的权力运行机制，把监督渗透于人、财、物管理使用的全过程之中，有效地防止了权力失控、决策失误和行为失范。具体做法是：第一，强化对领导班子和领导干部的监督。各单位进一步完善了领导干部民主生活会制度，认真执行领导干部重大事项报告、述职述廉制度。做到自律与他律，党内监督与党外监督，组织监督与群众监督相结合，将事前、事中、事后监督贯穿于党风廉政建设的全过程。第二，充分发挥纪检监察机关监督作用。各级纪检监察机关加强对建设项目的全过程及重要环节的监督，如在招投标过程中，对招投标方式的制订和资格预审，标底的委托、接送，标书的投标、开标、评标、定标及合同谈判等环节实施监督。第三，建立健全有效的监督网络。长航公安局强化内外监督机制，开展了重大警务活动专项督察，加强了对民警执勤、行政执法的现场督察。仅2005年，全线督察部门明察暗访754次，纠正警容风纪62（人次），发督察建议书3份、通知书2份。局属单位共聘请各类社会监督员800多名，广泛开展了行风调查、行风评议。这些措施的出台，都收到了规范长江航运系统廉政行为的效果[16]。

① 交通部长江航务管理局.《风华正茂——长航十大杰出人物风采掠影》：第34页.2007年.内部资料。

② 交通部长江航务管理局等编.《长江航运文化建设推进会会议材料》：2007年.内部资料。

③ 参见交通部长江航务管理局等编.《长江航运文化建设推进会会议材料》：2007年.内部资料。

④ 参见交通部长江航务管理局等编.《长江航运文化建设推进会会议材料》：2007年.内部资料。

⑤ 参见中国水运网.《加快内河航运业的发展》：2005年8月。

⑥ 参见交通部长江航务管理局等编.《长江航运文化建设推进会会议材料》：2007年.内部资料。

⑦ 参见交通部长江航务管理局等编.《长江航运文化建设推进会会议材料》：2007年.内部资料。

⑧ 参见交通部长江航务管理局等编.《长江航运文化建设推进会会议材料》：2007年.内部资料。

⑨ 参见交通部长江航务管理局等编.《长江航运文化建设推进会会议材料》：2007年.内部资料。

⑩ 南初明.《关于廉政文化建设的几点思考》：《长江航运杂志》，2006年4月。

⑪ 参见胡锦涛同志在中央纪委五次全会上的重要讲话。

⑫ 参见交通部长江航务管理局等编.《长江航运文化建设推进会会议材料》：2007年.内部资料。

⑬ 引自交通部长江航务管理局网站.《心态防腐——廉政教育铸起拒腐坚固防线》：2007年6月。

⑭ 引自交通部长江航务管理局内部网站.《切实加强基建廉政建设工作》：2007年9月。

⑮ 参见新华网湖北频道.《制度防腐为"黄金水道"铸起"钢铁长城"》：2007年6月。

⑯ 交通部长江航务管理局网站.《建立教育制度监督并重的体系为长江航运事业发展保驾护航》：2005年。

第七章　神形兼备的长江航运形象文化

作为实践活动的成果，长江航运文化必然外化为一种感性形式。这种感性形式依托于文化的理性内核，同时又反作用于文化的生成和发展，最终实现文化的理性与感性、内容与形式的完美统一。这种文化的感性形式就是文化的形象样式，亦即形象文化，它是长江航运文化的重要组成部分。改革开放以来，长江航运人顺应社会主义市场经济的发展趋势，立足长江航运，整合并维护长江航运形象文化资源，着力打造“长江航运”品牌，积极推行行业形象战略，使长江航运形象和品牌熠熠生辉。

一、长江航运形象文化的构成要素及功能

长江航运形象文化因其行业性质、历史传承、外部环境以及活动方式的不同而有别于其他行业。认识长江航运形象文化，必须从上述方面入手。其中分析文化的构成要素是基础，只有在全面了解形象文化构成要素的基础上，才能充分掌握形象文化的功能和作用。为说明行业形象文化的独特性，首先概述长江航运形象的内涵以及行业形象概念与相关概念的相互关系。

（一）形神兼备的形象文化

一般来讲，长江航运形象是指长江航运人在长江航运实践中形成的精神气质和行为方式的外部显现和展示。由于这种外部显现和展示必须“投射”于市场和社会公众，并最终形成可感知的指标与价值判断，因此，长江航运形象是指社会公众（包括一些组织）对长江航运行业整体所产生的认知、情感和态度的总和，是在此基础上形成的总体印象和评价。在这里，长江航运形象本身是一个整体，它具有相对的稳定性。其中，行业知名度和美誉度（信誉度）是判断行业形象品质的两个基本维度。

长江航运形象虽然是长江航运人精神气质和行为方式的外部显现与展示，但却不是形象主体外表的自然流露和延伸，而是长航人着力追求精神提升和塑造文化形象的结果。这种着力追

求和塑造行业形象、精心维护和展示行业形象的活动过程，就构成了长江航运文化体系的一个重要方面——长江航运形象文化。因此，长江航运形象文化是长江航运文化的重要组成部分，并且得益于长江航运文化的滋养，后者为前者提供丰富的精神内涵和不竭的原动力。离开了行业文化，行业的形象将会失去光亮。另一方面，行业形象文化子系统功能的充分发挥，不仅能使长航人的行为及活动方式得以展现，而且也能使长江航运人的理念、价值取向、思维方式等深层次的精神内核得以表现出来。正所谓“天下无象外之道”①，有了“象”，“道”也就有了依托。这样，长江航运文化就不再是“玄思妙想”或“空中楼阁”，而是具体可感、有声有色的活动方式；不仅长江航运人通过自身形象获得一种认知的“镜像”，社会公众也能通过长江航运形象获得识别的“窗口”。特别需要指出的是，随着国内市场化程度的提高和跨国贸易与运转业的拓展，长江航运系统对外部环境的依赖程度日益增强，行业形象的塑造与展现显得尤为重要，航运形象文化在整个航运文化中的地位愈来愈高。

长江航运形象文化建设最直接、最集中的目标是打造“长江航运”品牌。所谓“品牌”，最初的含义是指某一商品的名称或“牌子”（商标等），以后被赋予更多的价值内涵，由某一产品扩大到某一产品系列，由某一企业扩大到某个行业。也就是说，它是指某一获得较高知名度和美誉度的产品或企业（行业）的总称。显然，长江航运形象文化蕴含着长江航运品牌战略，长江航运品牌的形成是长期、有意识地培育和塑造航运形象文化的结果；而航运品牌则可以看作是航运形象的高度凝结和提升，是整个航运形象“皇冠上的明珠”。因此，大力推行和实施长江航运品牌战略，可以使航运形象文化建设更具有针对性和可操作性，使品牌成为航运形象的眼睛。

长江航运形象文化建设的基本途径和方法是导入和实施形象战略体系，但形象战略体系并不等于长江航运形象文化建设的全部。形象战略体系是适应市场经济发展而形成的一种管理策略和方法，较多地运用于企业的经营管理与营销活动中，目的在于为市场和消费者提供企业的识别系统，为企业创造具有竞争力的形象优势资源。从广义上来说，塑造企业（行业）形象就是为了让社会公众更好地认知企业（行业），而形象战略体系所提供的识别系统为社会公众认知企业（行业）形象提供了视觉识别条件。因此，广泛开展形象战略体系的导入和实施工作是许多企业（行业）塑造自身形象的重要手段之一。但是，企业（行业）塑造形象的手段、方法和途径是多种多样的，标识系统的建立必须与其他手段、方式和途径相融合，才能取得实效。特别是作为长江航务管理这样一个庞大的系统，其涉及的子系统较多，必须从实际出发，运用多种手段、方法和途径塑造行业形象。

（二）要素完备的形象文化

长江航运形象文化构成的要素可分为无形要素和有形要素两大类。

1. 长江航运形象文化构成的无形要素

所谓长江航运形象文化构成的无形要素，是指作为观念形态却又不能具体感知的要素。主要包括行业理念、行业制度、行业信誉、员工素质等方面。它们是行业形象文化的精神与制度层面，是行业形象的灵魂与内核，对形象的影响是长期的、深刻的。

一是行业理念。这里的行业理念是指行业的最高哲学范畴，它是行业宗旨、价值观、使命、愿景以及行业精神的总称。它规范和制约着行业全体员工的日常行为，对行业的发展起着导向和激励的作用。如长江航务管理局（以下简称“长航局”）的宗旨就是“面向全长江，服务全社会”。这个宗旨对整个长江航运系统起着规范和导向的作用。行业理念虽然是观念形态的东西，却无处不在，是行业形象识别的理念基础。

二是行业制度。行业制度是长江航运人在长期的生产、经营和服务实践中提炼出来的、相对固化的规则总和，具有实践性、权威性和稳定性等特点，是观念形态与物质形态的中介系统。这些制度主要包括行政管理制度、经营管理制度、安全管理制度以及廉政制度等方面。行业制度使行业理念的演绎和表现有了物质性的依据和载体，也使员工的行为有了规范化和系统化的可靠保证。

三是行业信誉。行业信誉是行业的“金字招牌”，是行业与社会公众在心理层次上达成的具有较高认可度和美誉度的“契约”。它是行业形象的主要内容，是行业最可宝贵的无形资产。长江航运系统在长期的实践中逐步形成了“国民经济建设的先行官”、“抗洪抢险的排头兵”、“维护长江航运秩序的水上卫士”等具有社会公信力的行业形象，这些是长江航运系统的一笔无形资源。

四是员工素质。员工素质是行业员工文化知识、道德修养、技术水准、管理能力、精神状态、战略眼光等综合的、整体的反映，具有普遍性和概括性的特点。它虽然是无形的，却直接影响着行业整体风貌，影响着社会公众对行业的整体印象和评价。

2. 长江航运形象文化的有形要素

长江航运形象文化的有形要素是指可具体感知的、物质性的要素。主要包括具有行业标志性的生产工具与设备、工作与生活环境、文化媒介与文化产品、员工外在行为与活动方式等。它们是长江航运理念的物化过程和精神展示，是长江航运人文化产品的物质载体。虽然有形要素在塑造长江航运形象文化方面处于从属和被支配地位，但行业员工和社会公众正是通过这些有形要素来获得对长江航运形象的认知和评价的，因此，有形要素同样反作用于长航形象文化的无形要素。

一是，具有标志性的生产工具设备。长江航运包括船舶运转、货物装卸、航道整治与维护等方面，其生产工具和设备与其他行业相比具有鲜明的标志性。这些标志性的生产工具和设备主要有：①船舶。船舶是长江航运最主要的生产工具，也是航运业最鲜明的象征物。长江航运船舶的船型及性能的演变，不仅见证了长江航运的历史变迁，而且镌刻了长江航运人“同舟共济、扬帆奋进”的发展历程。船舶本身不单纯是装载货物和搭乘旅客的生产工具，也是承载长江航运人价值与信念的“流动品牌”。②码头。码头是航运经济和区域经济融合共生的产物。城因港兴，港为城用。长江航运码头不仅是船舶的家园、货物的集散地，往往也是一座座沿江城市发展变化的象征。码头的结构和布局、码头的现代化程度，同样是长江航运人精神风貌和心路历程的写照，也是长江航运人码头和港口文化的巨幅广告牌。③铁锚和风帆。铁锚和风帆是船舶的两个重要部件。铁锚因其深入江底，稳固船身，成为默默奉献、脚踏实地的代名词。风帆因其迎风高扬、乘势而上，深蕴长江航运人志向高远、扬帆奋进的追求。两个实物合在一起，成为长江航运人“做人如锚，做事如帆”的座右铭。现在这两个看似普普通通的实物，已被长江航运人赋予了深厚的文化底蕴，已成为长江航运形象的标志物和吉祥物。④航标灯和信号台。航标灯是为船舶指引航向、辅助船舶安全航行的重要设施。信号台是保证长江船舶在控制河段安全航行的专用设施。这两个设施因其在长江航运安全中的重要性而被誉为“船舶的眼睛”和长江船员的安全“保护神”。在外界看来，航标灯和信号台也是长江航运“把世界引进长江，把长江引向世界”的显著标志。图7-1为巫峡青石洞的信号台，图7-2为西陵峡的大型岸标。

图7-1　崭新的长江巫峡青石洞的信号台

图7-2　长江西陵峡的大型岸标

二是，工作（生产）和生活环境。主要包括生产环境、办公环境、各类附属设施以及员工生活住宅小区等。生产环境具体包括花园式港区、标准化处站、绿色趸船和候工设施以及防尘防污染设施等。办公环境具体包括标志性的办公大楼、具有较高信息化和自动化的办公设施等。生活环境具体包括统一规划的住宅群落、供员工及家属休闲的绿地和健身、娱乐设施等。所有这些都构成了行业员工和社会公众了解行业状况的“窗口”，是评价行业文化和行业整体形象的重要依据。图7-3为文明“窗口”单位长江三峡船闸，图7-4为长江三峡船闸的集控室。

三是，文化媒介和文化产品。文化媒介是指行业系统用于文化传播的报纸、刊物、政府网站、闭路电视系统、局域网站、现场播音系统、大型视频系统以及橱窗和报纸等载体。它们是行业系统文化部门进行文化产品加工与传播的“工具”与“设备”，也是行业向本系统员工和社会公众展示行业形象的渠道。由于文化媒介本身具有“脸面”性质，因而文化媒介也是行业形象的一个重要方面。文化产品则是行业文化人有意识、有创意地进行文化产品加工与传播的结晶，是供行业内外进行文化“消费”和使用的物品。主要包括：

文化手册：行业（企业）文化手册是行业（企业）文化的浓缩。把行

图7-3　大型客轮通过长江三峡船闸

业（企业）的宗旨、使命、目标、理念、精神、座右铭、管理箴言、文明用语、日常礼仪、视觉标志以及小故事等汇集在一起，以简洁明了、通俗易懂、图文并茂的形式，编印成册，发到每位员工手中，以便员工对本行业（企业）文化的精粹部分能做到烂熟于口、铭刻于心，更好地规范、引导、激励自己的言行。同时，文化手册也是形象传播的有效载体。

图7-4 长江三峡船闸集控室

文化成果集锦和画册：长江航运人在长期的实践中不仅积累了大量行业文化建设方面的成功经验，还有对这些成功经验的深刻思考。对这些成功经验和深刻思索经过系统的整理，再上升到理论高度加以概括和提炼，能够更好地指导行业文化建设深入开展。长航系统组织编写和出版的《扬帆奋进——长江航运文化建设成果集锦》及其他论文集和专著就起到了这样一种作用。同时，由长航局及所属单位汇编的反映本单位、本系统物质文明和精神文明建设成就的大型画册，更为直观、形象地展示了行业及单位的风采。

行业标识系统：行业标识系统不同于行业自身的物质性标志和其他自然标志。它是一套人工符号系统。它通过诉诸人的视觉感官来系统地传达行业的信息与特征。它的核心内容是行业名称、行业标志、标准字体和标准色彩。长航系统已形成了自身的标志（徽标）和标准色。在长航所属单位中有的已开展了CIS的导入工作。

行业歌曲：行业歌曲通过音乐艺术的形式把行业精神形象地展现出来，通过在行业上下传唱，收到凝聚人心、振奋精神、展示风姿的效果。由于音乐艺术的独特感染力和歌曲传唱的广泛性，行业歌曲编创和普及是行业形象文化建设的重要方面。图7-5为千名长江航运人在长江畔高唱行业歌曲。

员工行为：员工行为是行业理念的实践性展示，是行业观念形态文化向行业物质形态文化过渡的桥梁。行业的主体是员工，员工整体的行为决定了行业行为。员工行为包括领导者和管理者行为、行业模范人物行为以及普通员工行为。其中，行业领导者和管理者的行为在相当程度上决定了行业的行为模

图7-5　千名长江航运人在长江畔高声合唱长江航运行业歌曲

式，决定了行业核心价值观的形成以及在此基础上行业目标的制定和战略决策的实施，因而对塑造行业形象有着最为根本性的作用。同时，行业模范人物和英雄人物的行为具有很强的示范性和感召力，他们对内成为广大员工学习的楷模，对外是树立行业良好公信度的“代言人”和“形象大使”。如长航系统多年培育和树立的“十大杰出人物”便是如此。普通员工的行为在相当大的程度上决定了行业愿景和目标能否实现，决定了行业各项战略决策和步骤能否落实。可以说，普通员工是奠定行业整体形象的群众基础。

行业实力与业绩：行业的实力与业绩反映出行业在社会上的地位和对社会的贡献度，它是社会公众对该行业认知和评价的基本前提。一般而言，行业实力强、社会贡献度高，行业的认知度就高，行业形象就趋于完美。同时，行业奉公守法，诚实经营，注重公益事业，保护环境，促进社区繁荣，主动承担社会责任，行业的整体社会形象就更加深入人心。

（三）展示个性的形象文化

长江航运形象文化除了作为整体的文化系统所具有的功能外，还有其独特的文化功能。主要有以下四个功能：

1. 展示功能

这是行业形象文化的核心功能。从内部看，通过行业形象的展示，行业所拥有的理念和核心价值观等深层次内核能够充分地展现出来，为行业全体员工解读、理解和掌握，最终化为自觉的行为，在更为广泛的范围内增强行业凝聚力、员工向心力。同时，形象本身所独有的文化魅力，又不断增强员工的归属感和自豪感，激励他们以主人翁姿态为行业系统努力工作。从外部看，通过行业形象展示，行业的宗旨目标、整体实力、经营业绩、服务水平、精神风貌等能够客观、准确和及时地向社会公众传达，从而增进行业与社会公众的互知互信，增强社会公众对行业的认知和信赖程度，在社会公众中赢得良好的印象和口碑。因此，行业的良好社会形象就是行业的一面旗帜、一份宣言书、一个驰名商标。它能引领行业的发展，也能占有市场的较大份额，更能在社会公众心目中树立起一座“丰碑”。

2. 识别功能

行业形象展示的目的是为了行业内外能够认知与识别，进而判断和评价。一般来说，行业形象鲜明，个性突出，易于为行业内外部识别和了解。这一点表现在两个方面。从行业内部来说，个性鲜明的行业形象有助于行业员工对行业“同一性”、“统一性”的判断。所谓“同一性”和“统一性”，即行业自身的一致性、相同性。长江航运虽然涉及到航道、航运、港务、海事、公安以及通信等子系统，但是他们都服从和服务于长江航运的整体功能，是一个完整的统一体，即所谓“长江一家人，行业一盘棋”。行业形象从外观提供这样一个完整的识别系统，自然有利于行业员工的自我认知与判断。从行业外部来说，个性鲜明的行业形象有助于社会公众对行业的“差别性”（特殊性）判断。随着市场化程度不断提高，行业垄断性不断受到削弱，市场竞争的主体越来越多，当不同的竞争主体在产品（服务）质量、性能、信誉等方面越来越接近，以致难分伯仲时，具有鲜明个性的产品和行业形象必然容易抢得先机，为市场所接受，为消费者所认同。因此，塑造和展示个性鲜明的行业形象是行业文化建设的“重中之重”。

3. 反馈与协调功能

从信息论的角度来看，行业形象的塑造和展示过程，实际上是一个信息的传递和反馈过程。行业的形象可看作是“信源”，它将行业的信息对外发布和传播。行业员工及客户、消费者、社区居民、社团组织以及其他相关行业等则是信息的接收者，可看作是“信宿”。他们对所接收信息的认知和评价就是“反馈”，行业再根据反馈回来的信息进行理念和行为的调适以及形象的再造。其中，新闻舆论界评价的信息尤为重要。这是因为新闻舆论是行业形象披露和发布的主渠道，同时也是社会公众反馈信息的主渠道。这就形成了一个信息双向交流的平台。从社会心理学的角度来看，行业形象的展示过程也是行业决策者、管理者与客户、大众消费者、社区居民、社团组织、同业竞争者、新闻界等沟通交流的过程。它在行业内外建立所谓的“公共关系”。行业要生存和发展，就必须建立和维护这种良好的公共关系，营造良好的舆论环境，树立良好的行业形象。除了外部沟通外，行业内部沟通也是十分重要的内容。行业通过内部形象展示，以增强行业内部的透明度，激发员工的参与意识，消除隔阂，化解矛盾，理顺情绪，加强合作。因此，行业形象的塑造与展示也是行业内部管理工作的重要方面。

4. 审美功能

行业形象不仅能给受众以资讯，也能给他们带来愉悦的心情和美的享受。现代社会的消费观已发生巨大变化，从单纯的物质消费观转向物质与精神消费观并重，人们在获得消费品实用价值的同时，也希望相应地获得消费品的审美价值。那种具有时尚、美观、高雅的造型和外观，并且能够满足消费者的多样性选择和个性化需求的物品，常常受到消费者青睐。行业形象总是最初从外观造型方面给受众带来形式美的享受。这种外观造型的创意、设计、制作和传播无不体现了行业形象设计者的美学理念和意趣，其间融入了艺术美学、心理学、哲学、社会学、工业设计以及现代微机制作技术的知识、原理和方法，能够起到美化周围环境、提高社会公众审美品位的作用。特别是当这种经过加工的行业形象借助于文学、绘画、摄影、音乐、色彩、灯光等艺术手段和方法时，其艺术和审美的魅力便更加吸引人。例如，创作并传播行业歌曲，编创管理小故事，制作企业广告片等等，都是行业形象的艺术再现。随着形式美的欣赏和感悟，受众又进一步获得行业形象深层次美的享受，领悟到行业形象的精神美、抽象美。这时，受众通常获得了与行业员工心与心的沟通与联结，由对行业的朴素喜爱上升到对行业及其产品的挚爱，甚至于产生对行业的一种宗教式的虔诚膜拜。

① 王夫之.《周易外传》：第212~213.中华书局，1977年。

二、长江航运形象标识系统

长江航运形象标识包括狭义和广义两层含义。狭义的形象标识是指在长江航运形象体系的基础上发展而来的，用于体现行业个性的人工符号识别系统，即通常所说的形象识别体系。广义的形象标识是指所有为长江航运人创造的、具有标志性和展示功能的文化产品。狭义的形象标识不同于构成形象体系中的物质性标志物和自然标志物，具有较强的独创性、概括性和识别性，是长江航运形象体系的核心内容。随着长江航运事业的发展，长江航运系统对外交流的扩大以及长江航运现代化程度的提高，长江航运形象标识在整个形象体系中的地位也越来越高，并且与航运生产经营管理融为一体，成为行业物质文明和精神文明建设的重要纽带。

（一）与时俱进的形象标识系统

长江航运形象标识系统的形成，有赖于长江航运形象文化建设取得的初步成果。

改革开放以来，长江航运管理体制发生了深刻变化，即，由计划经济时期单一的经济管理模式向社会主义市场经济多元经济管理模式的转变。长江航运的经济主体由单一的国有经济逐步发展为民营、中外合资、股份制与国有等多种经济成分并存的格局。与此同时，随着“港航分家”、“港口下放”以及“政企分开”等改革的逐步实施，经济主体与行政管理部门的关系进一步理顺，涉及航运的航道、海事、公安、通信等部门的事权和职责也得到进一步明确。长航系统外，长江流域已建立由铁路、公路、管道运输等运输方式组成的较为完善的综合运转体系，初步形成了在市场经济体制下、实行市场调节、发挥各自优势、实施分工协作、体现局部竞争的运输模式，使各种运输方式充分发挥各自的服务优势。

随着中国加入WTO，中国的内河航运进一步对外开放。20多年来，长江已形成世界内河中对外开放距离最长的港口群。不仅外轮能够进入长江港口，而且外轮先进的航运技术和管理方法也对国内航运造成竞争的压力。例如，国外在运输、仓储、装卸、搬运、包装机具设施和条形码等方面广泛采用标准化、系统化、规范化的管理方法，形成了一体化的物流链。而我国在标准化管理方面起步较晚，直到2001年10月11日才颁布《内河运输船舶标准化管理规定》。由于各地生产力发展水平不平衡，再加上局部利益的驱使，标准化工作进展缓慢。再如，长江航运主要技术的运用基本上停留在20世纪60年代的水平，船型小而不标准，港口泊位效率低下，航道不规整，设施陈旧老化等[①]。

进入21世纪，随着我国经济持续快速增长，长江航运事业获得长足发展。长江航道已经成为我国最大的内河航道网，通航里程和年货运量占全国内河通航里程和全国内河运输总量的七成以上。到2004年，长江水系共拥有各类船舶14.2万多艘，驳船3.5万艘，载客量69万人，净载重量1609万吨，船舶平均吨位为91吨，较1995年增长了70%。2006年，长江水系共有航运企业2272家，从事省际运输的船舶共有7.9975万艘。航运业的迅猛发展，也造成了航运系统内一定程度的无序和混乱，给航运管理提出了新的课题。

在管理界和企业界，伴随着市场竞争格局的普遍形成，竞争主体与消费需求的多元化以及大众传播手段和设计技术的更新改造，一种以改变企业形象，突出企业个性，促进企业与社会公众沟通与交流，从而改善经营环境、获得企业效益的策略和方法——CI（Corporate Identing，企业识别，亦称企业形象战略体系）应运而生[②]。由于这种策略和方法的普适性和包容性，它很快融入企业管理、企业文化以及企业公共关系活动当中，并且渗透到企业以外的组织活动当中，成为这些组织和团体塑造形象的重要手段。

长航局系统，秉承“创新是帆”的理念，致力于实施长江航运形象战略。在及时总结经验的基础上，有步骤地确立行业标识系统。武汉港、芜湖港、镇江港、宜昌港等港口导入并实施CI体系。一些行政管理部门，如海事、公安系统则强化国家主管部门统一制订的标识。例如，长江海事局对中国海事局统一制订的标识，如海事徽、海事旗、海事名称、海巡艇船名、着色标志、航行警灯、海事制服及整套标志、海事行政执法证、海事管理证书、执法文书等，严格按照统一要求安装、悬挂、配戴和使用，以体现长江海事标识文化的统一形象。2003年，长江三峡通航管理局顺利地安装三峡船闸并开始了为期一年的试通航运行。为充实和完善三峡通航文化体系，使核心理念经过系统提炼、升华，并诉诸于统一的视觉系统，他们于2005年又推出了完整的CI体系。为进一步深化联合执法工作，方便广大船员识别趸船，长航局鉴于沿江各港、锚地的趸船颜色不一、型体多元化、趸船编号自成体系、没有完整统一形象的弊端，对长江干线趸船进行了统一标识，力求做到“四个规范”，即规范趸船的基本色调，规范趸船的名称，规范趸船标识字体，规范趸船标识设置部位。

作为长江航运的主管部门，长江航务管理局从2005年开始，把确立行业徽标作为形象标识的一项重要工作，通过群众性的广泛参与，把行业徽标形成的过程作为行业文化建设的一项重要内容。2005年11月，长航局发出《关于征集长江航运业徽标设计作品的通知》，并通过《中国水运报》和长江航运政府网站发布《长江航运行业徽标设计作品征集启事》。期间共收到作品160余幅。这些作品内容丰富、形式多样，从不同的角度勾画了长江航运徽标图形，诠释了作者对长江航运的理解和认识。投稿作者有的来自港航企业，有的来自科研院校，有的来自行政管理部门，有的则来自关注长江航运事业发展的社会人士，充分表现出社会各界对长江航运的重视与关心。2006年初，长江航运行业文化建设工作领导小组明确了“涵盖行业，简洁明快，集思广益，力求最佳”的工作思路，并选择有经验、懂美术的同志组成徽标征集设计小组，对所收集的作品进行评定和初步筛选。2006年，长江航运政府网站对初选作品进行了第一轮展示，同时开设“长江航运行业徽标大家选”栏目，供行业内外人士投票评选。期间有2000多人次通过网站进行了无记名投票参评。2007年，长江航运徽标设计工作小组邀请行业内外部分专家对徽标初审结果进行再评审和修改。以后又经过多次修改完善，经长航局审定最终形成了长江航运行业徽标图案。此后，长江航运系统中那些没有导入CI系统的单位和企业，也都先后确立了本单位的徽标。目前，长江航运系统开展形象标识的工作正方兴未艾。

（二）独具魅力的形象标识个体

长江航运形象标识识别是一个完整的系统，除了视觉识别以外，还有理念识别、行为识别。除了构成形象视觉识别的基础部分以外，还有其应用部分。为了全面说明长江航运形象识别系统的特色和完整性，下面采用个案分析的方法，对宜昌港务集团的形象识别系统作一分析。

1. 宜昌港概况

宜昌港位于长江中游和上游的结合部，是举世注目的三峡工程所在地，处于我国中、西部两个经济区的双重覆盖之中，素有“川鄂咽喉”和“三峡门户”之称，是“中部崛起”和“西部大开发”承东启西的重要衔接点，是全国内河28个主要港口之一。

依托宜昌市综合交通网络，宜昌港集疏运条件优越，现已基本形成与周边腹地四通八达的联系通道。随着西部经济的高速发展，重庆航运中心的建成，西部需要与东部交流的物资越来越多，宜昌港在长江黄金水道港口物流链中的中转地位越来越突出。根据《宜昌市港口发展规划》，到2010年、2020年宜昌港口总吞吐量分别将达到4800万吨（其中滚装1500万吨）和8000万吨（其中滚装1650万吨）。其战略定位是打造三峡航运中转中心。具体内涵包括游客中转中心、货运中转中心、港口物流中心等3方面内容。

宜昌港务集团的前身是原宜昌港务管理局和枝城港务管理局，两港合并后经宜昌市人民政府批准政企分开后组建成港口企业集团。集团于2003年完成职工身份转变，由"国企人"变为社会人。目前集团员工人数1800多人，其中在岗人员1100余人。注册资本金1.5177亿元，其中宜昌市国资委占34.1%；宜昌市夷陵国资经营公司占65.2%；重庆市涪陵港务局占0.7%。现有控股子公司16个，参股子公司9个。

宜昌港是长江三峡地区水路客货运交通重要的"枢纽港、始发港、中转港"。宜昌港务集团已经形成"一首两翼"的港区布局。2006年，宜昌港务集团年货运吞吐量达518万吨（货运吞吐量份额占宜昌港的40%），集装箱吞吐量2万TEU（集装箱吞吐量份额占宜昌港的100%），旅客吞吐量157.2万人次（旅客吞吐量份额占宜昌港的68%）。宜昌港务集团 2006年总收入1.41亿元，利税800万元。

2. 宜昌港形象战略目标

根据《宜昌港务集团"十一五"发展战略规划》，宜昌港务集团"十一五"期的战略发展目标是：将宜昌港建设成为长江三峡航运中转中心，宜昌港务集团成为渝东鄂西交通运输、港口物流第一品牌。到2010年，宜昌港务集团的形象目标为：成为宜昌市及渝东鄂西最大的码头运营商，宜昌市及渝东鄂西知名的综合物流企业，三峡航运中转中心骨架初步形成。预计到2010年，宜昌港务集团年货物吞吐量、集装箱吞吐量分别突破1500万吨、10万TEU；可支配船舶总运力在2005年基础上翻一番，达3万吨；旅客吞吐量200万人次。港口年总收入比2005年翻两番，达到3.5亿元人民币，利税达到5000万元人民币。

3. 宜昌港CIS

近年来，宜昌港逐步形成和完善了企业文化体系，完成了从理念识别、行为识别到视觉识别的完整标识系统。

一是理念识别系统：包括企业宗旨、企业目标、企业精神、企业价值观等。

二是行为识别系统：包括员工行为准则、高管人员行为准则、中层管理人员行为准则、专业技术人员行为准则、生产操作人员行为准则、营销人员行为准则、服务人员行为准则等方面。

三是视觉识别系统：体现在基础和应用两个方面。基础部分主要体现在企业标志、企业标准字、企业标准色3方面。其中，企业标志达到了思想性和艺术性的高度统一，既蕴含了长航系统标识的基本理念元素，又体现了宜昌港在港口地理位置、企业性质和功能以及企业愿景和发展战略方面的特色。尤其是，企业标志最大限度地体现了宜昌港人“做人如锚，做事如帆”的深刻理念。图7-6为宜昌港的企业标志。

应用部分是对基础部分的使用设计，广泛应用于公司的各个方面。这种应用也体现了宜昌港的特色。

例如，公司将安全的理念和文化视觉化，起到很好的效果。首先，将安全文化视觉识别系统基本要素分为，安全徽、安全旗、安全色；水陆交通安全信号灯、信号旗、危化物品标志；安全警示标牌等等。其次，明确安全文化视觉识别系统的基本含义，即在安全管理上大量运用醒目的、形象的颜色、图案、文字等标识，产生视觉冲击力，从而映入大脑枢纽，支配人的思维和行动，起到提示、警示、禁令的作用。如，水运企业最常见的航标、信号灯、信号旗、抛锚球，装卸作业指挥手的旗语、手语，危险化学物品的警示标志等等，这些无声的语言最直观地提醒我们注意危险因素，掌握操作方法，告诫人们不越“雷池”，不踩“红线”，不闯“红灯”，不犯“章法”。视觉识别系统就是信息，就是指令，就是规矩，员工做什么，怎么做，禁止做什么，通过安全视觉识别系统都能接受到指令和信息。

图7-6　宜昌港的企业标志

标志释义：

- “两岸猿声啼不住，轻舟已过万重山”，标志整体为蓝色天空下两叶白帆行驶江面。白帆迎风向前，寓意宜昌港务集团扬帆远航，一帆风顺，同时也体现宜昌港人“做人如锚、做事如帆”的企业精神。而蓝色天空与江面连接，海天一色，浑然一体。寓意和谐，也体现了集团的核心价值观，即“营造繁荣和谐的港湾”。
- 两片白帆一远一近，一大一小，形成三维透视图形，具有较强的立体感，之间形似峡谷，点明了宜昌港地处三峡门户西陵峡的地理位置特征。
- 两帆之间是“宜昌港”汉语拼音首写字母“Y”的图形，由此在标志中体现企业名称，使标志更具个性特点。
- 整个标志寓意深刻，既体现了行业特征，又很好蕴含了企业精神。

宜昌港务集团有限责任公司
YICHANG PORT CNOUP CO.,LTD

图7-7为安全旗、安全徽。

安全旗、安全徽内涵释义：安全旗为黄色，中间为安全徽。安全徽为绿色，由三部分组成，左边的齿轮代表

图7-7　安全旗、安全徽

图7-8　装卸视觉信号：装卸指挥旗语

图7-11　安全色标应用：采用不同颜色的安全帽来区分现场人员。其中白色代表现场施工人员，黄色代表工程监理人员，红色代表安全管理人员

工业生产，中间的“十字”代表职业安全卫生，右边的树叶代表生命和环境保护。

图7-8为装卸视觉信号：装卸指挥旗语。

图7-9为船舶视觉信号：信号旗、抛锚球。

图7-10为安全警示标志。

图7-11为安全色标应用。

图7-9　船舶视觉信号：信号旗、抛锚球

图7-10　安全警示标志：指令、提示、消防安全标志，安全警示宣传画，危险源五定管理牌，双语（中英文）警示牌

图7-12为安全文化标牌。

为了使公司文化和标识系统渗透到员工心目中，公司依照企业文化的整体框架，收集了体现港口文化、服务文化和人本文化等特色鲜明的相关图片和资料，从中精选编写了19个企业文化小故事，印制了内容通俗简明、图文并茂、样式新颖、系统反映企业文化、具有宜昌港特色的企业文化手册。结合企业“十一五”发展战略目标，精心准备了丰富翔实的宣讲内容并制作成多媒体。充分利用网站、港口报、简报等平台深入宣传企业文化理念。如《宜港人之歌》、《企业文化小故事》、《企业文化论坛》、《和谐律动》等一个个生动的企业文化小专

图7-12　安全文化标牌

栏，深受广大职工喜爱，投稿者积极踊跃。在长期的生产劳动和安全管理过程中，宜昌港人形成了一批"叫得响、记得住、行得通、用得上、朗朗上口、人人皆知"的安全警句、管理格言、安全谚语、劳动号子、三字经、口语、灯谜、故事等等，这些都是港口文化的丰富底蕴。目前，港口内外形象不断提升。集团统一、规范的企业视觉形象和对内对外的港口报、互联网站成为了港口一道亮丽的风景。"宜昌港务集团"品牌成为宜昌乃至渝东鄂西水上作业的知名专业品牌。

（三）凝聚行业灵魂的长江航运徽标

行业徽标，也称行业标志，是标识行业整体形象特征的特定符号，具有直观性、象征性、简约性、艺术性等特点，是视觉符号识别系统中的核心内容[3]。根据现代形象识别理论，一个完整的形象识别系统包括理念识别（Mind Identing）、行为识别（Behaviout Identing）和视觉识别（Visual Identing）3个组成部分。其中理念是基础，行为是主导，视觉是桥梁，它们互为因果，相辅相成，构成一个完整的识别系统。

对此，古人关于"意"、"象"、"言"三者关系的说明是很有启发性的。魏晋时的哲学家王弼说道："夫象者，出意者也。言者，明象者也。尽意莫若象，尽象莫若言。言生于象，故可寻言以观象；象生于意，故可寻象以观意。象以言著"[4]。在形象系统里，"言"也就是符号标识。就视觉符号的作用来看，它是将理念与行为的抽象涵义转换为具体的表义符号，并以符号的特有属性展示理念和行为的特质部分，从而使理念和行为的意蕴以最快、最便捷的方式加以传播，并为受众所识别。因此，视觉符号的设计必须遵循内容决定形式的原则，必须体现识别系统中活的灵魂。

长江航运系统行业徽标正是遵循了上述原则，在徽标的创意、构思、设计和表达的各个环节，始终立足于长江航运的实践，着力凸显行业的理念、宗旨、使命、愿景等内涵，力求使徽标的设计体现思想性与艺术性的高度统一。具体来说，徽标的理念分析基于如下基本元素：

1. 长江

长江航运离不开长江。长江是航运的物质基础，它为长江航运人提供了自然禀赋和先决条件。长江居中国七大水系之首，长江之水不仅为长江航运人提供了舟楫之利，也以其雍容大度、坚忍不拔、豪迈奔放、百折不回的品质，涵养着一代又一代长江航运人的思想和情操，涤荡着一代又一代长江航运人的灵魂与境界。

2. 航运

长江航运是最古老的交通运输方式之一。自古以来，长江航运横贯东西、沟通南北、通江达海，承担着人便其行、货畅其流的重任。近代以来，随着中国民族航运业的逐步发展，长江航运成为“把世界引进长江，把长江引向世界”的桥梁。可以说，“航运”是长江航运人最基本的生存方式和活动方式，正是通过航运这种独特的实践方式，长江航运人创造了灿烂的物质文明和精神文明。而“通”是其最本质的特征和使命。《易传》云：“穷则变，变则通，通则久”[⑤]。正是这种“通”，使得长江航运业获得了不断发展的生命活力。

3. 行业

长江航运系统是一个行业，是一个整体。尽管整个行业点多面广线长、单位隶属关系不同，性质职能各异，发展状况也不均衡，但是整个行业奉行共同的宗旨、肩负共同的使命、追求共同的愿景、遵循共同的价值理念，因此，整个行业仿佛有一根无形的纽带把各个环节紧紧地联系在一起，正所谓“长江一家人，行业一盘棋”。在长航系统，从大局出发、团结合作是多年形成的光荣传统，是长江航运人身上典型的“文化胎记”。正是因为有了这种全行业的大局理念，长航系统才会形成上下联动，左右互动，内外协同，运转协调，充满活力的局面。

4. 奋进

长江航运人把长江大自然的禀赋与人的创造精神融合起来，形成了急流勇进、百折不挠、流水争先的特有气质。在共和国建设时期，长江航运人以大无畏的英雄气概，谱写了“无名英雄”的赞歌；在改革开放时期，长江航运人又以敢为天下先的精神，积极投身于经济体制改革的大潮之中，探索出一条新的航运发展之路。进入21世纪，长江航运人再一次定格在“中国黄金水道、世界内河一流”的目标上。新的目标激励着长江航运人乘风破浪，扬帆奋进。“扬帆”，就是放眼世界，志存高远；“奋进”，就是锐意进取，勇于创新。正所谓“鼓征帆，挥毫情，建功业，拼搏奉献创一流，直挂云帆济沧海！”

上述四个主要元素构成了行业徽标的理念骨架，是标识符号所要表达的深层次语义内涵。目前，长航局确定的行业徽标，可以说是比较好地达到了这一目的。图7-13为长江航运徽标图案。

图7-13 长江航运行业徽标图案

长江航运徽标图案内涵释义：

徽标意蕴：长江航运精神内涵深邃，体现了“同舟共济、扬帆奋进”的精神理念[6]。

徽标整体造型由外向内看，圆环象征地球、太阳，喻示广阔的发展空间和凝聚力。中心实底反白图案，由巨轮、风帆、铁锚和浩浩长江水组成。由下向上看，简洁而又富有动感的水波纹造型，表现了长江航运的行业环境——万里长江，她生生不息，源远流长。江水上一只刚劲有力的铁锚彰显了航运业最显著的特征。其上方两条极具动感的弧线，抽象地构成鼓满的劲帆，又恰似一艘劈波斩浪的巨轮，具有锐意开拓、驶向未来的寓意。图形正上方的圆点，代表行业合力的凝聚点，与下面的线条组合象征着长江航运人万众一心，有着共同的理想，凸现着“长江一家人，行业一盘棋”的理念。纵观整个徽标，像巨手托起行业的美好希望，又仿佛是一张真挚的笑脸，体现着长江航运的服务宗旨和行业兴旺、人人幸福的新风貌。

徽标设计色彩以蓝色为主标色，充满朝气、高尚、庄重、典雅的气息，传递着和谐、信任和信心，展现了长江航运人发展创新、蓬勃向上的气度和活力。长江航运徽标由不同的点、线、面构成的白色图案均匀分割，形成明快的色彩、节奏和蓬勃向上的律动美。

长航系统作为一个整体，其内部由各子系统组成。各子系统的形象徽标遵循长航系统徽标设计的基本理念和元素，同时又各自体现出自身的特性。

例如，被长江航务管理局推荐为全国交通系统文化建设示范单位之一的芜湖港，位于安徽省境内，地处我国东部沿海经济发达地区和西部内陆地区的结合部，现为长江煤炭能源中转第一大港和安徽省最大的外贸、集装箱主枢纽港。可以说，“民族和地域文化”是芜湖港的文化土壤，“长江航运文化”是芜湖港的文化内核，“两超”精神是芜湖港的文化灵魂。其徽标体现了港口码头特点，外围的圆环似港湾和储场，与巨轮、水波结合，显示了港口、现代物流业的显著特征，也是新型企业发展的方向。标志的构成元素为太阳、地球、巨轮和水波，寓意公司各项业务蒸蒸日上，欣欣向荣。昂扬向上的尖角，犹如风帆，象征一种蓬勃向上，勇往直前、承前启后、开创未来，追求一流的企业精神。明快流畅的线条喻意企业知识、技术和人才密集的特征，将以人为本，科技兴业的理念予以充分展示。标志整体采用近似方与圆的结合，取意于中国“外圆内方”的哲学思想，也寓意着一种自然观，一种儒商风骨。专用色为蓝色，给人一种厚实稳健、严谨有序的形式美和现代标志的韵味。图7-14为芜湖港的徽标。

图7-14　芜湖港徽标

又如，武汉港抓住2002年集团下放武汉市组建新的集团公司的契机，完成了企业文化CIS设计。其港徽（见图7-15）是以武汉港务集团英文缩写“W、H、G”为主轴演义的，以最古老的“链”作为突出的图形来表现。“链”的主导意义是“人与人相连、心与心相连、行与行相连”的延伸和变化，有机地把“港口、船舶、码头”的港务展示无遗。标志的“蓝色”为主标色，象征着集团博大的胸怀和气势，“蓝色”又暗喻江河，鲜明的色彩给世人以轻松、明快之感。造型主述圆和环的思想，暗喻集团的向心力、凝聚力，充分体现了集团的团结、向上、拼搏、发展的精神理念。“链”，初看似中国传统礼仪握手，“握手”喻示着友谊、交流、沟通、亲和。表现出企业对外对内表里如一的精神写照。整个造型有两个半圆，喻示着集团与日月同在，与世界同辉的思想。

再如，作为具有行政管理职能的事业单位——长江三峡通航管理局，担负着长江干线三峡河段的航道、海事、船闸、通信、调度等通航管理工作。从2005年下半年开始着手徽标设计工作。其徽标由象形河流、船闸、船舶、航标、海事肩章及椭圆形外框组成，隐含“TH”（通航）专属识别标志，象征着长江三峡通航管理局运行、航道管养、海事行政综合职能的统一高效、和谐畅通。图案底部3条水平线为三峡局的“三”字变形，代表辖区59公里河段。两边的斜梯形块示意海事制服的

图7-15　武汉港港徽

肩章，代表海事行政执法职能。中间的三角形示意航道标志，代表航道管养职能。两边的斜梯形块与中间的三角形折横线体，示意船闸水工建筑和人字门，代表船闸运行管理职能。两边的斜梯形块与中间的三角形折横线体以及下面的5边形块组成“通航”二字汉语拼音声母“T”、“H”两个字母，作为长江三峡通航管理局的专属识别标志。图案中心的五边形块示意过往船舶，体现三峡局“一切为了通行，一心服务船方”的核心价值观。以椭圆形外框环抱主体图案，寓意三峡局各职能的综合统一、和谐高效，确保59公里河道安全畅通。徽标图案简洁、明快，对称平衡，视觉效果强烈，体现“奉献三峡通航，团结铸造辉煌”的三峡通航精神以及“综合管理创品牌，服务航运保优质，务实创新促发展”的三峡通航理念。图7-16为长江三峡通航管理局的徽标。

图7-16　长江三峡通航管理局徽标

长江航运企业各自拥有本企业的徽标。如，长航集团徽标（见图7-17）。该图案以长航集团的“长”字的拼音首写字母“C”为外形基础，以旋转有力、由细到粗的渐开弧线，象征中国长江航运职业环境的万里长江这条“黄金水道”，从长江源头到出海口，源远流长。图案中的3条平行直线，伸向渐开弧线外，寓意辽阔的海洋。渐开弧线与3道平行线构成通江达海的气势，蕴含中国长航经营领域的重大战略延伸。图中3道平行直线上一艘现代轮船，其船头已昂首于弧线之外，表达了“百年长航”在新世纪“立足长江、发展海运、走向远洋”的战略走向，并以前所未有的信心、决心和实力，启动“二次创业”，朝着“世界内河第一、江海物流领先”的愿景目标，勇乘长风，劈波斩浪，驰骋江海，昂首远航。

图7-17　长航集团徽标

（四）艺术展示行业形象风采的长江航运歌曲

行业歌曲是行业的一种广义标识，是行业形象塑造与行业文艺创作的统一，也是长江航运人情与理的交融与体现。行业歌曲作为行业形象文化建设的一个重要内容，它通过对行业精神的萃取和提炼，把无形的精神理念形象地、艺术地展现出来，在传唱过程中凝心聚力、振奋精神，展示行业新风采、新形象，促进广大职工形成共同理想、共同追求和共同目标。

多年来，长航局各级领导和广大员工高度重视行业歌曲在行业文化建设中的地位和作用。在行业歌曲选定方面确定了三项原则：一是，以长江为背景，紧扣长江航运事业，体现长江航运行业特点。二是，旋律优美、健康向上，能够凝聚人心，激发人们热爱长江、热爱长江航运事业的情感。三是，通俗易懂、易于传唱，能为长江航运人所接受，在歌曲中能够找到行业的共通点。根据这些原则，多数人认为，我国20世纪80年代广为流行的《长江之歌》，就最能表达长江航运人的心声，且符合上述基本原则。其理由是：第一，这首歌讴歌了祖国的万里长江。如歌词以拟人化的手法写道，“你从雪山走来，春潮是你的风采；你向东海奔去，波涛是你的气概”等。长江航运与长江血脉相连，息息相关，荣辱与共。把《长江之歌》作为长江航运行业歌曲，能够较好地表达长江航运人建设长江、开发长江、保护长江的豪迈气概。第二，这首歌歌颂了包括长江航运人在内的各条战线上的人们所做的贡献，起到催人奋进的效果。如歌词“你用纯洁的清流，浇灌花的国土，你用磅礴的力量推动新的时代”等，歌颂了在长江上为社会主义祖国建设做出贡献的各条战线上的人们，其中自然也包括了长江航运人。从长江航运人的角度来看，歌词充分表达出长江航运人对长江由衷的热爱，体现了长江航运人的无私奉献和伟大创造力，听到这首歌就能鼓舞人的精神、振奋人的斗志。第三，这首歌词曲优美，抒情性强，易于传唱。《长江之歌》是一首成功的行业抒情诗。歌曲凭借充沛的感情、诗化的想象和通俗的语言，表达了人们对长江的依恋与赞颂之情。《长江之歌》成为长江航运行业的象征，是一首经历史验证、时间洗礼的优美抒情歌曲，既体现行业特色，又具有广泛的群众基础。

为了体现文化建设的群众参与性和歌曲确定的民主性，长航局首先通过青年职工率先发出了把《长江之歌》作为行业歌曲的倡议。倡议书一经发出，立即得到了长江全体团员青年及广大职工的热烈回应，不少职工还纷纷拿起手中的笔，写下真诚、热烈的“倡议回应书”。大家积极倡议以《长江之歌》作为行业歌曲。与此同时，长航局还在网上开辟了“行业歌曲你来选”专栏，通过征集来稿、投票、留言3种方式，进一步征询意见。许多人认为，将《长江之歌》作为长江航运行业歌曲是目前长江航运文化建设的上佳选择。据初步统计，征集活动中，共有482人次发表意见，其中，同意《长江之歌》作为行业歌曲的占58%，同意创作一首新的行业歌曲的占31%。根据专家意见、青年倡议和网上征集结果，长航局最终决定把《长江之歌》作为长江航运行业歌曲。

为体现与时俱进的时代精神，同时满足一部分员工对创作新的行业歌曲的要求，从而使老歌与新歌形成系列，互为补充，更具特色，长航局于2007年提出创作新的行业歌曲的要求。从2007年7月开始，长航局着手创编新歌《长江儿女》。如果说《长江之歌》侧重于歌颂长江，那么《长江儿女》则侧重于赞美长江的儿女；如果说《长江之歌》充分体现了长江各条战线上的人们无私奉献的精神，那么，《长江儿女》则集中展示长江航运人“同舟共济、扬帆奋进”的理念。 如歌词“告别了父辈的号子，我们把黄金水道开拓；肩负起神圣的使命，我们正扬帆奋进拼搏”等，用艺术的语言表达了新一代长江航运人的价值和追求。受长航局特邀，著名词作家王健，作曲家董悦贤，歌唱家万山红、孙健等组成《长航之歌》创作采风团，到长江部分区段进行考察采风。期间，艺术家们以饱满的热情、认真负责的态度和执着的艺术追求开展了歌曲的创作。长航局领导和系统部分业余词曲爱好者以及局党办、局办有关人员，在宜昌与创作采风团成员一起就《长航之歌》的创作内容和艺术形式进行了深入细致的交流与研讨。在长航局领导、创作采风团全体成员和长航系统干部职工的共同努力下，《长江儿女——长航之歌》的词曲（征求意见稿）基本形成，随后又在局政府网站上予以公布，并征求意见。8月份，长航局召开“长航之歌”修改审稿会，邀请了部分港口和长航系统有关领导和专家，对长航之歌初稿进行了认真反复的推敲、修改。与会代表对《长江儿女——长航之歌》表示基本肯定和赞同，大家一致认为此首歌词曲恢弘大气、旋律优美，体现出长江与长航的特色。经过广泛征求意见，行业职工、社会读者与专家多次互动，数易其稿，《长江儿女——长航之歌》最终获得通过。随后，长航局开始在本系统内广泛传唱。

① 刘恒伟主编.《长江航运研究文集》：第41页.武汉出版社，2004年。

② 于显洋、廖非著.《企业形象制胜》：第6页.新华出版社，1994年。

③ 刘光明.《企业文化》：第300页.经济管理出版社，2004年。

④ 任继愈主编.《中国哲学发展史》（魏晋南北朝）：第129页.人民出版社，1988年。

⑤《易传·系辞下》。

⑥ 黄强、王镭主编.《扬帆奋进——长江航运文化建设成果集锦》：第25页.长江出版社，2007年。

三、长江航运形象文化资源的整合与形象塑造

行业形象如同行业的人力、物力和财力等资源一样，是行业的重要资源。她虽然不是物质实体，没有固定形态，也不可物量化，却可以影响行业的资信度，成为行业产品服务的潜在推销者，甚至代表着行业产品和服务的质量、行业股票的涨跌等。因此，行业形象反映着行业的整体实力和水平。行业形象资源的多寡，既有赖于行业历史文化的积淀；更有赖于行业形象的塑造。在世界经济全球化的背景下，明确行业形象定位，大力整合形象资源，积极推行行业品牌战略，是塑造个性鲜明、有利于行业发展的形象的重要一环。行业品牌的形成与否，是衡量行业形象鲜明与否的重要标准之一。

（一）弥足珍贵的文化资源

长江航运形象文化既表现于口耳相传的口碑文化中，也表现于可感可知的实物文化中，更绵绵不绝于史册记载和大众传媒中。它是当代形象文化建设的宝贵历史资源。

长江航运自古以来就有很高的知名度和美誉度，形成了丰厚的形象资源。从“两岸猿声啼不住，轻舟已过万重山”到“蜀麻吴盐自古通，万斛之舟行若风”，长江航运的美好形象就在脍炙人口的诗文中广为流传。而被称为“活化石”的“川江号子”不管航运技术怎样变迁，它永远是纤夫和航运人步调一致、负重前行、勇于拼搏的精神象征。随着长江航运事业的发展，长江航运的形象更镌刻在一个个大型工程建设上。共和国成立后，长江航运获得新生。在当时沿江铁路公路极其落后的情况下，长江航运发挥了“大动脉”的作用，被称为“钢铁运输线”。为打通川江通道，长江航道工人发扬坚忍不拔、吃苦耐劳、无私奉献的精神，战天斗水、不畏牺牲，在极为恶劣的环境下做出了巨大的贡献。

长江航运形象文化的资源还大量体现在与长江航运相关的名人上。如著名工人诗人黄声笑，14岁就在码头当搬运工。解放后，码头工人翻身做了长江主人，他成为宜昌港务局的一名工人。在党的培养下，他自身不断努力和追求，从一个没文化的最底层劳动者，最终登上了多姿多彩的文学殿堂，从码头装卸工成长为著名诗人。翻身作主地位的变化，成为他创作的动力，码头生活、港口生产成为他创作的源泉，长江港口、码头工人、装卸现场成为他热情讴歌的对象。

此外，长江航运史上保留下来的遗存、遗址和实物等，也是长江航运形象文化的重要组成部分。如，南京龙江

船厂郑和宝船建造遗址、太仓浏河口郑和下西洋出发地遗址、川江古栈道遗存、信号台遗存等，许多实物至今仍保留在长航系统建立的陈列室、博物馆当中。

（二）客观准确的形象定位

一个行业形象是否个性鲜明，主要不在于它展示和传播了多少内容，而在于它展示和传播了哪些内容。这里就涉及一个行业的形象定位问题。所谓形象定位，是指一个行业或企业以一种特定的形象在市场空间和社会公众心目中占有的特殊位置。一个行业只有形象定位思想明确，形象选择目标准确，才可能在形象实体众多的市场空间和社会公众心目中占有一定的位置，也才可能付出所有，而所获甚多。有了准确的形象定位，再辅之以大量的投入和长期不懈的努力，其结果必然是品牌的形成。品牌既可以是一个行业产品的驰名商标，也可以是行业的名称。也就是说，品牌既可以代表产品的形象，也可以代表一个行业的整体形象。在这里，品牌被赋予深厚的文化底蕴和精神内涵。

行业形象定位并不是一项轻而易举的工作，它有赖于对行业自身特质的整体把握和对外部环境的分析。其主要依据有以下几个方面：

1. 行业性质与职能

用通俗的话来说，行业的性质与职能就是指行业是干什么的，用现代形象战略的术语来说，就是要回答："我是谁"、"本行业应是什么行业"等问题。这种对行业"自我"的设问与界定，是行业深层次定向的基石，不可含混不清、模棱两可。从行业性质上来说，长江航务管理局是交通运输部的派出机构，是代表交通运输部对长江水路交通行使行业管理和行政管理的行政机关。从行业的职能上来说，长航局统一负责长江干线的行政、港政、航政、航道、公安、通信、船闸和医疗卫生的管理工作；负责编制长江航运发展规划、计划和建设管理工作；直接领导长江航道局、长江海事局、长江通信导航局、长江航运公安局和长江三峡通行管理局；代表交通运输部对长江干线23个港口实行双重领导等。因此，长航局的职能是行政管理职能。以行业职能为例，既有行政监管与服务的职能，又有规划与建设的职能、水路营运的职能以及公共安全与通信系统维护的职能等。这种多元复合性是长江航务管理系统的突出特点。

2. 行业的实力与地位，即行业现有的状况

它所要回答的是"行业已经是什么"的问题。从长江航运系统来看，经过20多年的改革、开放与发展，长江航运形成了国有、集体与民营一起上的多主体、多层次、多元化的运转格局。

长江航运基础设施建设获得了完善的发展，极大地改善了长江航运的物质条件，使长江航运成为功能齐全的水运平台。长江对外开放的港口已达15个，对外轮开放的航道里程已达1331公里，形成了世界内河中对外开放距离最长的港口群。持续不断的科技创新，使长江航运技术拥有不竭动力，船舶和航运方式结构的调整和优化，极大地加快了长江航运由传统产业向现代产业转变步伐。按照船便其行、货畅其流的原则，逐步建立和完善统筹、协调、服务和监督的行政管理体制以及开放、有序、灵活的经营管理模式。由于长江航运系统的整体实力不断增强，系统的地位也显著提高，目前，长江已成为世界内河运转最繁忙、运量最大的通航河流。长江通航里程达2800多公里，占全国内河通航里程的70%，货运量占全国内河运量的80%。

3. 行业的目标与愿景

即行业今后将向哪个方向发展，将达到一个什么样的目标。它所要回答的是“行业将会是什么”的问题。一般而言，行业目标和愿景的确立与勾画一方面来自于行业内部的内驱力，另一方面是基于环境的考量，外部环境的压力。远大的行业目标和美好的行业愿景可以充分地激活行业的潜能，也给行业形象增添耀眼的光芒。近年来，长航局高层决策层基于长江航运发展形势的分析和交通运输部在新形势下对长航局的要求，进一步明确了长江航运的发展战略，提出了长江航运发展的目标和愿景。这就是，“合力建设黄金水道，促进长江经济发展”，从而使长江航运成为“中国黄金水道、世界内河一流”。

有了行业形象定位的客观依据，形成行业形象定位的内容就可顺理成章。这里所说的行业形象定位内容，不仅是指行业在市场和社会公众当中已经树立起了的外部形象，也是指行业主体在主观上期望行业所要树立的内容形象，即希望行业将会是一个什么样子。有没有行业形象定位内容，是行业主观欲求与否的问题；能否树立起行业所期望的外部形象，是行业主观努力与否的问题。长航局形象定位的内容主要有以下几个方面：第一，黄金水道的“引航者”；第二，经济建设的“先行官”；第三，抢险救灾的“排头兵”；第四，维护秩序的“水上卫士”；第五，传播文明的“宣传队”；第六，科技创新的“领头羊”。这6个方面，形象地勾勒了长江航运的内部形象内容，符合人的形象思维的规律，体现了行业形象内容的主要方面和主要特质。

（三）重在实践的形象塑造

长江航运形象不是自然而然地生成的，而是靠行业形象主体塑造而形成的。形象塑造是一项实践性很强的活动，包括创意、策划、传播、评价和维护诸内容。在认真总结长江航运系统在塑造行业形象成功经验的基础上，依据现代形象理论的知识和原理，将长江航运形象塑造的原则、方法和要求归纳如下。

1.形象塑造的原则

形象塑造的原则主要有主体性原则、系统性原则、个性化原则和市场导向原则等。

一是，主体性原则。所谓“主体性”，有3层涵义。首先，主体性是对行业本身的自我认知和认同，即所谓行业的本质设定。“我就是我”、“我”不能同时是其他。只有主体性略强，行业才能传达出独特而统一的内涵。其次，主体性是指长航局的主导性，即“以我为主”，亦即是以整个交通运输部的派出机构和行政主管机关的身份，总揽整个长航系统的工作全局，而不是以长航系统的某一个子系统或要素为代表。只有这样，形象的施动者和骨架才会清晰可辨。第三，主体性是指长航系统的全体员工，即行业形象的塑造者积极性、主动性和创造性的充分发挥，是广大员工的热情参与和支持，而不是个别部门和少数人员“闭门造车”。

二是，系统性原则。即将行业形象塑造看作是由相互制约、相互协调和相互作用的子系统和要素构成的整体。行业形象塑造不仅涉及到CI导入、广告宣传和产品包装等，而且涉及到产品质量、服务质量和管理水平等；不仅涉及行业的宣传、公关和广告部门，而且涉及行业的行政、经营、生产、建设及营销等部门；不仅涉及行业的品牌战略、创意策划，而且还涉及行业的社会公益活动、与政府与新闻界的公关活动等。只有将这些方面和要素有机地结合在一起，行业形象才有坚实的基础、丰富的内容，才会充满生机与活力。与这种系统性、整体性相联系的就是行业形象的系统化、标准化，即行业整体识别系统必须协调、统一，不能随意变动或各自为政。特别是视觉标识中的品牌名称、行业标志、标准色等，必须高度统一、规范。

三是，个性化原则。即在明确行业形象定位的基础上，保持和突出行业形象的鲜明个性，以显示与其他行业的差异性。随着经济全球化和信息化步伐加快，不同产品和服务逐步趋于同质化，以至于难分伯仲。在这种情况下，每个想在市场上站稳脚跟的企业或行业，都必须着力凸显本企业或行业的品牌个性，着力塑造自身区别于其他企业或行业的鲜明形象，而不是面面俱到、人云亦云，必须力戒“雷同化”和“格式化”。对于长江航运形象的塑造来说，坚持个性化原则最突出的一点，是要在思维方式和行为方式上力避政府行政机关的权力模式和处事风格。因为这种行政机关的权力模式和处事风格具有政府部门千篇一律的特征，对长江航运独特的形象体系是一种消弭和遮蔽。

四是，市场导向原则。即行业形象的塑造以行业的外部环境和市场态势为出发点和落脚点。虽然行业主体在塑造自身的形象时，有自己深层次的理念和愿景依据，但归根结底，行业形象的塑造更多地还是要依据行业的外部环境和市场态势。因为行业形象的定位和形象的好坏，最终是由行业的外部环境和市场态势来确定，由消费者和社会公众来评定的，任何个人或小团体都无法对行业整体形象产生实质性影响。为此，行业形象塑造要从社会主义市场经济这个大背景出发，在充分进行市场调查的基础上，善于把握外部环境创造时机，从而使行业形象在市场空间和社会公众心目中牢牢地占据特殊的位置。

2. 形象塑造的方法

行业形象塑造的方法是多样的。结合长航系统的特点，主要有以下六个方面：

一是，以树立形象观念为先导。理论是行动的指南，而观念则是理论与行动的中介，决定着动机的形成、目标的确定和意图的实施。行业形象观念是形象塑造的先导，决定着行业形象塑造起点的高低。近年来，长航局在加强行业文化建设过程中，十分注重行业形象塑造，并从战略高度着力树立负责任的行业形象，积极打造“长江航运”品牌。在《长航系统“十一五”期间党的建设和精神文明建设规划》中，长航局明确提出“以建设负责任部门和行业为主线，以构建和谐长江航运为目标，以提高队伍素质、完善工作机制、建设行业文化、打造行业品牌、提升行业形象为着力点，全面推进党的建设和精神文明建设”。同时，把行业形象同人力、财力和物力等一样看作是资源，着力开发长江航运的传统形象资源，精心维护和利用现有的形象资源。还针对行业形象塑造工作中的薄弱环节，加大投入、集中人力，广泛深入地开展行业徽标的征集和设计工作，使行业形象标识工作迈开实质性的一步。长航系统各单位也都普遍增强了形象观念和品牌意识，认识到“一句话赢得顾客，一句话树立形象”。

二是，以实施品牌战略为基础。常言道，好酒不怕巷子深。这揭示了一个深刻的道理：知名品牌靠的是自身实力。行业形象的好坏，最终不是取决于行业自己说得怎样，而是取决于做得怎样。因此，塑造良好的行业形象，关键是要在“内功”上下功夫。这个“内功”，主要体现在怎样打造良好的行业品牌上。国际英特品牌公司董事保罗·斯图伯特指出：“品牌是强有力的战略武器，如果对之予以正确处理和明智管理，它能为拥有者提供可观的回报”[①]。所谓“品牌战略”，是企业或行业为实现长期生存和发展目标，对如何提高企业或行业的产品和服务在社会公众心目中的知名度和美誉度所进行的长期的和整体的谋划与实施的过程与活动。多年来，长航局立足于长江航运实践，制定和实施了“长江航运品牌”战略。这个品牌战略贯穿于长江航运的全过程和各个方面，通过扎实有效的工作业绩来加以铸造和体现，即“面向全长江，服务全社会”。长航系统各单位也都依据长航局的总体战略，制定并实施了本单位的子系统战略。例如，港口、航道、海事、公安等系统都制定并实施了品牌战略，并注意发挥各子系统的品牌效应，更好地树立子系统的整体形象。行业品牌战略的实施为行业形象的塑造夯实了牢固的基础。如宜昌港务集团着力打造“宜昌港务集团”的品牌，连续几年来，集团的自身专业实力和品牌优势在众多竞争对手中囊括了三峡开发总公司“推漂”及两坝间安全护航的业务项目。

三是，以导入识别系统为手段。行业形象识别体系是现代信息社会和市场经济的产物，它不同于传统计划经济时期对行业形象的感性认知和经验操作，它融入了与形象识别体系相关的知识、原理和技术。导入形象识别体系，使行业形象焕发了生机，也为形象塑造工作提供了契机。近年来，长航系统的一些单位在加强行业文化建设的同时，积极开展行业标识的导入和规范工作。一些已有行业标识的单位首先加强了标识的规范工作。如长江海事系统大力倡导海事旗帜、海事徽标、海事之歌，规范海巡艇标识、趸船标识和执法车着色标识等。一些没有导入标识的企业也开展了导入标识的工作。武汉港集团于2002年抓住武汉港下放武汉市组建新的集团公司的契机，导入CI体系，初步建立了武汉港港徽、标准字等VI设计。并在此基础上提炼形成武汉港的九大理念和行为识别系统，使武汉港的企业文化由朦胧到清晰、从自发到自觉，从感性到理性，真正使武汉港的企业文化发生了质的飞跃。由此可见，导入行业形象标识系统并不是形象塑造的全部，标识系统也不是企业或行业包医百病的“灵丹妙药”，但是没有标识系统的导入，行业形象的塑造也难以有大的起色和改观。

四是，以开展多种活动为载体。具有创意和策划性质的活动，是形象塑造充满生命力的表现，也是行业精神理念“外在于形”的重要载体。这种形象塑造活动具有新颖性、群众性和互动性等特点。多年来，长航局既注意传承过去宣传思想工作中行之有效的活动形式，又注意探索新形势下开展活动的新形式。这些活动主要有：①开展“文明窗口”创建活动。对长航系统来说，

图7-18　长江航务管理局举办的长航全线职工运动会开幕式

图7-19　长江航务管理局在全线广泛开展“文明样板航道创建”活动

客运站、派出所、信号台、船闸、机关等“窗口”单位与群众联系最密切，最能体现长航系统的行业形象。从1996年起，长航局就在全系统内开展了“文明窗口月”活动，已命名了19个示范“窗口”。②开展“文明样板航道”创建活动。此项活动从2001年开始，并与湖北省开展的长江巴东——黄梅段“千里长江文明走廊”创建活动相结合。目前，局以上“文明样板航道”里程达60%以上，在已达标的航区，用户满意率接近100%。③开展“优质廉政工程”创建活动，加强工程的质检、审计、监察、档案管理和现场质量监督工作，对杜绝重大事故的违纪现象，树立行业的廉洁形象起到了重要作用。④开展“青年争创”活动。如长航局先后开展了“川江青年文明号风景线”等活动，评选“长航十大杰出青年”和优秀班组长、“双文明建设标兵”等活动。⑤热心公益活动。如1998年抗洪抢险期间，长航局系统各单位严守闸口、调运物资、抢险救灾、抗洪保运，受到地方政府和广大人民群众的高度赞扬。又如，青年团员广泛地参与了“保护母亲河”活动。⑥积极参与市文明创建活动，实施“亮化工程”，美化周边环境。⑦积极参加地方政府组织的各类文体活动和竞赛活动，既展示了行业员工的精神风貌，又在社区频频“亮相”。图7-18为长江航务管理局举办的长航全线职工运动会，图7-19为长江航务管理局在全线开展“文明样板航道创建”活动。

五是，以传播和沟通为途径。作

为行业形象塑造的一个环节，形象传播即是指形象主体和传播者运用一定的传播媒介与传播对象相互作用的过程。传播是从传播者的立场来说的，传播的结果是使接收者能够了解行业的信息，增进对行业的信任。因此，传播的同时，也是交流与沟通。形象传播的常见形式有：①利用大众传媒传播。即通过电视、报纸、杂志和广播等进行传播。还有被称为“第四媒体”的网络传播。这种传播影响面广、受众面宽。②利用宣传性活动传播。即通过各类会议、影视资料、书刊画册、展览以及橱窗板报所进行的传播。③利用公共关系活动的传播，即行业通过与地方政府、企业界、新闻界、行业协会组织、社区组织等进行交流与沟通。随着长江航通基础建设不断发展，沿江港口、轮船、集装箱以及醒目的行业广告和标识符号，本身已经构成了强大的“视觉冲击”，不断展示着行业的实力和形象。同时，长航局高度重视对外宣传舆论工作，初步建立了新闻宣传网络和新闻发言人、联络员制度，组织多家中央和行业的新闻媒体，开展了一批有影响力的宣传策划活动，发挥了主流媒体的“鼓”与“呼”的作用。与此同时，整合宣传资源，充分发挥社会媒体、政府网络、局域网、内部刊物、宣传橱窗等载体的整体功能，使行业的新闻宣传报道有组织地开展，对凝聚行业力量，树立行业形象发挥了积极作用。

六是，以评价和维护为保障。行业形象塑造是一项复杂的系统工程，不仅包括创意、策划与传播，而且也包括调查、反馈、评估、维护与管理。后者工作的好坏，也同样关系到行业形象塑造的成功与否。在行业形象传播过程中，应当进行深入的市场调查，收集相关的材料，对偏离目标的行为要及时进行反馈与调整。其中，评估是非常重要的。评估所要回答的是“我们干得怎么样”以及“与我们的目标相差多远”，评估是形象战略活动中的重要程序之一。评估通常包括公众评估、自我评估、专家评估和组织评估等形式。科学的评估程度和真实客观的评估结果，对形象塑造方案的实施与调整起至关重要的作用，它也是做好形象维护与管理工作的前提。形象维护与形象管理可以说是形象塑造的最后一环。没有严格的维护与管理，良好的形象资源很快就会流失。特别是对品牌形象的维护与管理，行业系统必须像爱护自己的眼睛那样，精心呵护，倍加珍惜。

3. 形象塑造的要求

形象塑造的要求，主要是针对行业形象塑造的组织者而言，这也是容易被忽视的。主要有3点：

一是，要有长期性的思想准备。行业形象的树立不是一朝一夕的事情，也不是通过一两次成功的活动，或导入行业标识系统，便可一劳永逸的。它需要行业从思想观念、思维方式、行为模式以及组织机构、管理风格等有新的、较大的转变，并且要经过长期的、不懈的努力和实践，才会有好的收获。正所谓“问渠哪得清如许，为有源头活水来”。这个“源头活水”，就是行业的扎扎实实的工作和业绩。

二是，要有一定的投入。行业形象既然是一种行业资源，它必然服从于资源形成的价值规律，必然有投入——产出的关系。没有一定的投入，想要获得良好的行业形象是不可能的。不能认为行业（企业）形象只是花架子，中看不中用。不能认为导入CI系统，只是白花钱。其实，从行业的实际出发，有步骤、有计划地导入标识系统，在当代信息社会和市场竞争中，是有积极意义的。当然，这并不是说要搞“一刀切”，而是强调量力而行。

三是，要有系统的规划与步骤。从战略的高度认识行业形象的战略意义，以实施行业品牌战略为核心，制定一套完整的行业形象战略规划和计划，分阶段、有步骤地组织实施，这是非常重要的。切不可东一榔头、西一棒子，蜻蜓点水，浅尝辄止，使行业形象塑造支离破碎，流于形式，以致于收效甚微。

① [英]保罗·斯图伯特.《品牌的力量》：第1页.尹英等译.中信出版社，2000年。

第八章　继往开来的长江航运文化

跨入新世纪以来，长江航运文化在长江航运人的努力构建和精心培育之下，已经进入了全面发展的黄金时期。长江航运人全力打造的具有时代特征和行业特色的当代长江航运文化，已成为我国水运交通行业文化建设的一面旗帜。长江航运人在享受文化发展带来的文明、繁荣和希望的同时，积极实施"文化兴航"战略，推动长江航运新文化建设，为实现长江航运走在世界内河前列的美好愿景，提供强大的文化支撑和动力。

一、长江航运文化建设的基本经验

长江是祖国的母亲河，它孕育了中华民族的灿烂文明，也滋养着长江航运文化。长江航运文化依水而生，以通为本，以江为魂，根植长江，服务航运，是长江航运的内在精神和生命源泉。长江航运人在合力建设黄金水道、促进长江经济发展的实践中，发扬同舟共济、扬帆奋进的长江航运精神，积极探索新时期长江航运文化发展规律和构建方式，创造了许多宝贵经验，文化建设呈现蓬勃发展的良好态势。

（一）增强自觉意识

文化自觉是文化进步发展的精神动力。长江航运文化建设得到蓬勃发展，其中有一个不可忽视的力量源泉来自广大干部职工文化自觉性的普遍增强。随着长江航运人对文化建设重大意义认识的深化和积极主动性的提高，长江航运文化基本实现了由自发形成、自然存在向自觉建设的根本性转变。当前，长江航运系统所属单位都十分重视文化建设，自觉地把文化建设与行业的改革和发展有机结合起来，精心制定文化建设规划和实施方案，建立和健全文化建设的工作机制，将文化建设融入生产经营和管理服务之中，渗透到提高员工素质、增强凝聚力、提升竞争力的具体工作中，形成了浓厚的文化建设氛围。

着力培养和提高长江航运人的文化自觉意识，一直是长江航运管理部门和管理者的职责。长江航务管理局作为长江航运行业的行政主管部门，历来十分重视长江航运行业的文化建设，不仅制定了《长江航运文化建设的指导意见》和《长江航运文化建设实施纲要》，确立了长江航运文化建设的指导思想、目标任务、工作重点、具体途径和对策措施，而且根据新时期文化建设需要，经常组织促进长江航运文化建设的活动，有效地指导了长江航运系统行业文化建设。例如，为树立文化建设典型，发挥典型引路作用，在全系统选定19个文化建设示范单位，大大激发了全行业开展文化建设的工作热情。为了交流文化建设经验，表彰先进，经常召开文化建设现场会、研讨会和推进会。2007年7月在芜湖市召开的“长江航运文化建设推进会”，把长江航运文化建设推向新高潮，这次会议，不仅总结了长江航运文化建设的经验和成果，研究和部署了今后一个时期文化建设的工作任务，还对长江航运文化的内涵、要素、结构、功能等进行深入分析，对长江航运的宗旨、愿景、使命、精神和发展、经营、安全、管理、人才、协作等行业理念进行全面而系统的概括和提炼，受到与会代表的关注和好评。为了推动全系统的文化建设，长江航务管理局还开展了长江航运精神、表述语的征集活动，以及行业歌曲、行业徽标的创作和设计活动，编辑出版了反映长江航运文化建设成果的《扬帆奋进——长江航运文化建设成果集锦》，举办了长江航运系统的职工书画摄影展等。

长江航运文化自觉意识，是长江航运与时俱进、开拓进取的精神展现。许多单位积极开展具有鲜明行业特色的各项文化建设活动并取得文化建设成果，充分展示了长江航运人文化创造的智慧和才能。被长江航务管理局推荐为全国交通系统文化建设示范单位之一的芜湖港，是长期自觉加强企业文化建设的先进典型。芜湖港在企业文化建设实践中，自觉把文化建设纳入总体规则，系统全面地推进，形成了上下联动、齐抓共管、协调一致的工作格局，既制定了关系文化建设全局的《企业文化发展战略》，又制定了作为战略执行保障的《企业文化建设实施纲要》；既建立和完善了企业文化建设目标责任制、考核评估机制、监督约束机制以及员工参与的激励机制，又建立和完善了企业文化建设系列管理标准和工作标准；既构造了体系完备的企业理念识别、行为识别和视觉识别三大系统，又按理念故事化、故事理念化的要求完成了系列文体，使企业文化有精神格言和行为规范[①]。正是由于有了这一系列的规范操作，才从组织上、制度上保障企业文化建设顺利开展，推行和固化企业文化理念。长江航运系统许多单位都自觉地制定了文化建设规划和实施纲要，围绕文化建设的要求和内容制定具体的工作守则、道德规范、服务标准等，使文化建设目标更加明确，工作更加主动，措施更加得力，效果更加明显。

（二）夯实建设基础

文化基础是推进文化建设的基本条件。夯实文化基础，必须加强组织领导，健全工作机制，建立必要的规章制度，创造良好的工作环境。近年来，长江航运系统上上下下都非常重视基础条件的营造，倾注大量的人力、物力和财力，为长江航运文化发展夯实了基础。

许多单位的领导，特别是党政一把手，主动承担起组织、宣传、推动文化建设的职责，身体力行，自觉当好文化建设的组织者和推动者。各级党、政、工、团组织紧密配合，齐心协力，形成了齐抓共管、上下联动、各负其责的工作格局。许多单位能够结合现行管理体制、组织形式和队伍结构发生的新变化，根据行业工作特点和职能要求，对现有的管理规章制度进行清理、修改、完善，为文化建设提供制度保障。南京通信管理局为加强科室、基层处室的标准化建设，修定和完善各类规章制度达80多项，初步形成了规范、精干、高效的管理新机制[②]。宜昌港务集团高度重视制度建设，对各基层公司的管理规章制度进行全面清理和鉴别，重新制定了一系列有针对性、可操作性的新的规章制度，把科学管理要求和以人为本理念贯彻到制度体系之中。

许多单位为打好文化建设的群众基础，开展多种多样的文化主题活动，吸引员工广泛参与，举办各种类型的学习培训班，发挥文化育人和文化激励的作用。马鞍山港通过举办干部培训班、专业技术人员知识培训班和员工基本技能培训班，提高管理者水平、专业技术人员的创新能力和员工业务素质。长航公安局系统为全面推进队伍正规化建设，按照统筹兼顾、突出重点、全面推进、分步实施的总体思路，认真落实“抓养成、抓执法、抓素质、抓班子、抓效能、抓保障、抓制度、抓基础”这8项任务[③]，从强化养成教育入手，制定和实施长江航运公安机关、人民警察礼仪规范、文明用语规范和执法工作规范，提高了队伍素质，展示了公安形象。

许多单位十分重视文化基础建设，加大资金投入和文化环境改造的力度。建立文化陈列室、荣誉展览室、图书报刊阅览室、文化娱乐休闲场所等文化载体，支撑和保障文化建设，强化行业文化的传播与宣传。长航局在政府网站上开辟文化建设专栏，扎实开展文化建设宣传活动。长江三峡通航管理局创建文化展示厅，彰显了浓厚的文化色彩，全面展示了文化建设的丰硕成果。芜湖海事局自办安全文化刊物《一帆风顺》，沟通了与船员进行文化交流的渠道。宜昌航道局因地制宜建立文化陈列室，成为干部职工了解航运今昔，进行传统教育的好场所。重庆航运工程局、南京航运局、岳阳海事局注重基层文化建设，使工地、船舶、处、站呈现出浓郁的文化气息。长航公安系统的"五小工程"建设，为长江公安民警营造了温馨舒适的工作环境。

（三）营造浓厚氛围

高度重视文化建设，加大文化建设工作力度，积极营造浓厚的文化氛围，是推动长江航运文化建设的基本条件。为大力倡导和弘扬长江航运文化精神，使行业的宗旨、愿景、核心价值观念等理念被员工接受和认同，长江航运系统各个单位利用广播电视、报刊、局域网络、手机短信、宣传栏等文化媒体，利用荣誉室、陈列室、展览室等文化场所，向员工进行有声有色的行业文化宣传、教育和传播；积极开展健康活泼的员工文化体育活动；建立各具特色的徽标、歌曲、标准字、标准色等形象识别系统；加强文化基础设施建设和环境改善工作。总之，为营造浓郁的文化氛围，许多单位细心策划、精心组织，加大文化宣传、文化活动、文化形象标识和文化设施载体建设的工作力度，使文化建设更具活力和感召力。

长航公安系统积极构建和谐警营，深入开展长江公安文化建设。各基层单位结合正规化建设和"三基"工程建设，普遍建立荣誉室、图书室、健身房、宣传栏等文化活动阵地。长航公安局组建了警乐团、合唱团和乒乓球队，组织"安康杯"知识竞赛，"长江杯"棋类比赛，参加交通部公安局举办的"江海卫士杯"书法、美术、摄影作品展览活动，相声小品创作选拔和篮球、乒乓球比赛，开展具有长航公安特色的文艺创作活动，使各类文化创建活动开展得颇具声色。长航公安局万州分局编辑和制作反映民警工作、学习、生活等内容的《忠诚铸造》文集和《大爱无言、奉献无私》的光碟，组织《话说长江》系列文化活动，产生了很大影响。2006年上半年，有17篇（幅）书法、摄影作品在中央国家机关、交通部和长航局组织的大赛中获奖，推动了公安基层单位的文化建设，丰富了民警的业余文化生活④。

马鞍山港口集团通过开展理论教育、专业培训、举办专题研讨等形式，经常组织有声势、有影响、有实效的文化活动，大大增强了企业的凝聚力。在全港口开展"马港精神"、"港徽"、"港歌"征集活动，创作"马港集团之歌"；在《马鞍山港讯》、《马鞍山集团报》开辟"创建学习型企业动态"和

“每月好书推荐”栏目，举办《诚信港口》征文演讲比赛。每逢节假日期间，集团公司都要组织内容丰富的文体活动，如：“长江之春”联谊会、“现代企业制度”知识竞赛、卡拉OK比赛、“新港口、新辉煌”国庆文艺晚会和集团公司周年庆典文艺晚会，受到了员工普遍好评⑤。

图8-1　芜湖港海员艺术团的精彩演出

芜湖港通过《芜湖港文化典录》、《芜湖港员工手册》、《芜湖港》报、灯箱广告、网站、宣传橱窗、闭路电视、广播和各种内部刊物，宣传企业文化理念和成果，畅通文化传播渠道。芜湖港组建的海员艺术团，经常表演具有港口人风格的文艺节目，深受行业内外赞誉，全港处处散发出浓郁的文化芬香。图8-1为芜湖港海员艺术团的精彩演出。

（四）丰富文化内涵

长江航运文化植根于长江航运，活生生的长江航运实践丰富了长江航运文化的形式和内容。高度重视文化建设领域的拓展，创新文化建设的方式、方法，使长江航运文化更具时代特征和行业特色，这是长江航运文化建设的着力点。长江航运人在长期的文化建设实践中，积累了丰富经验，探索出许多符合长江航运实际的做法，呈现许多促进文化建设的亮点。

1. 注重文化建设实效性和操作性，在长江航运全系统内组织推行标准化建设

许多单位倡导文化理念和精神，通过标准化这种载体进行推广和传播，借助于这种行为标准来引导和约束广大员工行为，加速员工对行业文化理念和精神的认同。作为标准化建设先进企业的芜湖港，全面推行标准体系评审修订工作，发布各种相关标准649个，使港口标准体系更趋完善、更加科学⑥。

2. 体现长江航运先进文化发展方向的行业文明创建活动深入持久地开展，提高了文化建设的整体水平

长江航运系统根据交通部“三学四建一创”总体要求，积极开展“文明单位”、“文明样板航道”、“青年文明号”、“文明服务窗口”、“文明达标单位”、“文明岗位”等深入扎实的文明创建活动，使精神文化建设和物质文化建设水乳交融、相互促进。目前，由长航局管辖的长江干线航道，获得长航局以上荣誉称号的“文明样板航道”里程达60%以上，在已达标的航区，用户满意率接近100%。在长航局直属和代管的9个单位中，有6个单位获得省级“文明单位”或“创文明行业先进单位”称号，有4个单位获得“全国文明单位”称号。长航全线41个基层单位进入省级“文明单位”行列，占基层单位总数的50%以上⑦。

图8-2 长航十大杰出人物之一——长江引航中心姚泽炎在引领外国船舶

图8-3 交通部及长航局领导会见长航十大杰出人物

3．深入开展“学、树、创”活动，通过学先进、树新风、创一流的方式，推动了长江航运文化建设向纵深发展

为表彰先进，树立典型，用榜样的力量来凝聚人心，振奋精神，长航局在长航系统组织了首届“长航十大杰出人物”的评选，授予长江引航中心南通引航站高级引航员姚泽炎等十位同志“长航十大杰出人物”的光荣称号。这些先进人物是长江航运的杰出代表，是活跃在长航员工身边的先进典型。他们所体现的爱岗敬业、精益求精的实干精神，百折不挠、扬帆奋进的拼搏精神，勤劳钻研、敢为人先的创新精神，精诚团结、同舟共济的协作精神，是当代长江航运人坚强意志、高尚情操、时代风貌的集中体现，是长江航运先进文化的本质内涵和精神文化的重要内容。“长航十大杰出人物”先进事迹报告团在长江全线进行巡回演讲，把长航系统“学、树、创”活动推向了高潮，让广大员工学有榜样，赶有方向，给人以鼓舞和力量，使文化育人在“学、树、创”活动中得到了升华。图8-2为长航十大杰出人物之一长江引航中心姚泽炎在工作，图8-3为交通部及长航局领导会见长航十大杰出人物。

4. 在全行业认真推行和贯彻“安全、畅通、诚信、高效”的服务理念，不断拓展长江航运文化建设的新领域

长江航运系统普遍重视安全文化建设，探索长江航运安全规律，总结安全工作经验，注重安全教育，构建了安全文化体系。长江海事局和《中国水运报》联合举办“内河航运安全论坛”，引起行业内外的广泛关注。中国长江航运集团、民生公司、华中航运集团和安徽皖江公司等航运企业长期不懈抓安全文化建设，为保障船舶航运安全发挥了积极作用。

长江航运廉政文化建设也取得很大成绩，成为长江航运文化建设的一大亮点。长航局在全行业开展廉政警句征集活动，2005年12月在长航公安局万州分局召开廉政文化现场会，交流和展示廉政文化建设成果。长江航道局加强制度反腐力度，被交通部评为交通建设工程领域反腐倡廉的典型。长江三峡通航管理局积极开展廉政文化主题教育活动，保证了长江三峡船闸完建期行风实现根本好转。长江引航中心把廉政文化建设与惩防体系建设紧密结合，充分发挥廉政文化在反腐倡廉中的重要作用。长江南京通信管理局推行全员全方位廉政警语教育活动，把廉政文化引入员工家庭，收到实效。加强和重视长江航运廉政文化建设，有力保证了长江航运系统防腐倡廉工作的落实，提高了广大党员干部特别是领导干部管好自己、管好家人、管好部属的自觉性，增强了宗旨意识、服务意识、自律意识，构筑了一道不可为、不敢为的法制和道德防线。

5.长江航运文化建设与党建工作、思想政治工作、精神文明建设融为一体，形成合力，相互促进，直接推动了文化建设创新和发展

许多单位结合行业自身特点和工作任务要求，开展了形式多样、内容丰富的文化建设活动。如创建“党员先锋工程”、“廉政建设文化墙”、“党员示范岗”、“企业文化课堂”、“五个一工程”；开展“做满意公务员”、“党员创新承诺”、“节约型公安机关”、“创建学习型企业”、“青年志愿者”、“职工之家”、“送温暖、献爱心”、“警嫂进警营”等文化活动。发挥党员的先锋模范作用，丰富了文化建设的内容，激发了员工的创造热情，增强了员工的凝聚力，提高了文化品位，有力促进了长江航运文化建设。

（五）展示文化力量

文化是一种资源，也是一种力量。加强文化建设的目的，就是要充分发挥文化导向、文化激励、文化管理、文化育人的重要功能，以增强行业的凝聚力，提升行业核心竞争力，激发员工创造力。多年来，长江航运人精心培养长江航运新文化，通过构建文化软实力，充分展示文化力量，极大地解放和发展了文化生产力，促进了长江航运的跨越式发展。

在经济改革大潮中，长江航运人以流水争先的精神，开启了敢为天下先的航程。长江航运在全国交通运输领域率先举起改革开放大旗，开辟了管理制度创新的新途径。改革创新一举激活了长江航运发展的内在潜力，形成了多层次、多渠道、多元化的运输格局，长江航运从此走上健康发展的快车道，实现了从落后到先进的历史性跨越。“水上执法一盘棋、政务联合一体化”联合执法的积极开展，形成了长江航运执法部门密切协调配合的工作局面，保持了长江干线航道畅通，强化了水上安全和治安消防监管。

经济建设是新时期长江航运的中心任务，为适应长江流域经济社会发展对运输保障日益增长的要求，长江航运人以滴水穿石的坚韧精神，科学论证，精心规划，合力建设，抓住机遇，大力开发长江航运资源，进行大规模的基础设施建设，有力地改善了长江航运物质技术条件，极大地挖掘了长江黄金水运的品牌效应。一批批航道整治工程相继建成并投入使用，使长江航运条件大为改善。长江航路改革和航标配套设施工程的实施，促进了长江航运大型化、智能化，颜色醒目、灯光明亮的长江航路，成为长江两岸一道美丽的风景。长江航运支持保障系统建设日新月异，行业管理的科技含量日益提升，长江干线船型标准化工作稳步推进。全面实施沿江开发战略，使长江航运为推动沿江外向型经济快速发展做出了巨大贡献，目前长江已经成为世界内河运输最繁忙、运量最大的通航河流[⑧]。

长江航运文化建设紧扣时代脉搏，洋溢着激昂的时代气息，表现为：改革创新活力强劲，开发开放成果显著，团结进取意识强烈，文明服务宗旨鲜明。黄金水道的快速发展，使长江航运人倍加团结，勇于进取，“长江一家人，行业一盘棋”成为共识；抢抓机遇，加快发展见诸行动；文明创建活动，深入扎实、载体丰富，“有诺必践、诚信守信”、“用情服务、用心沟通”成为长江航运人的座右铭。“服务承诺制”、“首问负责制”、“责任追究制”等进一步完善了文明服务机制。长江水上政务中心的设立，更是体现了长江航运人便民、利民、为民的心愿。“服务长江航运发展，服务沿江经济社会发展，服务沿江百姓出行安全”成为长江航运人的不懈追求。

展示长江航运文化力量，不只是表现在推动长江航运事业发展上，更深刻的意义还在于，塑造了一支高素质的干部队伍、人才队伍和员工队伍。当今，长江航运人所具有的自强不息、坚忍不拔的行业精神，团结进取、求真务实、诚信高效的工作作风和敬业奉献、遵纪守法，廉洁奉公的道德规范，在长江航运文化建设实践中得到了培养和造就。长江航运系统评选的“长航十大杰出人物”，就是长江航运文化建设的典型代表。

（六）打造文化品牌

长江航运文化作为中国交通文化的重要组成部分，能够取得如此巨大的成就，要归结于长江航运“文化品牌”战略的实施。品牌是文化内核的展示，也是先进文化理念、文化精神和价值的充分体现，它包含着十分丰富的现代文化内涵。长江航运文化建设始终把打造长江航运文化品牌放在突出位置，围绕品牌促文化，培育文化创品牌。通过文化品牌的铸造，增强行业的凝聚力、员工的创造力，提升长江航运的影响力和美誉度。

围绕长江航运发展目标，全力打造长江航运文化品牌，是长江航运人加强长江航运文化建设的一大举措。在长江航运系统内，无论是从事船舶运输经营的运输企业，或是承担货物装卸和维护整治、保障畅通责任的航运管理部门，或是支持保障水上交通安全、维护水上治安、沟通船岸联络的海事、公安、通信等执法管理部门，都为打造响亮的文化品牌投入了极大的热情和精力。打造展现行业素质、信誉和形象的文化品牌，成为长江航运文化建设的主攻方向。在精神文化品牌打造上，重点放在概括和提炼具有时代感和号召力、催人奋进又被普遍认同的精神文化理念上，以达到凝聚人心、振奋精神的目的。“把长江引向世界，把世界引进长江”；“用情服务，用心沟通”；“一切为了通航、一心服务船方”；“争先进位，富民强港”；“建一项工程，树一座丰碑”；“长江一家人，行业一盘棋”；“质量是锚、管理是舵、创新是帆”；“忠诚可靠、秉公执法、纪律严明、无私奉献”等等，这些都浇注了丰厚的文化精神理念，既是对长江航运文化精髓的深刻揭示，也是一张张富有感召力的精神文化品牌。在物质文化品牌的建设上，长江航运人更是全力以赴，处处都展示着长江航运文化的诱人魅力。长江上行驶一艘艘具有现代气息的大型化、标准化、专业化船舶，成为长江航运的骄傲和长江上的靓丽风景；一个个巍然耸立的现代化港口码头，成为现代物流枢纽和船舶的家园；一座座造型别致的信号台和一盏盏智能化的航标灯，默默为往来船舶引路导航；一条条数字化、智能化的高等级航运的开发和建设，为长江航运提供了高新技术保障等。这所有的物质文化成果，都是长江航运人精心铸造的值得珍视的物质文化品牌。正是这些精神文化品牌和物质文化品牌的交辉相映，才真正打造出“长江航运”和“长江黄金水道”这个享誉中外的知名品牌。可以说，长江航运文化建设是在不断打造行业文化品牌中向前推进的。

① 黄强、王镭主编.《扬帆奋进——长江航运文化建设成果集锦》：第140页.长江出版社，2007年。

② 黄强、王镭主编.《扬帆奋进——长江航运文化建设成果集锦》：第254页.长江出版社，2007年。

③ 长航政研会编.《为构建和谐长江航运提供精神动力和思想保证》：第28页.2007年.内部资料。

④ 长航政研会编.《为构建和谐长江航运提供精神动力和思想保证》：第30页.2007年.内部资料。

⑤ 长航政研会编.《为构建和谐长江航运提供精神动力和思想保证》：第79~80页.2007年.内部资料。

⑥ 黄强、王镭主编.《扬帆奋进——长江航运文化建设成果集锦》：第141页.长江出版社，2007年。

⑦ 长航政研会编.《为构建和谐长江航运提供精神动力和思想保证》：第7~8页.2007年.内部资料。

⑧ 黄强、王镭主编.《扬帆奋进——长江航运文化建设成果集锦》：第9页.长江出版社，2007年。

二、长江航运文化发展的主要任务

长江航运文化经过几代长江航运人的高度自觉和开拓创新，已经积累了许多经验，也取得了很大成绩。长江航运文化体系基本形成，精神文化、制度文化、行为文化、物质文化的质量和水平得到全面提升，整个行业的文化氛围越来越浓厚，文化建设成为长江航运事业的重要组成部分。在当代，随着我国经济、政治、文化和社会建设四位一体总体布局的确立，发展社会主义先进文化，促进社会进步和人的全面发展的任务日益繁重。在新形势下，长江航运事业迫切需要长江航运文化大发展，长江航运人要紧跟时代前进步伐，适应社会主义先进文化发展要求，牢牢抓住文化发展机遇，进一步明确新时期加强长江航运文化建设的社会责任，与时俱进地开创文化建设新局面，为繁荣社会主义文化事业以及长江航运文化事业贡献力量。

（一）抓住机遇，迎接挑战

文化是一个国家和民族的灵魂和精神支柱，也是一个国家软实力的核心内容。在当代，文化越来越成为民族凝聚力、创造力的重要源泉和综合国力竞争的重要因素。新时代、新要求不仅给长江航运文化发展带来了前所未有的机遇，同时也使长江航运文化建设面临许多新挑战。只有抓住机遇，迎接挑战，才是推动长江航运现代文化发展的唯一选择。

1. 抓住机遇

首先，紧紧抓住党和国家高度重视社会主义先进文化大发展、大繁荣的机遇，更加自觉、更加主动地推进长江航运文化建设。人在文化中生活，社会在文化中进步，千姿百态的文化现象渗透到社会生活的各个领域，给社会发展提供了巨大推动力。社会需要文化，建设中国特色社会主义更不能缺少文化。长江航运文化建设，必须以社会主义文化大发展大繁荣为契机，不断增强长江航运人的使命感和责任感，加快长江航运建设的步伐，使长江航运文化建设始终走在全国交通行业的前列。

第二，紧紧抓住“合力建设黄金水道，促进长江经济发展”这一新的历史机遇，为推动长江航运新一轮快速发展提供强大的文化支持和动力。长江航运事业的发展，必须以长江航运文化的大发展作支撑、作基础。没有长江航运文化的大发展大繁荣，也就没有长江航运事业的大发展大提升。文化是长江航运的生命之源，是巩固长江航运人团结奋斗的思想基础和维系长江航运的主心骨，大力加强长江航运文化建设，是进一步凝聚合力建设“黄金水道”的迫切要求。开发长江、建设长江、发展航运的神圣使命，必定为长江航运文化大发展注入生机与活力。

第三，紧紧抓住现阶段长江航运文化建设的良好发展态势的机遇，乘势而上，扬鞭奋进，谱写长江航运文化建设新篇章。在长江航运管理部门引领和推动下，长江航运各个单位的文化建设取得了积极进展。培育精神文化、建设制度文化、展示物质文化不断有新探索、新成效。文化建设的硬件设施和软环境也相当令人满意。可以说，加快长江航运文化发展的时机和条件已经成熟。只要因势利导，抓住有利条件，充分调动广大干部职工的积极性、主动性和创造性，把文化建设融入长江航运改革和发展之中，融入到长江航运人的实际工作和生活中，长江航运文化建设就一定会掀起新高潮。

2. 迎接挑战

长江航运文化建设面临巨大的发展机遇。但是，受当前我国社会转型时期各种思想观念和长江航运文化建设过程中存在问题和矛盾的影响，长江航运文化建设也存在许多挑战，需要引起高度重视。正视问题的存在，主动地迎接挑战，采取相应措施来解决文化建设所遇到的困难、问题和矛盾，进一步发展和繁荣长江航运文化。

首先，要提高对先进文化理念的认知度和认同感。构建具有凝聚力和生命力的精神文化是文化建设的核心内容，也是衡量文化成熟与否的重要标志。当今社会，由于各种思想文化相互激荡，受各种思想观念影响的渠道明显增多，程度明显加深，人们思想活动的独立性、选择性、多变性、差异性明显增强，势必增加对先进文化理念认知、认同的难度。针对这种现实状况，如何做到让广大员工自觉接受先进文化精神理念，并且在尊重差异中扩大认识，在包容多样中形成共识，这是摆在各级领导和管理者面前的一个重大课题，也是当前文化建设面临的一大挑战。要让广大员工自觉认同和接受先进的精神文化理念，还要做深入细致的思想政治工作，加强社会主义核心价值体系和先进文化精神理念的宣传教育，使广大员工端正认识，明辨是非，自觉确立和自觉遵循先进的文化理念。

第二，要建立适应文化建设的体制机制保障。文化建设同经济建设、政治建设和社会建设一样，需要强有力的组织管理和顺畅的运行机制，其中建立和健全完善的领导体制和工作机制是关键。行业文化是一种组织文化，没有体制和机制的支撑和保障，文化建设就难以顺利进行。在长江航运系统，有些单位的文化领导体制不健全、工作机制不完善，一些不合时宜的组织管理方式依然被沿用，因而束缚了人的手脚，阻碍了文化建设顺利开展。要改变这种状况，必须深化改革，改进现有的领导制度、组织制度和管理制度。只有真正形成党委统一领导、党政工团齐抓共管、职能部门具体负责、广大员工积极参与的领导体制及工作机制，才能恰当地行使领导者的权力，合理规范管理者职责，充分调动员工积极性，形成上下左右相互联动的工作格局，从组织关系和制度规范上为文化建设提供必要的支持与保障。

第三，要解决文化建设中存在的不平衡问题。长江航运文化建设发展不平衡，特别是基础文化建设还相对薄弱。从横向看，主要体现在单位之间存在着明显差异，一些单位的领导者和管理者对文化建设重要性的认识没有到位，思想认识上还存在误区，缺乏自觉性和主动性。从纵向看，主要反映在基层文化建设相对薄弱，需要大力加强文化建设的规划部署、检查督促工作。加强长江航运文化建设，应当把建设重点放到基层，放到员工身上，解决好当前文化建设中存在的不平衡现象，保持全面、协调和稳健发展。

第四，要增强文化发展活力，促进文化创新。这是发展和繁荣长江航运现代文化的必然要求。构建具有时代特征和行业特色的长江航运文化体系，继承文化优良传统，弘扬长江航运历史文化，开发和利用传统文化资源，是非常必要的。但是，继承只是基础，发展才是目的。发展长江航运文化，必须坚持传统性和时代性、继承和创新的统一。推进长江航运文化创新，不仅要在丰富文化的内容形式、创新文化体制机制上下功夫，而且要突出时代特征和行业特色，还要重视文化建设为员工服务，贴近实际、贴近生活、贴近群众，形成共建共享的文化格局。推进文化创新，增强文化发展活力，需要转变思想观念，改变工作方法，调整工作思路，找准发展途径，驾驭文化发展规律。应当看到，受旧的传统思想观念和工作习惯影响，有些单位在文化建设中仍然沿袭一套陈旧、老套的工作方法和管理方式，对新思想、新事物缺乏敏感，不善于去探索、去求新，致使文化工作显得平平淡淡，缺少活力。因此，发展长江航运文化必须重视文化创新，树立创新意识，在探索创新方式方法上做足文章。

机遇与挑战并存，但机遇大于挑战。只要长江航运人大力弘扬长江航运精神，踏着时代节奏，抓住机遇，迎接挑战，追求新目标，长江航运文化建设就一定会随长江航运新一轮发展而呈现崭新面貌。

（二）制定目标，明确任务

大力加强长江航运文化建设，既是全面贯彻邓小平理论和“三个代表”重要思想和落实科学发展观的重大举措，也是进一步合力建设“黄金水道”的迫切需要。长江航运人必须站在党和国家发展的战略高度，站在振兴长江航运事业和实现长江航运人自由而全面发展的高度，充分认识发展现代长江航运文化的极端重要性，奋力追求文化建设的更高目标，以更加自觉、更加主动的态度投身到长江航运建设的伟大实践中去。

加强长江航运文化建设，必须“坚持以邓小平理论和三个代表重要思想为指导，以科学发展为统领，以社会主义核心价值体系为根本，弘扬中华优秀文化，继承行业优秀传统，构建长江航运文化体系，增强行业凝聚力，提升行业竞争力，激发员工的创造力，为长江航运发展提供坚定的思想基础，有力的制度保障和强大的精神支撑①”的指导思想，“到‘十一五’期末，通过对长江航运文化资源的开发和整合，基本建立起被广大长江航运职工普遍认同和自觉遵守的以价值理念系统、行为规范系统、形象标识系统为基础的具有时代特征和航运特色的长江航运文化体系，使其内化于心、固化于制、外化于形，付诸长江航运改革、建设、发展实践，以强大的文化力推进长江航运现代化建设②”的总体目标，大力培育精神文化、规范制度文化、推行行为文化和提升物质文化，以文兴航，以文育人，内强素质，外塑形象，使长江航运的凝聚力、竞争力和创造力得到全面提升，也使长江航运人的思想品质、业务技能、职业道德、精神状态和工作作风等有明显提高。这就是长江航运文化建设的主要任务和追求的价值目标。

1. 培育精神文化

精神文化是文化的核心内容，是在长期实践中形成的精神理念成果，也是文化存在的最重要形式。文化精神理念是行业全体员工的奋斗目标和价值追求，它体现了对行业使命的科学概括，对发展方向、战略目标的准确把握，对深层次的价值取向和具体的行业服务的高度升华。长江航运文化精神理念集中展示了长江航运人在新时期团结奋进、开拓创新的精神风貌和创造一流业绩、实现更大发展的雄心壮志和豪迈气概。发展长江航运文化，首先必须重视培育和提炼具有时代特征和航运特色的文化精神理念体系，并且结合行业部门的性质和特点，全力抓好长江航运的港口、运输、航道、海事、三峡通航通信、公安等子系统的精神文化建设，重视安全、质量、经营、管理、服务、环保、廉政等方面的文化理念培育，总结、概括和提炼出更加科学、更有号召力和震撼力的精神文化理念，形成一套具有系统性、规范性的精神文化体系，为广大员工所认同、接受，成为长江航运实践的行动指南和精神动力。

长江航运精神文化主要包括行业的宗旨、愿景、核心价值观、道德规范、经营管理观念等理念文化要素。培育和提炼行业精神文化是文化建设的核心内容。在长江航运系统，有许多单位特别是19个被选树为长江航运文化建设示范文明单位，在培育和提炼各自行业文化理念方面做了大量工作，也总结和概括出具有时代特征和行业特色的精神文化理念，极大地振奋了员工精神，产生了巨大的文化效应。但也有一些单位的精神文化总结和提炼还不全面，也不够系统，缺少对文化理念的科学概括，这需要引起高度的重视。对文化理念的提炼，需要对已有文化资源、文化活动进行分析、综合、抽象、评价和选择，由感性认识上升到理性认识，去粗取精，由表及里，形成具有震撼力、感召力的精神文化理念，从而丰富长江航运精神文化的内涵。

2. 规范制度文化

制度文化是一定精神文化的产物，是塑造精神文化的主要载体，也是行为文化得以贯彻的基本保证。正是由于制度文化这种中介性的固定传递功能，在文化建设中具有重要作用。制度文化是为了实现行业的组织目标而对员工的行为给予一定限制的文化，带有强制性的规范特征。制度文化主要包括各种规章制度、工作流程、操作规程、工作标准和行为规范等。制度文化建设通过建立和完善相应的管理制度，寓文化理念于制度之中，固化于制，从而规范行业经营管理和规范员工行为，提高管理效能，实现理念的制度化、规范的人性化和管理的科学化。因此，制度文化建设本质上就是一个健全、规范和落实规章制度的动态过程。

规范制度文化，就是要坚持以精神文化理念为指导，确立好制度的方向定位，让员工明确制度所规定的角色要求。在制度安排和设计上，既要合理又要合法，既要加强针对性，又要注重可操作性。制度要规范，要体现人性化，需要建立一套“刚性”和“柔性”相结合的制度，要求员工共同遵守，按规定程序办事。在制度创新上，要依据精神文化理念和行业实际，全面检查已有的各项制度，看精神文化与制度文化是否吻合，对不吻合的制度进行必要的修改、补充与完善。在制度的执行过程中，要对员工进行制度培训，提高员工遵规循章的自觉性。制度的制定要坚持以人为本原则，体现制度规范的人文关怀，体现制度规范的员工意识，使制度文化既有约束力，又给员工以动力。

长江航运制度文化建设，要以建立和完善员工的行为规范、培养良好的职业道德规范为出发点，突出领导组织制度、生产经营管理制度、考核监督制度和激励、奖惩制度的建设。各个单位和部门要在充分调查研究的基础上，结合管理体制、组织形式、队伍结构的新变化，根据自身工作特点和服务要求，积极推进制度文化创新，按照现代科学管理的原则和要求，建立一套规范的制度管理体系，为培育长江航运制度文化提供支撑。

3. 推行行为文化

行为文化作为文化主体的行为显现和外化，是行业和员工基本行为规范的集中反映，它是一种文化主体的活动文化和实践文化，是精神文化、制度文化和物质文化相结合的动态展示。行为文化中所体现的基本行为规范，包括领导人员、管理人员和广大员工的行为规范，而以工作行为规范和职业道德规范为主要内容。为了倡导和强化行业文化核心理念，迫切需要制定相应的规范来调整和约束领导者、管理者和广大员工的具体行为，并要求严格遵守和执行。推进行业行为文化建设，重点在制定基本行为规范标准，并通过行为文化推行，树立起行业的良好形象。

长江航运行为文化是长江航运人的行为模式和行动方式，在长期文化建设实践中，长江航运形成了较为完善的行为规范体系，其中包括领导行为规范、执法行为规范、经营行为规范、员工行为规范和礼仪行为规范等。如对长江航运各级领导干部的行为规范了“八要”；对执法管理人员在现场执法要求做到“五要”、“五禁”；对行业的经营行为提出“合法经营，规范运作，诚实守信，质量至上”的要求；对员工行为确定了“五遵”、“五心”的重点；对礼仪行为主要强调“礼字当头，合乎规矩”，等等。这些具体的行为规范原则与要求，既能体现长江航运人的文化素质，也能展现长江航运人的文明风采。着力推进长江航运行业文化，就是要按照已经制定的各种行为规范要求，将充分体现长江航运人良好品质和形象的行为规范贯穿于组织管理、生产经营、工作生活的全过程。

4. 提升物质文化

物质文化是行为文化的显象表现，它包括行业的环境、产品和提供服务的成果，以及行业容貌、广告、标识等形象识别系统的内容，它以生动直观的形式表现出行业的精神面貌、管理水平和文化氛围。物质文化建设就是要使精神文化理念、制度和行为文化外化于形。提升物质文化水平，主要是通过整合资源、统筹规划、全面推进，建立充分体现文化理念的形象标识体系，加强文化设施建设，美化工作生活环境，提高生产经营管理的服务质量，打造行业服务品牌，完成视觉形象系统的导入，统一行业标识等，由此提升行业的知名度、信誉度，树立行业良好的公众社会形象。

长江航运物质文化是体现行业产品和服务的品质表现，是工作环境和形象标识等所展现的外在形象，是树立行业品质和形象所遵循和追求的价值理念体系。长江航运物质文化底蕴深厚，内容丰富，既有知名度高的行业品牌，也有科技含量高的航运技术；既有体现公信度高的行业整体形象，也有比较令人满意的工作生活环境；既有较为齐全的文化活动场所，也有现代化的文化宣传载体和平台。长江航运物质文化建设的任务艰巨而繁重，物质文化同推动长江航运现代化建设的迫切要求还不相适应，必须加大物质文化建设力度，按照做大做强长江航运事业和全面展示长江航运形象的要求，加强长江航运的物质文化建设。提升长江航运物质文化，创建物质文化品牌和形象标识体系，需要增强科技意识、时代意识和审美意识，重视最新高科技成果的应用，突破狭隘的地域局限，大胆使用现代性的表现手法和形式，注重形神兼备，突出大众性、特色性、内涵性和艺术性，符合当代人的审美需求和情趣，体现外在形象和内在精神的完美统一。

培育先进的精神文化，建立健全的制度文化，推行规范的行为文化，展示完善的物质文化，是长江航运文化建设的目标和任务。建设长江航运文化，需要动员各方力量，调动一切积极因素，形成共识，产生合力，使长江航运文化在建设中发展，在发展中繁荣，在繁荣中共享。

（三）把握原则，突出重点

文化建设是一项复杂的系统工程，需要统一思想认识，坚持文化建设基本原则，明晰文化工作思路，找准切入点，把握着重点，保证文化建设有序、健康地发展。原则是对文化建设工作必须遵循的基本要求，它是根据文化运行的客观规律，进行文化建设实践经验的总结和概括。

1. 要把握的原则

第一，坚持以人为本、全员参与的原则。

行业文化是一种组织文化，也是一种员工文化。文化的主体和文化的建设者和受益者是广大员工。文化建设必须依靠员工、服务员工、着眼于员工、归属于员工。重视广大员工在文化建设中的主体地位和积极参与文化建设的重要作用，要把广大员工对行业文化的认同不认同、满意不满意、赞成不赞成、拥护不拥护，对文化建设参与不参与，主动性、积极性高不高，作为衡量文化发展和文化建设成功与否的重要标志。坚持以人为本、全员参与的原则，就是要尊重员工的主人翁地位，尊重员工的首创精神，维护员工自身的文化权益，强化文化建设的主体性作用，体现文化建设的本质和落脚点，切实调动广大员工的积极性、主动性和创造性。文化建设需要把以文化人、以文育人放在极端重要的位置，把培养人、提高人、发展人作为文化建设的根本任务。通过以科学的理论武装人，以正确的舆论引导人，以高尚的精神塑造人，以优秀的作品鼓舞人，培养和造就高素质的员工队伍，促进员工自由而全面地发展。这是文化发展和文化建设必须始终贯穿的一条主线，也是文化建设是否取得成效的试金石，长江航运文化建设首先必须遵循这个基本原则。

第二，坚持围绕中心、服务大局的原则。

培育文化，发展文化，其根本目的就是要发挥文化的独特功能和作用，为员工需要服务，为行业改革和发展服务。不具有服务功能的文化是没有价值和意义的。加强长江航运文化建设，就要把文化工作重点放在开发长江、建设长江、服务长江航运的中心任务上。坚持围绕中心、服务大局原则，就要紧紧抓住长江航运发展这个第一要务，开拓发展思路，丰富发展内容，创新发展手段；立足于长江航运实际，求真务实，注重实效，激发广大员工的创造力和战斗力；将长江航运文化理念和行为规范融入生产经营管理之中，落实到每一项工作和每一个环节中；着力解决好改革和发展中存在的矛盾和问题，提高文化建设的实践性、针对性，强化文化的服务功能，促进各项工作顺利开展，实现文化建设与长江航运发展的全方位结合。

第三，坚持继承创新、促进发展的原则。

继承是文化传承的基础，创新是文化发展的活力，文化在继承中创新，在弘扬中升华。长江航运具有优良文化传统，拥有丰富文化资源，这是建设长江航运文化的宝贵财富。建设长江航运文化，必须根据文化发展的客观规律，注重继承和创新的统一。坚持继承与创新，就是要重视挖掘、整理长江航运历史悠久的文化资源，取其精华，用发展的眼光和创新的思维，将原有文化成果赋予崭新的时代内涵。在传承优良文化传统的基础上，博采众长，融合创新，借鉴国内外尤其是同行业的优秀文化成果，广泛吸收当代的新思想、新观念、新文化，扬长避短，为我所用。在文化创新上应当牢牢掌握社会主义先进文化的前进方向，在时代的高起点上推动文化内容形式、体制机制和方式方法的全面创新。创新文化、发展文化，必须树立强烈的改革意识、发展意识和创新意识，既勇于创新，又善于创新，不断推动文化向更高目标、更深层次发展。在当代社会，特别要重视运用高新技术来创新文化生产方式，讲求文化效益，提高文化质量，增加文化的科技含量，以科技文化成果不断满足广大员工的文化新需求。

第四，坚持重在建设、突出特色的原则。

文化发展与繁荣，并不是自然或自发生成的，而要靠求真务实的实际工作来推动。加强文化建设，需要制定周密细致的规划和切实可行的方案，借助必要的载体和手段，抓好文化精神、制度、物质层面的建设，将文化理念向生产、经营、管理等环节渗透与融合。这些实实在在的工作做得怎么样，会直接影响文化建设的效果。重视文化建设就是要为文化发展创造必要条件、充实丰富内涵。文化建设应当从行业特定的外部环境和内部条件出发，把共性和个性有机结合起来，在理念概括、精神提炼、实践方式上体现鲜明的行业特色。文化特色是文化的精华所在，精神文化理念、经营行为、品牌形象和广告推广中要突出个性，反映差异，张扬特色，使文化建设更加符合行业实际，使文化更具感召力、吸引力和冲击力。长江航运文化只有在充分展示个性和彰显特色中，才具有生命力，也只有在坚持时代性和行业性的统一、鼓励和提倡多样性中才能充满活力。

第五，坚持领导推进、率先垂范的原则。

文化建设是有组织、有领导的实践活动，它必须由单位领导，特别是党政“一把手”来组织和推进。从文化组织行为角度看，行业文化也就是领导者的组织管理文化。在文化建设过程中，领导既是文化的倡导者、组织者，也是文化的执行者、推动者。领导者扮演着文化建设决策者、指挥者的重要角色，发挥着主导性的作用。另外，领导者也是文化建设的实践者，他们的率先垂范、以身作则、身体力行，会对广大员工产生直接影响。当然，领导者推进文化建设，只是表明领导者在文化建设中的重要作用，这并非意味行业文化就是领导者个人文化。领导者所倡导的文化理念、文化风格等文化因素需要得到广大员工的认同，领导者所确定的决策措施和行动方案也需要得到广大员工的支持。

2. 要突出的工作重点

推动新时期长江航运文化建设，需要始终坚持贯彻长江航运确立的指导思想和奋斗目标，突出长江航运文化建设的基本要求，切实结合长江航运文化建设实际，找准切入点，明确工作重点。只有这样，才能产生清晰的文化工作思路，才能使当前的文化建设更具针对性和实效性。从长江航运实际出发，当前和今后一个时期的文化建设要突出抓好基层文化、文化项目、文化体系、文化创新能力、文化队伍、文化环境的建设。

第一，切实抓好基层文化建设。

长江航运文化建设成熟的标志，不只是表现在文化体系的构建、制度规范的完善和形象标识的展示上，更重要的是体现在基层文化建设的发展上。文化源于基层又服务于基层，文化根系只有深深地扎入基层员工之中，才具有强大的生命力。就目前情况看，长江航运基层文化建设还是一个相对薄弱的环节，还存在“上热下冷”的现象。有些单位的文化氛围不够浓厚，员工参与文化建设的主动性、积极性不够高涨，文化建设的硬件设施和载体不够完善，经费投入相对不足，这些都直接影响了基层文化建设工作的顺利开展。基层文化建设直接关系到广大员工文化利益的实现，也直接体现着行业文化整体发展的水平和质量，必须重视基层文化建设，将文化工作的重心向基层倾斜。在政策支持、组织保障、财力投入、基础设施建设等方面为基层文化建设创造条件。

加强基层文化建设，应当特别重视对员工进行以社会主义核心价值体系和行业文化理念精神为核心内容的文化宣传和教育，用科学理论武装员工，用高尚精神塑造员工，依靠广大员工的力量推动基层文化建设。结合基层的实际和员工的利益要求，改进文化工作的方式方法，创新文化工作的形式内容，让广大员工在生动活泼、丰富多彩的文化活动中感知文化、接受文化和享受文化。

第二，切实抓好文化项目建设。

文化建设是一项社会实践活动，决不能停留在一般号召上，或者是流于一般形式，而要通过文化项目建设来支撑和丰富文化建设内涵。文化建设要有文化载体，而有了文化项目就有了载体，文化建设就有抓手和舞台。策划和设置文化项目，就是根据文化发展需要，紧扣文化发展主题，展现文化发展成果，使文化项目具有鲜明的文化特质和内涵。长江航运有许多单位十分重视文化项目的策划和设置。例如，长江海事局在全系统范围内推出的长江海事文化建设的“五个一工程”，长航公安系统抓“五小工程”、“水上之家”建设，宜昌航道局因地制宜建立的文化陈列室，芜湖港组织的“海员艺术团”等等，都是围绕文化建设创设的好项目。正是抓了这些项目建设，这些单位的文化氛围就显得特别浓厚。所以，只有多立项目、善建项目，才能多出成果，才能为文化建设造势。长江航运各级领导要善于在创设文化项目上多动脑筋、多出点子。文化项目越多，越有创意，就越能提高文化的吸引力和影响力。

第三，切实抓好文化体系建设。

文化形态是以文化体系来展现的，没有体系的文化属于不成熟的文化，加强文化建设就必须重视文化体系建设。结构完整、层次分明、功能齐备，是文化体系的基本特征。长江航运文化体系是由许多个子文化系统相互联系、相互作用构成的有机整体。从文化构成要素看，有反映长江航运价值、理念的精神文化，有体现长江航运行为规范的制度行为文化，有展示长江航运形象的物质文化。从行业角度看，有航运文化、港口文化、航道文化、海事文化、三峡通航文化、通信文化和公安文化、行政管理的机关文化。从文化表现形式看，有安全文化、经营文化、管理文化、服务文化、执法文化、廉政文化。将这些文化构建成一个完整体系，就应当把握长江航运文化发展的内在规律，从生动的文化建设实践中挖掘和总结出不同文化的共同精神理念和价值理念，为形成整个行业的精神文化理念体系提供依据。在抓好长江航运文化体系建设的同时，还应当根据不同行业的特点，扎实地推进长江航运各子系统的文化体系建设，重视各单位精神文化理念的总结、提炼，制度行为规范的建立和完善，物质形象标识系统的设计、制作，加快子文化系统构建，使长江航运文化多姿多彩、更显特色。

第四，切实抓好文化创新能力建设。

文化创新能力是文化发展的核心竞争力，是文化发展的重要因素。文化创新能力直接影响到文化建设的实际成效。提升文化质量和水平，就得从提高文化创新能力入手，深入抓好文化创新能力建设。文化创新能力既体现在领导者决策、管理能力上，也反映在员工参与文化建设的认知和接受能力上。文化创新能力的形成是一个不断学习、不断实践的过程。随着当代社会经济、文化、科技迅速发展，行业文化建设要求也越来越高，文化发展的时代性、知识性、科技性的特征日益凸现出来。这就必然要求文化建设的领导者、管理者和普通员工都要自觉学习现代科学文化知识，掌握运用现代科技手段的本领，提高领导管理者才干，提高员工素质，不断增强文化创新应具备的各种能力。在现阶段，要通过构建学习型机关、单位和企业的途径，加大对干部职工进行培训的工作力度，加强文化创新能力的培养，促进广大干部职工文化创新能力的提高，为文化建设注入精神动力，增强文化建设的创造性。

第五，切实抓好文化队伍建设。

文化人才队伍是文化建设的中坚力量。建设一支思想素质高、组织能力强、业务水平精、道德品质好的文化建设队伍，是推动文化建设、做好文化工作的组织保证。就长江航运系统内各单位实际情况看，文化队伍建设还相对滞后，从事文化工作的专业人才还不多，结构不合理的矛盾也较为突出，需要引起各级领导的高度重视。文化工程是一个培育人、塑造人的育人工程，也是一个提高行业竞争力、全面展示行业形象的建设工程，抓好文化队伍建设，必须同建立完善的文化领导体制和工作运行机制、同健全文化工作的组织机构和办事机构结合起来，充实文化建设的领导队伍和管理队伍，以便加强对文化建设的规划、指导、协调、督促和管理。加强行业文化建设，必须想方设法壮大文化工作队伍，调动员工参与文化建设的积极性和主动性，充实文化建设的主体力量。

第六，切实抓好文化环境建设。

创造良好的文化环境，是促进文化建设的基本要求和保障条件，也是影响员工情绪、凝聚员工力量、振奋员工精神的最直接、最有效的方式。文化环境建设是文化建设的重要组成部分。环境既改变文化，也培育着文化。要重视文化的软硬环境建设。文化硬环境指的是为文化建设创造物质条件，提供显形的物质保障；而文化软环境则指的是增强文化综合实力，为文化建设提供隐形的精神力量。要进一步加强文化硬件设施建设，如文化载体、文化活动场所、文化形象标识系统等，也要重视直接影响文化综合实力的软环境建设，全面开展包括思想教育、文化理念灌输、团队精神培育、员工素质培养、文化氛围营造和人际关系构建在内的各项工作，由此激发广大员工积极参与文化建设的热情，增强行业的凝聚力和创造力。

① 黄强、王镭主编.《扬帆奋进——长江航运文化建设成果集锦》：第29~30页.长江出版社，2007年。

② 黄强、王镭主编.《扬帆奋进——长江航运文化建设成果集锦》：第29~30页.长江出版社，2007年。

三、长江航运文化发展的路径选择

盛世兴文，以文兴航，重责在肩。长江航运人正以团结拼搏、争创一流的精神和气概，寻找新思路，采取新对策，扎扎实实地推进长江航运文化的全面建设，再创当代长江航运文化的新辉煌。

（一）稳步推进文化工作，不断进行文化提炼

文化理念是文化的核心、精髓，是文化最重要的表现形式。文化理念包括行业的宗旨、愿景、核心价值观和经营管理理念等诸多文化精神要素，它是对长江航运内在精神的把握和内在动力的揭示。培育和构建长江航运文化，首要的任务和工作重点，就是要深度挖掘、总结、概括和提炼出具有感召力、震撼力和凝聚力的精神文化，通过建设精神文化来引领行业发展。提炼精神文化理念是一个分析、综合、抽象、提升的过程。它要根据行业的文化历史和现实，对文化资源进行审视和整合，对行业的价值目标和价值取向以及地位、使命进行完整确认，对行业的制度文化、行为文化和物质文化的理念、内涵进行分析和把握，进而上升到理性高度，这样才能提炼出具有时代特征和行业特色

的精神文化理念。文化理念的提炼，应坚持科学性和艺术性相统一原则，采取自上而下和自下而上相结合方法，反复碰撞，反复推敲，力求准确、科学和简化。当然，文化理念的提炼，不只是追求理念本身的科学性与大众性，更重要的是对已提炼出来的理念精神进行广泛宣传，采取报告会、座谈会、研讨会等各种形式，或者利用报刊、广播电视网络、墙报、广告等载体，系统阐释文化理念的本质和内涵，进行文化理念的灌输，让广大员工能够接受理念、认同理念，并自觉遵循理念。

如果说文化提炼是为了形成对文化建设理念的引导，那么，文化推进也就是为了具体地落实文化理念，使文化建设取得实实在在的成效。文化建设重在实践。文化建设是一个有计划有组织、实施和落实逐步推进的过程。为了克服盲目性，增强主动性，就得事先做好文化建设的具体规划，包括近期、中期和远期规划，根据文化建设的目标和任务制定具体实施方案。文化建设的规划和方案制定得越全面、越系统、越具体，就越有可操作性，越便于掌握、理解和执行。有效推进文化建设计划和方案的实施，还必须建立必要的规章制度，包括领导制度、工作制度、考核制度等，制定文化建设的管理标准、工作标准、考核标准，约束和规范文化建设的具体运作。推进文化建设方案的实施，积极组织开展文化建设活动是必不可少的内容。文化活动是文化建设的直接载体，也是文化建设的具体方式。在长期的文化建设中，长江航运系统创造出许多开展文化活动的好形式，如评选“长江航运十大杰出人物”，开展“学先进、树新风、创一流”活动，创建“长江文明样板航道”等，都是新时期富有活力又具特色的文化建设活动。这是被实践证明了的推动文化建设行之有效的好形式，应当继续坚持开展下去，并结合长江航运的发展不断充实活动内容。也要大力提倡和鼓励开展新的、为员工所喜闻乐见的文化活动形式，开辟新的文化活动领域，使文化建设的活动更加丰富多彩。

（二）切实加强文化造势，精心组织文化维护

文化建设是全员上下共同参与的文化实践活动，不能无声无息、平平淡淡，而要大造声势、大造舆论，在全系统、全行业掀起学习文化、实践文化、享受文化的热潮，努力营造浓厚的文化建设氛围。加强文化造势，需要建立全方位文化宣传、教育体系，充分利用各种新闻传播媒体，加大对文化理念、精神、规范、制度、标识、形象的宣传力度；充分利用文化宣传教育阵地，加强对广大员工进行文化传统教育和思想文化道德素质的培养，提高科学知识和专

业技能水平。经常组织和开展具有文化艺术品位、内容丰富、形式多样、健康向上的业余文化活动和体育竞赛活动、技术比武活动，创造文明、和谐的文化环境，增强员工的凝聚力和团队意识；重视行业形象视觉识别系统建设，利用现代高科技手段，设计和制作展现行业风采、展示行业形象的广告、宣传牌和各种行业标识物品。文化造势在文化建设的起步阶段更显重要，因为它是发动员工、激发员工热情、调动员工积极性的最直接、最有效的方式。

文化建设是长江航运各单位一项重要而长期的战略任务和建设工程，需要坚持不懈、持之以恒、扎扎实实地抓出成效来。为保证文化建设持续、健康、有序地进行，必须重视和加强对文化的维护。文化维护主要体现在对文化各项工作的督促检查和评估指导上，注意文化建设计划、方案是否落实，工作到不到位，体制机制是否健全，管理顺不顺畅，效果明不明显，员工满意不满意。善于把握社会形势和内外环境的变化，及时调整策略和思路，修正和补充工作的内容，充分发挥主动性，始终保持良好的发展态势。对文化的维护，各级领导和管理者负有重要的责任，掌握和利用好国家和行业系统制定的发展文化的相关政策，运用好手中掌握的权力资源，重视对文化工作的具体指导、检查和督促，切实履行好文化主导者的职责，组织管理好本单位的文化工作。

（三）高度重视文化保障，严格实施文化考评

文化建设既要注重效率，也要重视质量。推动文化建设需要运用综合手段，建立文化保障的长效机制，保持文化建设的可持续性，为文化建设保驾护航。支持文化建设要有一整套与之相适应的保障系统。从形式看，有组织保障、制度保障和物质保障。组织保障就是为文化建设提供领导体制和组织管理上的支持。理顺关系，健全机构，努力形成党委领导、文化管理部门负责实施、各职能部门分工落实的工作体系，是抓好文化建设的必要措施。有条件的单位可以成立文化建设推进委员会，设立文化专业办事机构，主动承担起决策、组织管理的义务和责任。建立制度保障应当遵循文化发展规律，立足单位实际，为继承、创新、丰富文化建设工作规范而制定相应的文化工作标准、规程、制度。对已有的规章制度要进行全面梳理，该保留的要保留，该完善的要完善。物质保障是为文化建设提供必要的物质手段和条件，其中包括文化基础设施、文化传播媒体、文化资金投入等，主要体现对文化建设的物力、财力支持。加快文化载体和设施建设，增强资金投入，对文化建设起着基础性作用。各个单位应当主动想办法，尽可能

地多建设施，多开发场地，多提供现代传媒手段，为文化建设搭建宽广平台。

对文化工作的考核、评价是检验文化工作情况和成果的必要手段，也是完善文化建设工作机制的必要环节。其重点是考察领导体制是否有利工作开展，运行机制是否顺畅，文化理念是否体现行业发展要求并被认同，文化标识体系是否健全、有特色，经费投入是否有保障，文化功能作用是否发挥得明显等等。应把文化建设的考核评估纳入文化建设总体部署，建立考核评价指标体系和激励机制。以推进文化建设为目标，制定合理、可操作的考评办法、考核标准、考核内容，为文化建设工作的考核评估提供科学依据。对考核结果进行公示，对文化建设的先进单位和个人进行表彰和奖励，激发单位和员工的积极性、创造性，营造一个鼓励先进、争当先进的文化建设环境。

（四）持久推动文化交流，深入拓展文化研究

在当今开放社会里，文化建设不能在自我封闭的状态下进行，必须面向社会、面向世界、面向未来，充分体现开放的时代精神和文化包容性特征。积极主动地开展文化交流，学习和吸收人类一切优秀文化成果，学习和借鉴其他行业和单位先进文化建设经验，是发展和繁荣文化的有效途径。文化是社会共同的财富和资源，进行文化交流，旨在享用社会文化财富，博采众长，为我所用。推动长江航运文化建设，不能忽视文化交流，包括开展行业与其他行业之间、交通运输行业之间和长航系统内部之间的文化交流，也要重视开展国际文化交流。以海纳百川的气概和开放胸襟，虚心学习，取长补短。开展文化交流，要特别重视向社会宣传和推广长江航运自身文化建设的成功经验，向社会充分展示长江航运文化建设成果。这既是文化交流互动的应有之义，也是展示长江航运文化品牌、树立长江航运形象的有效途径。长江航运系统行业多，要齐心协力地发展长江航运文化，需要重视行业内部之间的文化交流，经常召开一些文化建设经验交流会，如报告会、现场会、推进会、演讲会等，条件成熟时也可以举办文化建设成果展示会、博览会。这是为了更好地交流经验，更好地展示成果，在相互交流中不断推进长江航运文化的蓬勃发展。

理论是实践的先导，有理论指导的文化建设才是自觉的、理性的和高层次的文化创建，也才表现为一种文化创新活动。重视文化和文化建设的理论研究，探索和掌握行业文化发展规律，为文化建设提供科学认识论、方法论的指导，对长江航运文化建设意义重大。加强文化理论研究，主要任务是深刻把握长江航运文化发展规律，科学揭示长江

航运文化的本质特征、结构模式、功能作用，由感性认识上升为理性认识、由盲目转变成自觉。深入开展长江航运文化理论研究，应当以长江航运的文化理念研究、文化特色研究、文化创新规律研究、文化生产力研究、文化需求研究、文化与企业生产互动性研究等事关文化建设全局的课题作为研究重点，既注重理论研究成果的科学性，也讲求成果的实践性和适用性。与此同时，还要深入研究长江航运文化的现代形态、时代特质以及实现的方式方法。只有这样，才能为长江航运文化发展提供科学而全面的方法论指导。

（五）努力创新文化建设，积极促进文化发展

长江航运文化作为中华文化的组成部分，是我国交通文化和长江文化的有机融合，它依水而生，以江为魂，以通为本，天然透射大江水的神韵，深深镌刻着长江文明的基因，显示出浓郁的时代特征、长江特点和航运特色。在当今时代，文化越来越成为民族凝聚力和创造力的重要源泉，越来越成为综合国力竞争的重要因素。长江航运人在长期文化建设实践中，始终坚持社会主义先进文化的正确方向，用先进文化引领和支撑着长江航运事业发展，创造并积累了许多宝贵的文化建设经验，为繁荣我国交通文化做出了突出贡献。随着新时期长江航运跨越式发展，大力加强长江航运文化建设，进一步完善长江航运文化体系，是长江航运坚持改革开放、推动科学发展、促进和谐航运、实现又好又快发展的客观要求和必然选择。发展和繁荣长江航运文化，既是增强长江航运软实力、提升长江航运核心竞争力、形成行业发展优势的战略举措，也是统一思想、鼓舞士气、树立形象，以文化力激发凝聚力、战斗力和创造力的有效途径。

推动长江航运文化发展，需要牢牢把握社会主义先进文化的前进方向，切实加强社会主义核心价值体系建设，唱响时代主旋律，培育时代新风尚，着力提升长江航运文化的内在价值和文化品位。社会主义核心价值体系是一个国家和民族的精神支柱，也是维系社会正常运转，促进社会稳定发展的主心骨。长江航运文化建设的核心就在于能够确定富有生命力又能统摄人心并使之付诸实践的一整套价值理念和价值原则，以筑牢广大员工团结奋斗的思想基础。面对当今文化发展的开放性和多样性，为了使长江航运人能够在尊重差异中扩大社会认识，在包容多样中形成思想共识，就必须坚持用马克思主义中国化最新理论成果武装思想，用共同的理想信念凝聚力量，用以爱国主义为核心的民族精神和以改革创新为核心的时代精神鼓舞斗志，用社会主义荣辱观引领风尚。长

江航运文化建设，必须高举社会主义核心价值体系的伟大旗帜，自觉把崇高价值目标和价值追求融入文化建设的全过程，并转化为励志图强、创造辉煌的实际行动，保持文化发展的先进性，不断丰富长江航运文化的时代内涵。

推动长江航运文化发展，需要紧紧依托长江航运的文化资源和优势，精心打造长江航运文化特色品牌，着力培育长江航运子系统特色文化。发展长江航运文化，要十分重视建设以长江航运为主体的多元文化，针对各个行业和部门的特点，精心培育和构建以船舶运输经营为特色的长江运输文化；以货物装卸、物流管理为特色的长江港口文化；以航道维护、保障畅通为特色的长江航道文化；以保障水上交通安全、维护水上治安、沟通船岸联络为特色的长江执法管理文化。在行业和部门中，也应当结合岗位职责特点，坚持抓好管理文化、安全文化、服务文化、廉政文化建设。按照建设服务型政府和法治政府要求，加强管理文化建设。抓好廉政文化建设，研究长江航运廉政建设现状，理清廉政建设的思路，提出具体对策，积极推进党风廉政建设。只有这样，才会使长江航运文化突出特色、呈现亮点、独树一帜、体现优势，充满生机与活力。

文化创新作为国家创新体系建设中的重要内容，是增强文化活力、展示文化魅力、永葆文化生命力的根本所在，也是推动文化发展的动力机制。长江航运文化建设和发展，必须站在时代的高起点上，面向世界、面向未来、面向现代化。要以宽广的眼界和与时俱进的精神，把文化建设放在十分重要位置上，并且结合行业发展战略，与党建工作、思想政治工作和精神文明创建活动等相关工作有机结合起来，切实加强领导，统筹规划，重点推进，在继承和借鉴中创新，在创新和完善中提高。要进一步深化改革，加大文化内容形式、体制机制、传播手段等创新力度，努力解放和发展文化生产力。在现阶段，长江航运文化创新，要以实施“文化兴航”战略为突破口，把主要精力放在抓好一批体现长江航运特色、有影响力和生命力的文化工程建设上；放在抓好具有积极凝聚和导向作用、深受广大员工欢迎的文化项目建设上，不断拓宽文化建设的新途径，完善公共文化服务体系，增强文化实力的竞争力。积极引导和鼓励广大员工参与文化建设，让员工共享文化建设的成果，使员工的基本文化权益得到更好的保障，社会文化生活更加丰富多彩，满足员工的精神和物质文化需求。要从整个行业面广点多线长的实际出发，创新工作机制，调动各方面的积极性、创造性，努力形成全员参与、上下联动、各负其责、齐抓共管的工作新格局，推动文化发展不断上新台阶、取得新成效。图8-4为长江航务管理局在芜湖召开长江航运文化建设推进会。

图8-4　2007年7月，长江航务管理局在芜湖召开了长江航运文化建设推进会

推动长江航运文化发展，需要紧贴行业实际，全面贯彻“围绕发展抓文建、抓好文建促发展”的总体思路，发挥文化凝聚、引导和服务功能，为长江航运现代化事业提供动力与保障。文化建设，重在实践。发展长江航运文化，必须始终围绕长江航运改革发展大局，切实按照建设资源节约型和环境友好型社会的目标要求，着力构建具有特色鲜明的行业精神、经营管理理念和道德规范，进一步完善行业管理制度，优化行业内部环境，规范员工行为，提高管理和服务的效能，用美好的愿景鼓舞人，用宏伟的事业凝聚人，用科学的机制激励人，用优美的环境熏陶人，用高尚的情操塑造人。长江航运人作为长江的儿女，要用智慧的力量笑迎那浪遏飞舟，用事业的辉煌向世界自豪挥手，牢记“面向全长江，服务全社会”和“合力建设资金水道，促进长江经济发展”的宗旨和使命，以先进文化生产力，为长江航运提供安全、便捷、畅通、高效的文明服务，努力实现航道更畅通、航行更安全、水域更清洁、管理更高效、服务更文明、发展更科学，使长江航运综合实力达到世界内河航运一流水平，全方位打造出知名度高的中国长江航运新品牌。这是发展长江航运文化的根本目的，也是繁荣长江航运文化的动力源泉。

当代长江航运文化建设是一项前无古人的伟大事业。长江航运人高度自觉地选择了“文化兴航”的发展道路，发展和繁荣长江航运文化已经成为长江航运人的重大责任。长江航运人在新时代条件下不仅能够大力弘扬长江航运的时代精神，谱写长江航运文化建设的新篇章，而且能够在国际竞争力比较的视野下迎难而上，共铸长江航运事业的新辉煌。

后 记

“长江航运文化研究”是交通部组织的“交通文化建设研究”总课题中的22个子课题之一，而《长江航运文化》正是这项子课题的最终成果。这项成果由调研到成稿经历了一年多时间。值得欣慰的是，在2008年5月6日，由交通部组织的专家评审会上，课题成果得到专家的一致好评。这是专家们对课题组的肯定和鼓励。我们将以此为鞭策，把有待进一步研究的问题推向深入和成熟。

本课题研究由交通部长江航务管理局承担，课题组由长航局和湖北省社会科学院的有关专家组成。长航局党委书记黄强同志担任课题组组长及本书主编，长航局党办副主任胡利民同志、湖北省社会科学院政法所所长、研究员张艳国博士后任副组长及副主编。相关各章执笔人如下：前言、第一章，张艳国；第二章，张艳国、陈新川；第三章，周家华、胡园园；第四章，胡利民、黄家顺；第五章，鄢元超、魏宏伟；第六章，张永泰、姜小峰；第七章，蒋谦；第八章，徐龙福；最后由主编、副主编统稿和定稿。交通部“交通文化建设研究工作指导委员会”的有关领导、专家自始至终指导了本课题研究。时任交通部副部长黄先耀同志（现任中共湖北省委常委、省纪委书记）多次就本课题研究作重要指示。知名专家学者李春苗教授（国务院发展研究中心）、严昌洪教授（华中师范大学）、陈锋教授（武汉大学）、何晓明教授（湖北大学）、唐国英（长江航务管理局）、周冠伦（长江航道局）等，在评审中提出了许多宝贵意见。在调研中，得到了长江海事局、长江航道局、长江三峡通航管理局、长江航运公安局、长江通信管理局等单位的大力支持，重庆港、宜昌港、武汉港、芜湖港、南京港、镇江港、江阴港、泰州港和长江航运集团、华中航运集团、皖江航运集团、民生集团公司等港航单位的鼎力帮助。本书插图除少数历史资料作者姓名不详外，均由周家华、孙加宝、崔军鸿、汪睿翔、金守钧、蒋朝东、侯树安、匡强茂、韩崇河、戚良鹏等同志提供。在此一并表示衷心感谢！

“文章千古事，得失寸心知”。长江航运文化有着丰富的文化积淀，无论是从历史层面，还是从实践的角度，要进行系统而精准的研究，不是一朝一夕所能完成的。但我们愿意以此为起点，在专家和读者的指导下，深化认识，继续前行。

编著者谨识

参考文献

1. 清·无名氏.《增广贤文》.

2.《越绝书》卷八.

3.《十七大报告辅导读本》：第32~33页.人民出版社，2007年.

4.《列宁选集》：第4卷.第453页.人民出版社，1972年.

5. 参见邓剑秋、张艳国.《论长江文化的发展线索、文化特征及其研究方法》：《长江文化论集》.湖北教育出版社，1995年.

6.（美）汉斯·摩根索.《国际纵横策论》：卢明华译.第90页.上海译文出版社，1995年.

7.《十七大报告辅导读本》：第32页.人民出版社，2007年.

8. 参见费孝通.《中华民族的一体多元格局》：《北京大学学报》哲学社会科学版.1989年第4期.

9. 毛泽东.《中国革命和中国共产党》：《毛泽东选集》第2卷.第621页；人民出版社，1991年.

10. 唐·李白.《庐山谣寄卢侍御虚舟》.

11. 唐·李白.《黄鹤楼送孟浩然之广陵》.

12. 唐·张若虚.《春江花月夜》.

13.《道德经》：第八章.

14.《荀子·劝学篇》.

15.《论语·雍也篇》.

16. 参见徐吉军.《试论长江文化的发展特征》：《长江文化论集》；湖北教育出版社，1995年.

17. 参见（美）克莱德·M·伍兹.《文化变迁》：何瑞福译.河北人民出版社，1988年.

（美）露丝·本尼迪克特.《文化模式》：王炜等译.生活·读书·新知三联书

店，1988年.

18.《易·贲卦·彖传》.

19. 刘向.《说苑·指武》.

20.《马克思恩格斯选集》第2卷.第70页；人民出版社，1972年.

21. 毛泽东.《新民主主义论》：《毛泽东选集》第2卷.第707页；人民出版社，1991年.

22.《马克思恩格斯选集》：第3卷.第41页；人民出版社，1972年.

23.（美）弗兰克·戈布尔.《第三思潮：马斯洛心理学》：第四章.吕明、陈红雯译；上海译文出版社，1987.

24. 北宋·苏轼.《念奴娇赤壁怀古》.

25. 北宋·苏轼.《新滩》.

26. 唐·杜甫.《旅夜抒怀》.

27. 唐·杜甫.《登高》.

28. 唐·李白.《送孟浩然之广陵》.

29. 唐·李白.《望天门山》.

30. 唐·白居易.《得行简书闻欲下峡先以此寄》.

31. 唐·白居易.《出入峡有感》.

32. 转引自李良品.《川江号子》：《中国三峡建设》.2005年第4期.

33.《长江航运节能减排宣言》：http://www.hbhw.hbjt.gov.cn，2007年9月30日.

34. 何振红、徐晓然.《共建清洁长江，共创绿色航运》：《经济日报》，2007年10月18日.

35. 何景明.《黄牛庙》：《三峡诗粹》.

36. 参见李良品.《川江号子》：《中国三峡建设》.2005年第4期.

37. 转引自李良品.《川江号子》：《中国三峡建设》.2005年第4期.

38. 转引自李良品.《川江号子》：《中国三峡建设》.2005年第4期.

39. 赵红.《扎根港口的金锚》：《中国水运报》.2005年8月12日.

40. 向毅.《汗水谱写丰收曲》：《重庆港之声》.2006年9月18日.内部资料.

41.《十七大报告——辅导读本》：第32~33页.人民出版社，2007年.

42. 转引自中国广播网.《重庆三大港合一，将形成600公里大港区》：2007年7月29日.

43. 周家华主编.《长江航运五十年》：第150页；长江航务管理局党委宣传部组织编写.内部发行资料.

44. 转引自《现代造船模式的外高桥解读》：中国海事服务网http://www.cnss.com.cn.2007年10月29日.

45.《南京港口集团公司第一届职工工会会员代表大会材料汇编》：第16~17页；2007年.内部资料.

46.《论语·季氏篇》.

47. 西汉·陆贾.《新书》.

48. 钱穆.《中国文化史导论——弁言》：第12页.商务印书馆，1994年.

49. 南宋·李清照.《思项羽》.

50. 隋·王勃.《滕王阁序》.

51. 战国·孟子.《孟子·尽心上》.

52. 西汉·司马迁.《史记·太史公自序》.

53. 汉·班固.《汉书·贾谊传》.

54. 三国·诸葛亮.《后出师表》.

55. 北宋·范仲淹.《岳阳楼记》.

56. 清·顾炎武.《日知录》.

57. 宋·陆游.《病起抒怀》.

58. 清·林则徐.《赴戍登程口占示家人》.

59. 秋瑾.《宝剑歌》：1903年.

60. 黄声笑.《地下滑》：1950年.

61. 参见黄声笑.《我是一个装卸工》、《装卸工人现场鼓动快板》：湖北人民出版社，1958年.

62. 转引自黄强.《长江航运文化资源开发与利用的思考》：《中国水运》.

63. 周家华.《航标灯，亮在我心里》：《中国交通报》.2007年2月27日.

64. 引自《港口》：《中国站长前线》，网址：http://www.zzadmin.com.2007年6月2日.

65. 数据来源.根据2007年《中国统计年鉴》有关数据计算得出.

66.《外事志》：四川省人民政府外事办公室网站：http://www.scfao.gov.cn/wsz.

67. 陈俊等.《长江航运信息化发展综述报告》：长江航运网：http://www.cjhy.

gov.cn，2005年11月29日.

68.《国内最大内河船舶监管系统安装完毕》：《中国水运报》，2007年12月3日.

69. 李墨飞等.《长江水上救助基地落户江心洲》：《南京日报》，2006年9月10日.

70.《长江水运》编辑部.《长江水运：得机遇大发展》：《中国水运》，2007年第2期.

71.《十七大报告——辅导读本》：第23页.人民出版社，2007年.

72.《十七大报告——辅导读本》：第20页.人民出版社，2007年.

73. 苏新刚.《长江航运发展趋势和产业政策》：《中国水运》，2004年第11期.

74. 卢尧.《长江干线涌现三个亿吨大港》：《中华工商时报》，2007年1月8日.

75. 金义华.《合理推进长江黄金水道建设的若干问题》：《武汉交通职业学院学报》，2007年第2期.

76. 黄强.《坚持科学发展观，充分发挥黄金水道作用》：《中国水运》，2004年第11期.

77. 孙尚清.《长江经济研究》：第1页.中国展望出版社，1986年.

78. 周家华主编.《聚焦长江航运》：第10页.长江出版社，2006年.

79. 转引自韩红军.《关于企业文化建设的几点认识》：《新西部》.2007年第4期.

80.《论语·为政篇》.

81. 马克思.《资本论》：第1卷.第124页.人民出版社，1975年.

82. 转引自李继红.《全面实施品牌战略三要素》：《商业时代》，2003年第13期.

83. 转引自李明芳.《中国企业培训中存在的问题及对策》：《继续教育》，2006年20卷12期.

84. 转引自周济.《人才为本，人才强校》：《光明日报》，2004年3月11日.

85. 芜湖海事局.《文化力、责任感——芜湖海事文化建设情况汇报》：第7页.2007年.内部资料.

86. 镇江港务集团有限公司.《文化手册——镇江港务集团有限公司》：第13

页.2006年.内部资料.

87. 镇江港务集团有限公司.《文化手册——镇江港务集团有限公司》：第88页.2006年.内部资料.

88. 长航公安局镇江分局.《抓好警营文化建设 增强持续发展能力》：2007年.内部资料.

89. 中共交通部长江航务管理局编.《风华正茂——长航十大杰出人物风采掠影》：2007年.内部资料.

90. 长航南京分局蒲口派出所.《蒲口所2007年行业文化建设情况汇报》：2007年.内部资料.

91.《论语·魏灵公》.

92. 黄强、王镭主编.《扬帆奋进——长江航运文化建设成果集锦》：第138~139页.长江出版社.2007年.

93. 江苏江阴港港口集团股份有限公司.《弘扬企业文化，建设和谐港口》：2007年.内部资料.

94. 引自《长江南京航道局建家工作汇报》：2007年.内部资料.

95. 芜湖港编.《芜湖港员工文化手册》（2006年）：第52~59页.内部资料.

96. 江苏江阴港港口集团股份有限公司.《弘扬企业文化，建设和谐港口》：2007年.内部资料.

97.（俄）巴尔蒙特.《巴尔蒙特诗选》：张冰译.第102页.人民出版社，1993年.

98.《建立健全教育、制度、监督并重的惩治和预防腐败体系实施纲要》：《人民日报》，2005年1月3日.

99.《十七大报告辅导读本》：第53页.人民出版社，2007年.

100. 黄强、王镭主编.《扬帆奋进——长江航运文化建设成果集锦》：第146~150页.长江出版社，2007年.

101. 重庆海事局编.《重庆海事廉政文化手册》：第46页.2007年.内部资料.

102. 交通部长江航道局编.《廉政警语》：第32页.2006年.内部资料.

103. 中华人民共和国芜湖海事局.《2006率先发展报告》：第27~28页.2006年.内部资料.

104. 交通部长江航务管理局.《风华正茂——长航十大杰出人物风采掠影》：第69页.2007年.内部资料.

105. 参见交通部长江航务管理局等主编.《长江航运文化建设推进会材料》：2007年.内部资料.

106. 参见交通部长江航务管理局等主编.《长江航运文化建设推进会材料》：2007年.内部资料.

107.《论语·季氏篇》.

108. 交通部长江航务管理局.《风华正茂——长航十大杰出人物风采掠影》：第34页.2007年.内部资料.

109. 交通部长江航务管理局等编.《长江航运文化建设推进会会议材料》：2007年.内部资料.

110. 参见交通部长江航务管理局等编.《长江航运文化建设推进会会议材料》：2007年.内部资料.

111. 参见交通部长江航务管理局等编.《长江航运文化建设推进会会议材料》：2007年.内部资料.

112. 参见中国水运网.《加快内河航运业的发展》：2005年8月.

113. 参见交通部长江航务管理局等编.《长江航运文化建设推进会会议材料》：2007年.内部资料.

114. 参见交通部长江航务管理局等编.《长江航运文化建设推进会会议材料》：2007年.内部资料.

115. 参见交通部长江航务管理局等编.《长江航运文化建设推进会会议材料》：2007年.内部资料.

116. 参见交通部长江航务管理局等编.《长江航运文化建设推进会会议材料》：2007年.内部资料.

117. 南初明.《关于廉政文化建设的几点思考》：《长江航运杂志》，2006年4月.

118. 参见胡锦涛同志在中央纪委五次全会上的重要讲话.

119. 参见交通部长江航务管理局等编.《长江航运文化建设推进会会议材料》：2007年.内部资料.

120. 引自交通部长江航务管理局网站.《心态防腐——廉政教育铸起拒腐坚固防线》：2007年6月.

121. 引自交通部长江航务管理局内部网站.《切实加强基建廉政建设工作》：2007年9月.

122. 参见新华网湖北频道.《制度防腐为“黄金水道”铸起“钢铁长城”》：2007年6月.

123. 交通部长江航务管理局网站.《建立教育制度监督并重的体系为长江航运事业发展保驾护航》：2005年.

124. 王夫之.《周易外传》：第212~213.中华书局，1977年.

125. 刘恒伟主编.《长江航运研究文集》：第41页.武汉出版社，2004年.

126. 于显洋、廖非著.《企业形象制胜》：第6页.新华出版社，1994年.

127. 刘光明.《企业文化》：第300页.经济管理出版社，2004年.

128. 任继愈主编.《中国哲学发展史》（魏晋南北朝）：第129页.人民出版社，1988年.

129.《易传・系辞下》.

130. 黄强、王镭主编.《扬帆奋进——长江航运文化建设成果集锦》：第25页.长江出版社，2007年.

131. [英]保罗・斯图伯特.《品牌的力量》：第1页.尹英等译.中信出版社，2000年.

132. 黄强、王镭主编.《扬帆奋进——长江航运文化建设成果集锦》：第140页.长江出版社，2007年.

133. 黄强、王镭主编.《扬帆奋进——长江航运文化建设成果集锦》：第254页.长江出版社，2007年.

134. 长航政研会编.《为构建和谐长江航运提供精神动力和思想保证》：第28页.2007年.内部资料.

135. 长航政研会编.《为构建和谐长江航运提供精神动力和思想保证》：第30页.2007年.内部资料.

136. 长航政研会编.《为构建和谐长江航运提供精神动力和思想保证》：第79~80页.2007年.内部资料.

137. 黄强、王镭主编.《扬帆奋进——长江航运文化建设成果集锦》：第141页.长江出版社，2007年.

138. 长航政研会编.《为构建和谐长江航运提供精神动力和思想保证》：第7~8页.2007年.内部资料.

139. 黄强、王镭主编.《扬帆奋进——长江航运文化建设成果集锦》：第9页.长江出版社，2007年.

① 黄强、王镭主编.《扬帆奋进——长江航运文化建设成果集锦》：第29~30页.长江出版社，2007年.

② 黄强、王镭主编.《扬帆奋进——长江航运文化建设成果集锦》：第29~30页.长江出版社，2007年.